W0312694

Daniel Knop • Riffaquaristik für Einsteiger

Blick in das Riffaquarium von Doris Burghardt und Leopold Fritthum (linker Abschnitt). Foto: D. Burghardt

Daniel Knop

Riffaquaristik für Einsteiger

Preiswerte Technik – pflegeleichte Tiere

3., überarbeitete und ergänzte Auflage

Dähne Verlag

Fotonachweis: Alle Fotos und Grafiken, außer den namentlich gekennzeichneten, sind vom Verfasser
Titelbild: Pieter van Suylekom

Bibliografische Information der Deutschen Bibliothek

Die Deutsche Bibliothek verzeichnet diese Publikation in der Deutschen Nationalbibliografie; detaillierte bibliografische Daten sind im Internet über http:\\dnb.ddb.de abrufbar.

Daniel Knop
Riffaquaristik für Einsteiger
Preiswerte Technik – pflegeleichte Tiere
3., überarbeitete und ergänzte Auflage 2003

ISBN 3-935175-17-5

© 1998 Dähne Verlag GmbH, Postfach 250, D-76256 Ettlingen

Alle Rechte liegen beim Verlag.
Das gesamte Werk ist urheberrechtlich geschützt. Jede Verwertung außerhalb der Grenzen des Urheberrechtsgesetzes ist ohne Zustimmung des Verlages unzulässig und strafbar. Das gilt insbesondere für Vervielfältigungen, Mikroverfilmungen, die Einspeicherung und Verarbeitung in elektronischen Systemen sowie für Übersetzungen.

Lektorat: Ulrike Wesollek-Rottmann
Layout: Andreas Holz
Herstellung: Werner Trauthwein
Druck: Kraft-Druck und Verlag GmbH, Ettlingen

Bild rechts: Blick in das Riffaquarium von D. Burghardt und L. Fritthum. Foto: D Burghardt

Dieses Buch wendet sich vor allem an jene Naturfreunde, die noch keine Erfahrungen mit Meeresaquarien haben und in diesem Hobby ganz am Anfang stehen. Es soll dem interessierten Leser den Weg in das faszinierende Hobby Korallenriffaquaristik ebnen und ihm eine leichtverständliche Anleitung für den Einstieg in eine preiswerte und verantwortungsvoll betriebene Riffaquaristik an die Hand geben. Es versucht nicht, chemische Formeln zu lehren, sondern ein möglichst plastisches Bild von den Lebensvorgängen im Riff und im Aquarium zu zeichnen.

In diesem Band habe ich ganz bewußt nur einen Teil der im Handel erhältlichen Korallengattungen beschrieben. Die erste Voraussetzung für die Auswahl einer Gattung war, dass sie sehr haltbar und pflegeleicht ist, damit sie sich für den Einsteiger besonders gut eignet. Auf alle hier beschriebenen Korallengattungen trifft dies zu. Meist vermehren sie sich im Aquarium sogar kräftig. Die zweite Voraussetzung bei der Auswahl der Korallengattungen war die Schnellwüchsigkeit im natürlichen Lebensraum, damit Korallen dort, wo sie der Natur entnommen werden, sehr schnell nachwachsen können. Das stellt sicher, dass die Riffe durch die Tierentnahme nicht geschädigt werden. Die dritte Voraussetzung für die Auswahl war die Eignung der Korallen für die künstliche Nachzucht in Korallenfarmen. Noch gibt es diese Farmen nicht, doch wenn der aquaristische Handel diese Korallengattungen vermehrt anbietet, wird es sie sicher bald geben. Der erfahrenere Aquarianer wird zahlreiche Korallengattungen in diesem Bändchen vermissen. Dabei handelt es sich jedoch um Gattungen, die sich nach meiner persönlichen Erfahrung nicht besonders gut für einen Einsteiger eignen, die im Korallenriff nur langsam nachwachsen oder noch nicht in einer Korallenfarm künstlich nachgezogen werden können. Auch bei der Auswahl der Fische, die dieses Buch vorstellt, habe ich mich auf wenige Arten beschränkt, die ich in eigenen Erfahrungen als sehr haltbar und pflegeleicht kennengelernt habe. Einige davon, zum Beispiel die Clownfische, kommen inzwischen zahlreich aus künstlicher Nachzucht und die Zahl der nachgezogenen Arten nimmt ständig zu.

Damit der Einstieg in dieses Hobby bezahlbar ist und auch die Zahl der Hinweise und Anleitungen überschaubar bleibt, habe ich auch bei der Aquarientechnik eine Auswahl getroffen und nur diejenigen Dinge erwähnt, die für ein technisch einfach ausgestattetes Einsteigeraquarium unverzichtbar sind. Das soll nicht bedeuten, dass all die übrigen Geräte und Techniken oder Methoden, die in diesem Buch nicht erwähnt werden, unnötig oder überflüssig seien. Fortgeschrittene Aquarianer halten damit empfindlichere Tierarten oder setzen sie ein, um ihre Aquarien biologisch und chemisch besser zu kontrollieren und bestimmte Funktionen zu automatisieren. Hierfür sind zusätzliche Geräte oder Methoden nötig, die aber für Einsteiger entbehrlich sind.

Weil dieses Buch die Aquaristik nicht „verwissenschaftlichen“, sondern für den Einsteiger verständlicher machen soll, habe ich überall, wo es mir möglich schien, wissenschaftliche Bezeichnungen durch allgemeinverständliche Begriffe ersetzt. So werden zooxanthellate Korallen als symbiosealgenhaltige Korallen bezeichnet, photosynthetisierende Korallen als Korallen aus der Lichtzone. Das ist nicht immer völlig korrekt, erleichtert aber manch einem Leser das Verständnis. Auch habe ich mich bemüht, bei taxonomischen Angaben nicht zu sehr ins Detail zu gehen, weil dies für den Riffaquaristik-Einsteiger uninteressant wäre. Stattdessen habe ich versucht, den natürlichen Lebensraum der vorgestellten Korallentiere möglichst anschaulich zu beschreiben und Erfahrungen mit der Aquarienhaltung zu vermitteln, weil es für den Einsteiger wichtig ist und ihm hilft, Mißerfolge zu vermeiden.

Blick in das Riffaquarium von W. Czech

Wie bei fast jedem Buch haben auch zum Entstehen dieses Bändchens viele andere beigetragen, entweder direkt durch konkrete Hinweise oder indirekt durch eigene Veröffentlichungen, fruchtbare Gespräche, Diskussionen und durch den Erfahrungsaustausch über das Internet. In die Liste dieser Namen gehören neben engen Freunden wie Dr. Jochen Lohner, Bobby Wong (Philippinen) und Prof. Ellen Thaler (Österreich) Julian Sprung und Charles Delbeek (USA), Prof. Volker Storch (Deutschland), Hilly-Ann Roa (Philippinen), Rolf Hebbinghaus (Deutschland), Rudolf Lowak und Hannelore Reinehr (Deutschland), Alf Nilsen und Svein Fosså (Norwegen), Eric Borneman (USA), Nathan Cope (Aus-tralien), Stephane Fournier (Frankreich), David Saxby (England) und zahlreiche weitere, denen ich für die herzlichen Kontakte danke. Weiterer Dank geht an meine Ehefrau Rosalinda, die meine Arbeit seit langer Zeit in vielfältiger Weise unterstützt.

Daniel Knop
Sinsheim und Manila, Juni 2003

Die Lebensgemeinschaft in Riff und Aquarium

Eigentlich ist das Wort „Riff" eine Ableitung von dem Wort „Rippe". Es bezeichnet eine längliche Erhöhung im Meeresboden, die dicht an die Wasseroberfläche heranreicht und Schiffen gefährlich werden kann, zum Beispiel eine Ansammlung von Steinen. Tatsächlich aber verstehen wir unter diesem Wort eine der faszinierendsten und artenreichsten Lebensgemeinschaften auf diesem Planeten.

Diese Riffe entstehen durch die Bautätigkeit winziger, gallertartiger Polypen, die dem Meerwasser Kalk entziehen und sich daraus eine winzige, kelchartige Behausung bauen. Millionen dieser winzigen Kelche schichten sie neben- und übereinander und bilden eine massive Kalkschicht, die bisweilen gewaltige Ausmaße erreicht. Diese Korallenriffe sind die größten Bauwerke auf unserem Planeten. Das größte, das Great Barrier Reef vor der Küste Australiens ist mehr als 2.000 Kilometer lang und hat damit eine so gewaltige Ausdehnung, dass es sogar vom Mond aus zu sehen ist.

Eine kleine Insel in Indonesien. Rund um solche Inseln herum finden sich oft wunderschöne Korallenriffe.

Das Korallenriff ist eine Lebensgemeinschaft vieler unterschiedlicher Organismen, die sehr verschiedene Eigenschaften und Fähigkeiten entwickelt haben und sich auf diese Weise gegenseitig ergänzen. Die bunte Vielfalt an Lebensformen ist so gewaltig, dass sie eigentlich nur mit den tropischen Regenwäldern verglichen werden kann, so dass man die Riffe fast als den „Regenwald des Meeres" bezeichnen könnte. Das Werden und Vergehen von Organismen ist im Riff ein fester Bestandteil des Alltags, gewissermaßen der Nährboden des Riffes. Die meisten Riffbewohner produzieren eine unvorstellbar große Zahl an Nachkommen, von denen nur ein verschwindend geringer Teil tatsächlich überleben kann. In der überwiegenden Zahl dienen diese Nachkommen anderen Riffbewohnern als Nahrung und ohne diese planktonischen Larven als Nahrungsquelle wären die meisten Riffbewohner nicht lebensfähig. Viele bunte Schwämme, Weichkorallen, Steinkorallen, Schnecken, Muscheln und anderen Organismen leben ausschließlich davon, dass sie das Wasser filtern und durchsieben.

Bild links oben: Ein zauberhaftes Mangrovengebiet auf einer indonesischen Insel mit dazugehöriger Lagune, vom Hubschrauber aus gesehen.

Bild links unten: Steinkorallen vor der indonesischen Insel Sambangan bei Tiefstebbe.

Bahnbrechende Erfindung der Natur: Symbiosealgen

Neben dieser Ernährungsweise hat sich aber noch eine weitere entwickelt, die offenbar ebenso einträglich ist: die Symbiose mit kleinen einzelligen Algen. Diese pflanzlichen Gäste leben im Gewebe der Koralle und alles was sie produzieren, kann die Koralle verwerten, entweder als Nahrung oder für ihre Atmung. Als Ausgangsmaterial dienen den pflanzlichen Einzellern genau jene Stoffe, die von der Koralle als Abfall produziert werden. Was also für den einen dieser beiden Symbiosepartner Abfall darstellt, ist für den jeweils anderen ein wertvoller Rohstoff. Diese „Kreislaufwirtschaft" zum beiderseitigen Vorteil ist eigentlich das Funktionsprinzip des gesamten Korallenriffes, denn hier hängt jedes Lebewesen von irgendwelchen anderen ab. Die Verkettung und Verzahnung aller Lebensvorgänge im Korallenriff ist so intensiv, dass eine Störung niemals nur eine Tierart oder Gattung allein betrifft, sondern - direkt oder indirekt - nahezu alle anderen Riffbewohner in Mitleidenschaft zieht. Wenn man es mit einem Korallenriff oder einem Korallenriff-Aquarium zu tun hat, sollte man sich die enorme Komplexität aller Vorgänge in diesem Biotop immer vor Augen halten.

Selbsterneuerung des Riffes

Ähnliches ist das auch bei der unbelebt erscheinenden, festen Kalkmasse des Riffes. Diese relativ leichten und hochporösen Kalksteine, die allgemein als „Lebendgestein" bezeichnet werden, entstehen durch das Verbacken zahlreicher kalkhaltiger Überreste irgendwelcher Lebensformen wie Muschelschalen, Kalkröhren einiger Ringelwurm-Arten oder sessiler Schnecken, Skelette kalkhaltiger Schwämme und natürlich Steinkorallenskelette. All dies wird von Schwämmen und Kalkalgen zu einer festen Masse verschmolzen und bildet letztlich die Basis für das Wachstum der festsitzenden Riffbewohner. An bestimmten Stellen steigt durch die Aktivität von Bakterien der Säuregehalt des Wassers, so dass Kalksubstanzen aufgelöst werden können und den kalkbildenden Wirbellosen wieder als gelöster Kalk zur Verfügung stehen. Diese bauen daraus ihre inneren oder äußeren Kalkskelette auf, die dann nach ihrem Absterben wie-

Die Kalkbildungsrate im Korallenriff ist enorm groß.

Die Fangarme dieser Scheibenanemone sind durchsichtig, aber mit gefährlichen Nesselgiften bewaffnet. Die darauf sitzenden Kügelchen wirken wie ein Planktonschwarm und locken hungrige Tiere an, die dann von den Fangarmen festgehalten werden.

der den gleichen Weg gehen, zunächst einen Bestandteil des Kalkgesteins bilden und später wieder in Lösung gebracht werden. So erneuert sich das Riff ständig selbst und bringt neue lebende Bewohner hervor. In gewisser Weise erinnert dies an einen Urwald, der auf völlig unfruchtbarem Boden existiert. Die Verkettung der Lebensvorgänge ist dort ähnlich intensiv wie im Korallenriff.

Durch die stete Selbsterneuerung des Riffes wird manch eine Stelle im Riff auch laufend von anderen Arten besiedelt. Besucht man die gleiche Stelle nach einigen Jahren wieder, so stehen die Chancen recht gut, dort völlig andere Korallen anzutreffen, als beim ersten Besuch. Der Kampf um die beiden kostbarsten Güter - das Siedlungssubstrat und die Nahrung - tobt im Riff mit einer derartigen Heftigkeit, dass sich die Bewohner gegenseitig verdrängen, vernesseln oder überwachsen. Auf diese Weise wird auch in einem Riff mit gewaltiger Größe jeder einzelne Quadratmillimeter günstiger Siedlungsfläche von irgendwelchen winzigen Organismen ausgenutzt und jeder, dem es nicht gelingt, seinen Standort fortwährend gegen alle anderen zu verteidigen, der ist dem Untergang geweiht.

All die bunten und zarten, wunderschön in der Wasserströmung hin und herwiegenden Fächer oder Kränze der Korallenpolypen, die fast an die bunten Blumen auf einer Wiese erinnern, sind tatsächlich nichts anderes als tödliche Fallen, mit gefährlichem Nesselgift bewaffnet und stets bereit, irgendwelche anderen Riffbewohner zu fangen und sich einzuverleiben. Die Harmonie, die man zu spüren glaubt, wenn man als Taucher durch das Korallenriff gleitet und die Friedfertigkeit, die man bei all den bunten Riffbewohnern vermutet, sind nichts als Täuschungen. Jeder ist stets bereit, irgend einen anderen zu fressen und nur der Stärkste, Schnellste oder Raffinierteste kann sich durchsetzen und überleben, meist auf Kosten irgendwelcher anderer Organismen. Doch trotz dieser steten gegenseitigen Bedrohung sind alle Riffbewohner in der Lebensgemeinschaft Korallenriff auf eine seltsame Weise miteinander verbunden und bilden damit beinahe so etwas wie einen einzigen, gewaltigen Organismus.

Das Riff - ein lebender Organismus

Korallenriffe können eigentlich überall dort entstehen, wo der Meeresboden dicht genug an die Wasseroberfläche heranreicht und die übrigen Lebensbedingungen gut sind. In der Nähe einer Küste bilden sich längs zum Küstensaum oft Ansiedlungen von Korallen und anderen festsitzenden Wirbellosen, die langsam ein Riff entstehen lassen, das dann der Wasseroberfläche entgegenwächst. Die meisten Riffe bilden sich auf diese Weise parallel zu einer Küste und formen diesen Korallensaum, der auch als litorales (küstennahes) Saumriff bezeichnet wird. Befindet sich diese rippenförmige Erhöhung in größerer Entfernung zur Küste, dann kann sich dort ein Barriere-Riff entwickeln. Reicht dieses Riff aber nicht so dicht an die Wasseroberfläche heran, dass es die Schiffahrt behindern könnte, dann wird es als Bankriff bezeichnet. Darüber hinaus kennt man zahlreiche weitere Rifformen und -typen wie Plattformriffe oder Lagunensaumriffe, die aber alle eines gemeinsam haben: Sie sind ein ungeheuer komplexes System von Organismen, die sich alle durch Anpassung eine kleine ökologische Nische erobert haben.

Blick vom Hubschrauber auf ein Korallenriff im Karimunjawa-Archipel (Indonesien).

Es gibt natürlich viele Möglichkeiten, all die Riffbewohner in verschiedene Kategorien einzuteilen, etwa in „Wirbeltiere und Wirbellose" oder in „festsitzende und bewegliche Organismen". Betrachtet man aber alle Bewohner des Riffes und ihre Lebensweise, dann fällt auf, dass sie im „Gesamtorganismus Korallenriff" unterschiedliche Aufgaben wahrnehmen. Einige dieser Organismen bauen lebende Substanzen auf, weitere wandeln sie durch ihren Stoffwechsel um, und wiederum andere zerlegen diese organischen Stoffe wieder in die unbelebten, mineralischen Bestandteile. Die erste Gruppe, die organisches, lebendes Material aufbaut, bezeichnet man als „Produzenten". Hierbei handelt es sich um alle Organismen, die zur Photosynthese fähig sind, also um pflanzliche Organismen. Dazu gehören nicht nur die höheren Algen, etwa die Blattalgen, sondern auch freischwebendes pflanzliches Plankton und natürlich die Symbiosealgen der Korallen.

Eine weitere wichtige Rolle spielen die Konsumenten, die „Verbraucher". Hier unterscheidet man die Pflanzenfresser und die Fleischfresser. Die Pflanzenfresser sind bedeutungsvoll für das Riff, weil sie das Wachstum der „Produzenten" kontrollieren und eine allzu starke Ausdehnung von Algen verhindern. Die Fleischfresser dagegen kontrollieren das Wachstum der „Konsumenten", sodass auch hier eine Art Gleichgewicht entsteht zwischen dem Aufbau pflanzlicher Substanz und ihrem Abbau.

Auch Korallen gehören zu den Konsumenten, denn einerseits nehmen sie Nahrung von den Symbiosealgen und andererseits nehmen die meisten von ihnen zusätzlich auch Schwebenahrung auf. Selbst die Filtrierer gehören dazu, denn sie ernähren sich von den planktonischen Lebewesen und den Sedimenten, die sie aus dem Wasser heraussieben. Schwämme finden sich in dieser Gruppe, Weichkorallen, Gorgonien, Steinkorallen, Anemonen, Röhrenwürmer und viele andere festsitzende Lebewesen.

Die dritte Kategorie von Lebewesen, die für das Riff bedeutungsvoll sind, bilden die „Destruenten". Sie zerlegen das, was die Konsumenten übrig lassen. Jede leblose organische Substanz wird von ihnen in die einzelnen mineralischen Bestandteile zerlegt. Dabei kann es sich um die Verdauungsprodukte der Konsumenten handeln, aber auch um den Konsumenten selbst, einen toten Fisch etwa, oder um abgestorbene Pflanzenteile. Diese Gruppe - es handelt sich hier um Bakterien - sorgt dafür, dass die Energie, die im toten, organischen Material enthalten ist, wieder in eine Form gebracht wird, in der sie für die Produzenten nutzbar ist. Ohne eine ausreichende Menge dieser Bakterien würden sich im Riff sehr schnell bestimmte Substanzen ansammeln, sodass sich das Milieu langsam verändern würde. Irgendwann wären diese kontinuierlich zunehmenden Veränderungen dann so groß, dass das gesamte biologische Gleichgewicht „umkippen" würde und das Milieu lebensfeindlich wäre.

Diese Kreislaufwirtschaft basiert auf einem fein austarierten Gleichgewicht, das praktisch über unbegrenzte Zeit erhalten bleiben kann, sofern es nicht zu einem störenden Einfluß von außen kommt. Jede Störung dieses Gleichgewichtes von außen bringt im Inneren dieser Lebensgemeinschaft Dinge in Bewegung und erfordert Anpassungen. Kommt es beispielsweise zu einem Zufluß nährstoffreichen Wassers vom Land, etwa durch einen Fluß, der im Küstenbereich in das Meer mündet, dann steht den Produzenten plötzlich mehr Nahrung zur Verfügung. Das stärkere Wachstum der Produzenten - der Algen - wird automatisch eine stärkere Vermehrung der Konsumenten, vor allem der Fische, nach sich ziehen, die sich von diesen Algen ernähren. Das führt natürlich zu einer stärkeren Belastung mit lebloser organischer Materie, und so müssen auch die Destruenten, die Bakterien, sich auf diese neue Situation einstellen und sich vermehren. Es kommt also zu Veränderungen in der gesamten Lebensgemeinschaft Korallenriff, mit denen die Natur versucht, ein neues Gleichgewicht herzustellen.

Kleine Ursache, große Wirkung – Veränderungen im Korallenriff

Ob ein Einfluß, der von außen auf die Lebensgemeinschaft im Korallenriff wirkt, dramatische Auswirkungen hat, oder ob er aufgefangen werden kann und beinahe unbemerkt bleibt, das hängt von der Stärke dieses Einflusses und von der Reaktionsfähigkeit der Lebensgemeinschaft ab. Stellen wir uns ein Saumriff vor, das parallel zu einer Küste liegt, beispielsweise an der wunderschönen philippinischen Insel Guimaras. In der Nähe dieses Riffes befindet sich ein Fluß, der klares Süßwasser in das Meer trägt. Durch menschliche Aktivitäten auf dem Landstreifen in Flußnähe, beispielsweise durch Feldarbeit von Bauern und regelmäßige Bewässerung, werden nun plötzlich Sedimente, die aus dem Uferbereich des Flußlaufes stammen, in den Fluß geschwemmt. Diese Sedimente haben natürlich einen großen Einfluß auf die Zusammensetzung der Lebensgemeinschaft im Riff. Überall dort, wo das Meerwasser durch die Schwebestoffe getrübt ist, erhalten die Algen und die Korallen weniger Sonnenlicht, was die Photosynthese der Algen und Symbiosealgen hemmt. Korallen, die sich ausschießlich von ihren Symbiosealgen ernähren, können hier ebensowenig überleben wie Algen. Das ist die Stunde der Filtrierer, die sich auch in weniger klarem Wasser wohlfühlen, denn für sie entwickelt sich hier eine ökologische Nische. Vorher war die Konkurrenz durch die schnellwüchsigen Korallen mit Symbiosealgen zu groß und ein kleiner Schwamm war schnell von Korallen oder von Algen überwachsen. Nun aber können sich durch die stärkere Wassertrübung die Algen ebensowenig halten wie die symbiontisch lebenden Korallen, so dass dieser Lebensraum den Filtrierern zur Verfügung steht.

Ein Fluß trägt Lehm in das Meer. Hier wird sich die Tierwelt bald drastisch verändern.

Auch auf die übrigen Riffbewohner bleibt diese Veränderung nicht ohne Einfluß. Pflanzenfresser wie Fische, Schnecken oder Seeigel, die sich zuvor von den Algen ernährt haben, wandern ab oder verhungern. Das gleiche gilt für all jene Tiere, die sich von diesen Pflanzenfressern ernährt haben, etwa von algenfressenden Schnecken. Auch jene Tiere, die mit bestimmten Korallen eine Lebensgemeinschaft gebildet haben, etwa kleine Symbiosekrabben, die in einer *Acropora*-Kolonie oder in einer *Xenia*-Weichkoralle leben, verschwinden aus diesem Riffbereich. Zahllose weitere Organismen, die sich in irgendeiner Weise an die frühere Besiedlung des betreffenden Riffabschnittes angepaßt hatten, können sich auf die Veränderung nicht einstellen und verschwinden. Stattdessen entsteht eine ökologische Nische für jene Organismen, die mit den Filtrierern gemeinsam existieren und auch sedimentreicheres Wasser vertragen, etwa winzige Schlangensterne, Würmer, kleine Krebse, filtrierende Muscheln und viele andere Riffbewohner. Dies ruft freilich auch die Freßfeinde dieser Organismen auf den Plan, zum Beispiel bestimmte Seestern-Arten, die sich darauf spezialisiert haben, Muscheln zu öffnen und deren Weichteile zu fressen. Sammelt sich in diesem veränderten Milieu mehr organisches Abfallmaterial an, dann muß sich auch die Bakterienpopulation der neuen Situation anpassen und sich vermehren. Das alles macht deutlich, dass sich die gesamte Lebensgemeinschaft im Korallenriff fortwährend umbilden muß, um mit äußeren oder inneren Veränderungen zurechtzukommen. Wer ein Riffaquarium betreibt, sollte sich stets vor Augen halten, dass sein Aquarium ebenfalls ein so komplexer Organis-

Blick auf die Insel Sambangan und das umgebende Saumriff.

mus ist, in dem alles voneinander abhängt. Stets versucht die Natur auch im Aquarium, ein Gleichgewicht zu finden, und jeder Eingriff von außen führt dazu, dass sich das Gleichgewicht verschiebt und verändert, um diesen Eingriff auszugleichen.

Das gelingt aber nicht immer. Auch in der Natur nicht, wie das Beispiel eines anderen Saumriffes zeigen soll. Dieses Riff, das in der philipinischen Provinz Bolinao tatsächlich existiert, liegt in einer Entfernung von etwa einem Kilometer parallel zur Küste. Dieser Küstenstreifen ist relativ dicht von Fischern besiedelt, die sich seit Menschengedenken hauptsächlich vom Fischfang ernähren. Im Laufe der Zeit hat sich die Bevölkerung vermehrt, immer mehr Fische gefangen und an Land auch immer mehr organische Abfälle produziert, die mit dem Regenwasser in das Meer gespült wurden. So ist das Meerwasser im Riff im Laufe der Zeit immer reicher an Pflanzennährstoffen geworden, was zu einem verstärkten Wachstum der Algen geführt hat. Gleichzeitig aber haben die Menschen immer mehr Fische gefangen, darunter auch die Algenfresser. An den größten Fischen hatten die Fischer natürlich besonders großes Interesse, weil ein großer Fisch mehr Menschen ernährt, als ein kleiner. Dadurch wurden dem Riff innerhalb recht kurzer Zeit nicht nur die effektivsten Algenvertilger geraubt, sondern zugleich auch jene erwachsenen Fische, die ja eigentlich die algenfressenden Nachkommen für die Zukunft produzieren sollten. Was blieb, waren die winzigen Jungfische, die sich zwischen den Korallen versteckten, und ein starkes Algenwachstum.

Ein philippinischer Fischer auf der Jagd nach Kleinfischen. Hier existierte einstmals ein Saumriff.

Um nun auch die kleinen Fische aus ihren Verstecken herauszubekommen, bohrte und hebelte man mit Bambusstangen in den Steinkorallen herum, zerbrach diese und jagte die kleinen Fische heraus. Das hatte zur Folge, dass sehr schnell die zerstörten Korallenkolonien von den aggressiv wachsenden Algen überzogen wurden, denn das Wasser war nährstoffreich und die Algenfresser fehlten nun praktisch vollständig. Das Resultat war ein fast vollständiges Absterben der Riffpopulation und eine flächendeckende Ausbreitung von Algen, die das ganze Saumriff überzogen.

Auch im Aquarium: Kleine Ursache, große Wirkung

Ähnliche Erfahrungen hat manch ein Aquarianer in seinem kleinen Korallenriff im Wohnzimmer gemacht. Auch hier haben wir eine Lebensgemeinschaft, die fortwährend versucht, ein inneres Gleichgewicht zu finden und es aufrecht zu erhalten. Jeder Einfluß von außen hat eine Wirkung auf dieses fein austarierte Gleichgewicht. Freilich können die meisten Eingriffe des Aquarianers von den Organismen im Aquarium kompensiert werden, zum Beispiel eine Fütterung, ein Teilwasserwechsel oder eine Filterreinigung. Bisweilen summieren sich aber bestimmte Einflüsse, zum Beispiel schädliche Substanzen im Leitungswasser, die über einen längeren Zeitraum in das Aquarium gelangen. Irgendwann sind dann diese Einflüsse so stark, dass die Veränderungen, die das winzige Ökosystem vollziehen muß, um das Gleichgewicht zu halten, von außen wahrnehmbar werden. Ein Beispiel für eine solche Veränderung, die sich häufig im Aquarium entwickelt, ist das zunehmende Wachstum von Fadenalgen.

Für den Aquarianer - oder den Aquarienwirt, wie ihn Konrad Lorenz nannte - kommt es darauf an, die Belastbarkeit des kleinen marinen Ökosystems richtig einzuschätzen und das Aquarium so zu führen, dass das Milieu stabil bleibt und sich nicht ungewollt verändert. Meist gelingt dies um so besser, je geringer und schonender die Eingriffe bleiben. Die hohe Schule der Aquaristik liegt also nicht darin, die biologischen Vorgänge im Aquarium mit technischen und manuellen Eingriffen richtig zu steuern, sondern eher darin, die künstlichen Umweltbedingungen und die Zusammenstellung der Aquarienbewohner so zu planen, dass sich ein kleines Ökosystem mit eigenen Regelkreisen entwickeln kann, das dazu in der Lage ist, sein inneres Gleichgewicht zu finden. Nur dort, wo natürliche Regelkreise nicht geschlossen werden können, müssen technische oder manuelle Eingriffe des Aquarianers helfen. Dabei muß dieses kleine Ökosystem durchaus nicht besonders groß sein. Theoretisch würden wenige Liter Wasser dazu ausreichen. Selbst in einem Wassertropfen kann sich eine erstaunliche Artenvielfalt von Mikrolebewesen bilden. Grundsätzlich bildet sich eine Art biologisches Gleichgewicht in jedem Biotop, das unterschiedliche Lebewesen beherbergt. Entweder ein stabiles Gleichgewicht, das über einen längeren Zeitraum Bestand hat, oder ein instabiles, das sich verschiebt und irgendwann zusammenbricht. Auch in einer Pfütze oder einem Einmachglas, das mit Wasser gefüllt ist, kann das nachvollzogen werden. Ein einfacher Heuaufguß von vertrocknetem Gras in einem Wasserglas reicht aus, um bei Zimmertemperatur innerhalb weniger Tage einen Mikrokosmos entstehen zu lassen, in dem es von unzähligen Mikroben wimmelt. Myriaden von Kleinstlebewesen tummeln sich in diesem Wasserglas, und wenn es mit Hilfe eines Mikroskopes gelingt, die besonders häufig vorkommenden Arten genauer zu betrachten, dann wird man feststellen, dass sich auch hier ein Gleichgewicht

Ein 6000-Liter-Riffaquarium des Autors nach 13 Jahren Standzeit.

entwickelt, das sich langsam verschiebt. Zunächst entwickeln sich jene Arten, die ein besonders großes Vermehrungspotential besitzen. Auch jede Einflußnahme von außen, etwa eine Temperaturveränderung, wird dramatischen Einfluß auf die Artenverteilung in unserem winzigen Biotop haben. Nach und nach aber können sich Raubmikroben durchsetzen, die sich von anderen Mikroben ernähren und sich schließlich ihrer eigenen Nahrungsgrundlage berauben.

Irgendwann wird sich dann das Milieu in unserem kleinen Wasserglas so weit verändert haben, dass auch die letzten übrigbleibenden Mikroben nicht mehr überleben können. Alle haben mehr oder weniger die gleichen Bedürfnisse und konkurrieren miteinander, während Produzenten und Destruenten weitgehend fehlen. Ein solches Milieu ließe sich - gleich ob im Wasserglas, im Aquarium oder in einem Gartenteich - nur noch mit umfangreicher, technischer Unterstützung aufrecht erhalten. Immer dann, wenn wir das Biotop stark mit Konsumenten besetzen, wird das Milieu dazu neigen, sich zu verändern, und wenn wir es nicht durch Pflegemaßnahmen entlasten, wird es kippen. Das wird besonders deutlich an den stark besetzten Fischaquarien, die in den sechziger Jahren das Meerwasseraquarium repräsentierten und heute nur noch selten zu finden sind.

Das Aquarium als Monokultur

Auch die „Monokultur" mit Wirbellosen, die sehr eng miteinander verwandt sind und ähnliche Bedürfnisse haben, neigt dazu, das Aquarienbiotop einseitig zu belasten und auszuzehren. Ein Beispiel dafür sind die Aquarien, die von Weichkorallen der Gattung *Xenia* dominiert werden. Viele Aquarianer haben im Laufe der Zeit irgendwann erleben müssen, dass die *Xenia*-Bestände, die sich anfangs mit Vehemenz vergrößert hatten, plötzlich zusammenbrachen und abstarben. Noch ist nicht klar, ob daran das Fehlen bestimmter Substanzen schuld ist oder ob dieser Zusammenbruch auf Mikroorganismen zurückzuführen ist, zum Beispiel Bakterien, die diese Kolonien zerstören. Ganz ähnliche Probleme gibt es gelegentlich bei den reinen Steinkorallenaquarien, die mit *Acropora*-Arten und anderen besetzt werden. Zahlreiche Aquarianer haben seit Mitte der neunziger Jahre damit be-

Steinkorallen wie diese rosettenförmig gewachsene *Montipora* sp. sind bei vielen Aquarianern begehrt.

gonnen, solche Aquarien aufzubauen. Zunächst entwickelten sich diese Korallen prächtig, doch bald mußten viele Aquarianer mit ansehen, wie innerhalb weniger Tage große Teile des Steinkorallenbesatzes zugrunde gingen, weil sich das weiche Polypengewebe vom Korallenskelett ablöste.

Dass an diesem Vorgang Bakterien beteiligt waren, ließ sich sehr schnell herausfinden, doch ob sie die Ursache oder Folge der Störung waren, blieb lange unklar. Insgesamt aber scheint es so zu sein, dass der winzige Ausschnitt aus dem Korallenriff, den wir in unseren Aquarien aufbauen, sein Milieu am leichtesten stabil halten kann, wenn darin eine möglichst große Vielfalt an Organismen lebt, die sich in Lebensweise, Ernährung und auch sonst in vielerlei Hinsicht voneinander unterscheiden. Einerseits kann damit eine einseitige Auszehrung und Belastung des Biotops verhindert werden, andererseits müssen wir annehmen, dass es zwischen vielen unterschiedlichen Lebensformen im Riff auch Wechselbeziehungen gibt, die wir noch nicht kennen. Einige dieser Wechselbeziehungen könnten durchaus dazu beitragen, das Milieu in unserem Aquarienbiotop zu stabilisieren. Ein Beispiel wäre die Tätigkeit der Filtrierer, die neben Plankton und Sedimenten auch Bakterien und andere Mikroorganismen aufnehmen. Es wäre denkbar, dass dies dazu beitragen kann, die Vermehrung krankmachender Bakterien zu begrenzen. Natürlich soll hier nicht die Hypothese aufgestellt werden, dass Schwämme die Korallen vor bakteriellen Infektionen bewahren könnten, aber insgesamt scheint es, als gäbe es zwischen den zahllosen unterschiedlichen Organismen im Riff weit mehr Beziehungen und gegenseitige Abhängigkeiten, als wir das heute vermuten.

Nur 15 Fische...

Darum wäre es konsequent, sich bei dem Besatz eines Riffaquariums weitgehend an der Natur zu orientieren - dem Korallenriff. J. B. Lewis hat im Jahre 1977 einen Quadratmeter eines Riffes untersucht und die gefundenen Fische und Wirbellosen bis in den Meeresboden hinein bestimmt. Das Ergebnis war überraschend. In diesem Biotop, das etwa einem Korallenriffaquarium mit 1.000 Litern entspricht, waren neben Steinkorallen und Krustenanemonen die folgenden Organismen zu finden:

137 Weichtiere (*Mollusca*)
2.002 Stachelhäuter (*Echinodermata*)
2.668 Krebstiere (*Crustacea*)
23.160 Vielborster (*Polychaeta, Borstenwürmer*)

Im gleichen Biotop befanden sich jedoch nur 15 Fische mit einem Trockengewicht von gerade einmal 6,1 Gramm. Natürlich muß dieses Ergebnis nicht unbedingt repräsentativ sein, und nichts weist darauf hin, dass eine so zusammengesetzte Lebensgemeinschaft für unser Riffaquarium von Vorteil wäre. Aber der gewaltige Unterschied zum durchschnittlichen Besatz eines Riffaquariums ist kaum zu übersehen. Viele der Mollusken, Krebstiere und Borstenwürmer produzieren Larven, die anderen Wirbellosen als planktonische Nahrung dienen. Dieses Plankton ist sicher nicht eine Voraussetzung für das Betreiben eines Riffaquariums, doch es kann helfen, den Filtrierern im Aquarium eine bessere Nahrungsgrundlage zu schaffen. Darum erscheint es mir sinnvoll, im Aquarium auch diesen Organismen ausreichend Raum zu geben und ihnen ein Refugium zu schaffen. Vor allem aber ist es wichtig zu verstehen, dass sich alle Lebensvorgänge im Biotop Aquarium gegenseitig beeinflussen, und dass ein Aquarium sich entwickelt wie ein einziger lebender Organismus.

Was kostet ein Riffaquarium?

Diese Frage hätte ebenso lauten können „Was kostet ein Auto?". Automobile gibt es für fast jeden Geldbeutel. Ebenso ist dies mit einem Riffaquarium, denn Größe und technische Ausstattung sind sehr variabel. Allerdings wird man mit einem kleineren Aquarium, das eine technisch einfache Ausstattung besitzt, manche hochempfindlichen oder vielleicht hochinteressanten Tiergruppen nicht pflegen können. Auch sind die Bedingungen in einem kleinen Aquarium nicht so stabil, wie in einem großen Aquarium. Eine kleine Wassermenge kann beispielsweise schneller abkühlen, als eine große. Darum wird man ein kleineres und technisch einfacher ausgestattetes Aquarium sorgfältiger beobachten müssen und kann es ganz sicher auch nicht so kräftig mit Fischen besetzen.

Doch ein hübsches Riffaquarium muß durchaus nicht viele hundert Liter Inhalt haben. Zahlreiche kleine oder gar kleinste Riffaquarien, die ich in Nordamerika, Kanada und anderen Ländern sehen durfte, beweisen, dass man auch mit geringerem Aufwand ein Riffaquarium wunderschön einrichten und erfolgreich pflegen kann. Wichtig ist nur, dass man technische Kontroll- und Regelgeräte nicht einfach nur wegläßt, sondern sie durch ein waches Auge und Feingefühl ersetzt und ein einfach ausgestattetes Aquarium mit den passenden Tieren besetzt.

Für den Einsteiger hat ein kleineres Aquarium den Vorteil, dass es sich biologisch leichter bewegen läßt. Ein Einsteiger ist leicht überfordert, wenn sich in einem 1000 Liter- Aquarium eine Fadenalgen- oder Schmieralgenplage entwickelt. In einem 200 Liter-Aquarium hingegen kann mit erheblich geringerem Zeitaufwand einmal wöchentlich der Algenbelag abgebürstet oder abgesaugt werden. Auch die Kosten für den Unterhalt (Strom, Meersalz, Spurenelementlösungen, Aktivkohle etc.) sind bei einem kleineren Aquarium erheblich geringer. Bei einem großen Aquarium ist der Aufwand für diesen Unterhalt bisweilen enorm und sollte vor der Anschaffung möglichst realistisch abgeschätzt werden.

Dr. Jochen Lohner begeistert sich für das technisch sehr einfache und wunderschöne Riffaquarium von Wolfgang Czech.

Bild links: Blick in das Riffaquarium von D. Burghardt und L. Fritthum (mittlerer Abschnitt), Foto: D Burghardt.

Dieses hübsche Meerwasseraquarium des Australiers Steve Campbell faßt nur 150 Liter Wasser und wird mit einfachster Technik betrieben.
Foto: Steve Campbell

Das 150-Liter-Meeresaquarium von Steve in der Nahaufnahme. Lederkorallen, Xenia-Weichkorallen, Scheibenanemonen – alles gedeiht prächtig. Als dieses Foto entstand, lief es bereits vier Jahre.
Foto: Steve Campbell

Je nach der Größe des Aquariums kann natürlich auch der Tierbesatz zu Buche schlagen. Allerdings sollten in ein Riffaquarium nicht zu viele Korallen eingesetzt werden, denn das Wachstum dieser Tierkolonien ist enorm. Besonders diejenigen Korallengattungen, die in diesem Buch vorgestellt werden, beginnen im Aquarium rasch, sich auszubreiten und zu vermehren. Gerade dies macht das Riffaquarium so spannend und interessant. Wer mit einem Riffaquarianer befreundet ist, kann möglicherweise sogar die ersten Korallen für sein neues Riffaquarium von ihm als Nachzuchttiere beziehen.

Kann man aus einem Süßwasseraquarium ein Riffaquarium machen?

Grundsätzlich ist das möglich. Wer im Wohnzimmer ein Süßwasseraquarium betreibt, das passend zum Mobiliar verkleidet ist, wird möglicherweise die Ausgaben für ein neues Aquarium scheuen. Ein solches Aquarium kann durchaus zum Riffaquarium umgerüstet werden. Das kann im Einzelfall die Anschaffungskosten für ein Riffaquarium enorm reduzieren.

Dazu muß das Süßwasseraquarium allerdings völlig entleert und technisch neu ausgestattet werden. Beleuchtung und Wasserbewegung müssen kräftig genug sein und eine Abschäumung muß installiert werden. Der Heizregler kann weiterhin verwendet werden, ebenso ein etwa vorhandener Topf-Außenfilter, der allerdings nicht als mechanischer Schnellfilter eingesetzt werden soll. Als Strömungspumpe und Biofilter läßt sich ein solcher Topfaußenfilter aber auch im Riffaquarium hervorragend einsetzen. In den entsprechenden Kapiteln dieses Buches wird darauf ausführlich eingegangen.

Wenn man sich auf jene Korallen beschränkt, die nicht extrem lichthungrig sind (die Tierbeschreibungen in diesem Buch enthalten darauf jeweils entsprechende Hinweise), dann liegt die Minimalbeleuchtung für ein Riffaquarium bei drei oder vier Leuchtstoffröhren in Aquarienlänge. Besitzt die vorhandene Beleuchtungsabdeckung so viele Leuchtstofflampen, dann müssen nur Leuchtstoffröhren mit der richtigen Lichtfarbe (Tageslichfarbe bzw. Blauton) eingesetzt werden. Besitzt die Abdeckung weniger Leuchtstofflampen, so können oftmals zusätzliche Lampen eingebaut werden. Andernfalls wird die Beleuchtungsabdeckung durch eine geeignete Lampe ersetzt. Etwa vorhandene Quecksilberdampflampen („HQL-Lampen“) sind allerdings ungeeignet, weil sie meist zu unbeherrschbaren Algenplagen führen.

Wieviel Technik braucht das Riffaquarium?

Ein Aquarium kann mit sehr wenig Technik betrieben werden. Wie im ersten Kapitel dargelegt, soll die Aquarientechnik jene natürlichen Regelkreise ersetzen, die sich im Aquarium nicht bilden können. Uns fehlt zum Beispiel im Aquarium der Regen, der das verdunstete Wasser ersetzt, sodass wir es nachfüllen müssen. Theoretisch kann ein Meerwasseraquarium auch mit besonders wenig Technik als "Naturaquarium" betrieben werden. Ich habe selbst ein spezielles röhrenförmiges Aquarium konstruiert, das mit minimalem technischen Aufwand (geringe Beleuchtung und Luftheber) und nahezu ohne Pflegearbeiten (alle 8 Wochen Ersatz des verdunsteten Wassers) betrieben wird. Dieses Aquarium wurde nach der Neueinrichtung mit Lebendgestein "beimpft" und völlig in Ruhe gelassen, um die Entstehung eines kleinen "Ökosystems" zu beobachten. Fütterungen, Wasserreinigungen oder andere Eingriffe fanden nicht statt. Schon nach mehreren Wochen begannen sich verschiedene Algenarten in diesem Röhrenaquarium auszubreiten, und bald folgten algenfressende Schnecken und andere Organismen. Nach einigen Monaten war dieses Aquarium reich belebt, trotz der Tatsache, dass keinerlei Eingriffe durch einen Pfleger erfolgt waren. Selbst nach fünf Jahren befanden sich in diesem Aquarium neben Meerflohkrebschen, Gehäuseschnecken und zahlreichen Exemplaren einer winzigen Seesternart auch hübsche Schwämme. Alle Organismen, die unter den gegebenen Voraussetzungen existieren konnten, hatten sich vermehrt, andere hingegen nicht. Hätte man nun, nach einem Jahr, neue Tiere in dieses gesund wirkende Röhrenaquarium gesetzt oder Pflegearbeiten ausgeführt, so wäre das feine biologische Gleichgewicht möglicherweise gestört worden. Jeder Eingriff von außen hätte zu einer kleinen Katastrophe führen können.

Das Röhrenaquarium nach einjähriger Laufzeit ohne Wartungs- oder Pflegemaßnahmen.

Allerdings ist die Vielfalt der Tiere, die sich in einem solchen System entwickeln können, sehr beschränkt. Der Versuch sollte nur zeigen, dass sich auch im Salzwasser das Milieu langfristig ohne umfangreiche technische Ausstattung stabil halten läßt, wenn darin die richtigen Organismen leben. Ein interessant ausgestattetes Korallenriffaquarium wird mehr Aquarientechnik benötigen und auch mehr Wartungsaufwand. Trotzdem muß ein Korallenriffaquarium aber kein technikstrotzendes Monstrum mit zahllosen blinkenden

Bild links oben: In größerer Meerestiefe wirkt das Wasser kräftig blau.
Bild links unten: Riffaquarium von D. Burghardt und L. Fritthum (rechte Seite), Foto: D. Burghardt.

Kontrollämpchen und Steuerpult sein. Wer sein Aquarium preiswert einrichten möchte, der kann durchaus auf viele technische Aggregate verzichten, die der Handel anbietet. Das bedeutet natürlich nicht, dass diese Geräte alle unnütz sind. Mit ihnen gelingt es vielleicht besser, sicherer, schneller oder es lassen sich empfindlichere Tiergruppen halten. Auch kann das Aquarium mit größerer technischer Ausstattung vielleicht länger allein gelassen werden oder dichter mit Fischen besetzt und stärker belastet werden. Wer sein Riffaquarium aber besonders preiswert einrichten möchte, kann auf manches technische Aggregat verzichten.

Ein Minimum an technischen Geräten wird jedoch immer nötig sein, wenn man an seinem Aquarium Freude haben will und die Tiere sich prächtig entwickeln sollen. Diese Geräte, die für die erfolgreiche Aquarienhaltung pflegeleichter Korallen unerläßlich sind, werden auf den folgenden Seiten vorgestellt. Die Produktabbildungen stehen nur beispielhaft für die jeweilige Produktgruppe und sollen keine Kaufempfehlung darstellen. Ihr Aquarienhändler wird Sie gern über diejenigen Gerätetypen informieren, die er liefern und nötigenfalls auch technisch betreuen kann. Diese Ausstattung reicht für einen Einstieg in die Riffaquaristik aus. Wer später darüber hinausgehen möchte, findet Rat in weiterführender Aquarienliteratur oder bei seinem Aquarienfachhändler.

Dieses 6000 Liter fassende Riffaquarium des Autors wird mit minimalem Technikeinsatz betrieben. Bei der Badenixe handelt es sich um die philippinische Meeresbiologin Hilly-Ann Roa.

Beleuchtung

Licht - Was ist das?

Das sichtbare Licht, das aus einer Entfernung von rund 150 Millionen Kilometern von der Sonne zu uns kommt, besteht aus Strahlungen in unterschiedlicher Wellenlänge. Die Wellen sind unterschiedlich groß und je nach Wellenlänge haben diese Lichtanteile etwas unterschiedliche Eigenschaften. Von der Wellenlänge ist beispielsweise die Lichtfarbe abhängig, oder die Eindringtiefe des Lichtes in Wasser. Die Wellenlänge mißt sich jeweils vom Tal einer Welle bis zum Tal der nächsten Welle und wird in Nanometern (nm) angegeben.

Wasser ist ein Farbfilter für Licht

Rote Lichtstrahlung dringt in das Wasser eines Sees oder in das Meer nicht sehr tief ein; schon nach wenigen Metern Tiefe hat das Wasser den gesamten roten Spektralanteil aus dem Licht herausgefiltert und absorbiert. Ein wenig tiefer dringt der gelbe Strahlungsanteil ein, doch unterhalb von etwa fünf Metern ist auch kein gelbes Licht mehr vorhanden. Das bedeutet, dass ein gelber Fisch, der in einer Tiefe von sechs oder sieben Metern schwimmt, für uns nicht mehr gelb erscheint, sondern grau, denn seine gelbe Farbe kam dadurch zustande, dass seine Körperoberfläche den gelben Anteil des Sonnenlichtes reflektiert und zu unserem Auge geschickt hat, während sie alle übrigen Lichtanteile "verschluckt", also absorbiert hat. Da das Licht in dieser Wassertiefe aber keine gelben Lichtanteile mehr enthält, erscheint uns dieser Fisch nun grau.

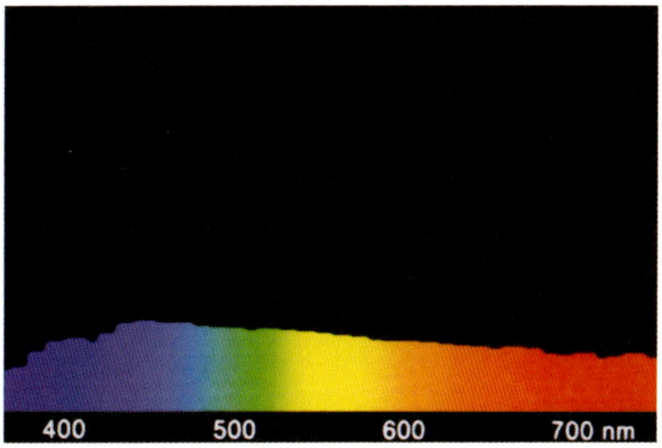

Im Tageslicht sind alle spektralen Farbanteile gleichmäßig vorhanden.

Dadurch wird deutlich, dass die weithin sichtbaren Signalfarben Gelb, Orange oder Rot für einen Fisch durchaus zu einer Tarnfarbe werden können, die ihn optisch perfekt mit seiner Umgebung verschmelzen läßt und ihn für seine Freßfeinde fast unsichtbar werden läßt. Will der Fisch jedoch gesehen und erkannt werden, zum Beispiel zur Revierverteidigung, zur Paar- oder Schwarmbildung, dann begibt er sich auf diejenige Wasserhöhe, in der die betreffenden Lichtfarbanteile noch nicht herausgefiltert worden sind.

Ebenso verhält es sich mit den übrigen Lichtfarben; grünes Licht wird als nächste Wellenlänge vom Wasser absorbiert und weiter in der Tiefe schließlich auch das kurzwellige, blaue Licht. Am tiefsten dringt die violette, besonders kurzwellige Strahlung in das Wasser ein.

Was führt nun zur Absorption des Lichtes im Wasser, was macht also das Wasser zu einem "Lichtschlucker"? Der Salzgehalt des Wassers hat keine nennenswerte Auswirkung auf diese Lichtverminderung, denn die Lichtverluste in gefiltertem Meerwasser unterscheiden sich nur unwesentlich von jener in destilliertem Wasser. Die wahren "Lichtschlucker" sind gelöste Stoffe (z.B. Gelbstoffe) und ungelöste Schwebestoffe; anorganische (z.B. Kalksedimente) oder organische (z.B. Plankton). Langwellige Lichtanteile (rote oder gelbe Strahlung) werden von diesen Stoffen relativ schnell absorbiert, und je kürzer die Wellenlänge des Lichtes ist, um so tiefer kann es in das Wasser eindringen.

Korallen und Lichtfarbe

Durch die unterschiedlichen Eindringtiefen der einzelnen Lichtfarben entsteht in jeder Tiefe eines natürlichen Gewässers eine ganz spezielle Mischung von Lichtfarben, nämlich die Summe aller noch vorhandenen Farbanteile. Im oberflächennahen Bereich entspricht diese Lichtfarbe weitgehend dem natürlichen Sonnenlicht bzw. dem diffusen Tageslicht bei bewölktem Himmel, doch je tiefer wir in das Wasser hinabtauchen, um so mehr verändert sich die Lichtfarbe. Eine Koralle, die zum Beispiel in fünfzehn Metern Wassertiefe lebt, hat sich an eine bestimmte Lichtzusammensetzung gewöhnt und sich darauf eingestellt. Hier muß die Koralle sich allerdings mit einem kleinen "Trick" behelfen. Das Chlorophyll in den Symbiosealgen dieser Korallen nimmt normalerweise das Licht auf und führt damit die Photosynthese durch. Die vorwiegend blauen Lichtstrahlen, die in größerer Meerestiefe zu finden sind, können aber von dem Chlorophyll der Symbiosealgen nicht erfaßt werden, weil diese Chlorophylle sich auf andere Lichtfarben spezialisiert haben. Darum besitzen diese Symbiosealgen noch zusätzliche Farbstoffe, die sich zum Beispiel auf blaues Licht spezialisiert haben. Diese Farbstoffe nehmen die blauen Lichtstrahlen auf und leiten sie an das Chlorophyll weiter, damit die Photosynthese durchgeführt werden kann.

Auf diese Weise besitzen alle Pflanzen und Algen bestimmte Kombinationen von Photosynthese-Hilfsstoffen. Dadurch prädestinieren sich die Pflanzen und Algen jeweils für einen bestimmten Lebensraum und die dort herrschenden Lichtverhältnisse. Das Gleiche gilt für die Symbiosealgen der Meerestiere. Scheibenanemonen, die in der Tiefe des Meeres bei vorwiegend kurzwelligem, blauen Licht leben, besitzen Photosynthese-Hilfsstoffe, die sich darauf spezialisiert haben, kurzwelliges Licht in dem betreffenden Spektralbereich zu verarbeiten, der in diesem Lebensraum verfügbar ist. Hält man ein solches Tier unter einer künstlichen Beleuchtung, in der dieser betreffende Strahlungsanteil fehlt, zugleich aber andere Strahlungsanteile im Überfluß vorhanden sind, dann werden die Symbiosealgen möglicherweise zugrunde gehen, weil sie die übrigen Lichtanteile nicht "sehen" können. Für diese Algen ist es trotz der hellen Beleuchtung "dunkel", so merkwürdig das auch klingen mag. Die Algen werden absterben und langsam wird dann auch die Koralle degenerieren (es sei denn, sie ist dazu in der Lage, einzellige Algen aus dem neuen Lebensraum aufzunehmen, die an das dort verfügbare Licht angepaßt sind).

Was ist Farbtemperatur?

Die Farbtemperatur bestimmt die Farbe einer Lichtstrahlung und wird in Kelvin (K) ausgedrückt. Niedrige Kelvin-Werte stehen für langwellige, rötliche Lichtanteile und hohe Kelvin-Werte für kurzwellige, blaue Anteile. Das rötliche Licht eines Sonnenunterganges hat beispielsweise 2500 - 3900 K, ein relativ niedriger Wert. Normales Tageslicht hat bei strahlendem Sonnenschein etwa 5000 K, bei bewölktem Himmel rund 7000 K und das Blau des wolkenlosen Himmels besitzt eine Farbtemperatur von etwa 20.000 - 30.000 K.

HQI-Lampen oder Leuchtstoffröhren?

Eine starke HQI-Lampe ist sicher eine ideale Beleuchtung für ein Riffaquarium, doch sie ist keine Voraussetzung für den Erfolg. Ein Meerwasseraquarium kann durchaus mit drei bis sechs Leuchtstoffröhren betrieben werden. Voraussetzung dafür ist jedoch, dass in diesem Aquarium nur diejenigen Korallen und Meeresalgen gepflegt werden, die wenig Licht benötigen. Diese können sogar aus einer hell beleuchteten Zone des Meeres stammen, denn auch hier leben bisweilen Korallentiere, die unter einem Steinvorsprung oder einer anderen Abschattung siedeln und wenig Licht vertragen. Dann muß man allerdings auf die ausgesprochen lichthungrigen Flachwasserbewohner verzichten. Wer zum Beispiel Riesenmuscheln aus dem Flachwasser, etwa die kleinbleibende *Tridacna crocea*, unter Leuchtstoffröhren hält, der wird weder den Mollusken noch sich selbst einen Gefallen tun.

HQI-Lampen oder Leuchtstoffröhren?

Es gibt nicht "die richtige" Aquarienbeleuchtung für ein Meerwasseraquarium. "Richtig" wird die Beleuchtung erst durch die Auswahl der passenden Tiere, die im Aquarium leben und gedeihen sollen. Darum sollte man bei der Wahl der Aquarienbeleuchtung immer die Bedürfnisse der gepflegten Tiere zugrunde legen und erst in zweiter Linie seine geschmackliche Vorstellung.

Halogenmetalldampf-Lampen

Halogenmetalldampf-Lampen sind eine hervorragende Imitation des natürlichen Sonnenlichtes. Sie sind sehr lichtstark, und inzwischen werden diese Lampen nicht nur in Tageslichtfarbe angeboten, sondern auch in unterschiedlicher Blautönung. Damit läßt sich das Licht fast jeder gewünschten Meerestiefe und Farbtemperatur künstlich herstellen. HQI-Lampen sind für das Korallenriffaquarium sicher eine gute Beleuchtung, vor allem, wenn sehr lichthungrige Korallentiere aus dem Flachwasser gepflegt werden, denn hier ist eine sehr hohe Beleuchtungsstärke wichtig. Nachteilig ist bei den Halogenmetalldampf-Hochdrucklampen sicher der recht hohe Preis.

Die Bezeichnung "HQI" ist zwar nicht ganz korrekt, weil sie eigentlich nur die Lampentypen einer bestimmten Firma bezeichnet, doch dieser Begriff hat sich in der Meeresaquaristik als Allgemeinbezeichnung für diesen Lampentyp eingebürgert.

HQI-Lampen werden über den aquaristischen Fachhandel inzwischen von zahlreichen Herstellern angeboten. Foto: Aqua Connect

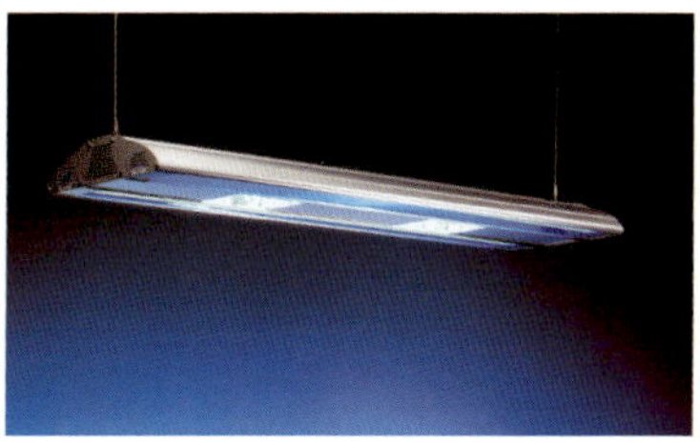

Die Vorteile der HQI-Lampen liegen klar auf der Hand: sehr hohe Lichtausbeute bei sehr guter Farbwiedergabe. Wegen der Abgabe von UV-Strahlung müssen die HQI-Lampen immer wenigstens 30 cm entfernt von der Wasseroberfläche betrieben werden, weil sonst mit Schädigungen der Tiere zu rechnen ist. Das wird jedoch von den Aquarianern allgemein als Vorteil empfunden, weil das Aquarium dadurch offen bleiben kann und jederzeit für Wartungsarbeiten hineingegriffen werden kann, ohne Abdeckscheiben oder Lampenkästen zu entfernen.

Leuchtstoffröhren

Leuchtstoffröhren bieten dem Aquarianer eine erheblich preiswertere Alternative. Durch unterschiedlich zusammengesetzte Leuchtstoffe kann die Lichtfarbe beeinflußt werden, so dass man heute sehr viele unterschiedliche Farbtöne mit ganz vielfältiger spektraler Zusammensetzung erhält. Leuchtstoffröhren sind eine hervorragende Lichtquelle für Meerwasseraquarien, die mittelstark beleuchtet werden sollen und nicht über 40 cm hoch sind. Zahlreiche Korallentiere sind durchaus dazu in der Lage, unter drei bis sechs Leuchtstoffröhren prächtig zu gedeihen. Bis zur Einführung der HQI-Lampen in der Aquaristik stellten die Leuchtstoffröhren sogar die Standardbeleuchtung des Riffaquariums dar.

Die Auswahl der Lichtfarbe hängt von den Tieren ab, die gepflegt werden sollen. Für das Meerwasseraquarium kommen neben tageslichweißen und blauen Röhren inzwischen auch zahlreiche Typen mit einer Farbtemperatur in Frage, die das Licht einer bestimmten Meerestiefe simulieren soll (z.B. 11.000 oder 14.000 K). Oft werden auch blaue Leuchtstoffröhren zusätzlich zu einem HQI-Strahler eingesetzt, um dessen Licht etwas kräftiger blau zu färben. Die Vorteile der Leuchtstoffröhren sind die geringe Wärmeabgabe und der niedrige Stromverbrauch. Nachteilig ist die relativ geringe Leuchtkraft der Leuchtstoffröhren, denn ihr Licht dringt nicht sehr tief in das Wasser ein und die Röhren müssen sich dicht an der Wasseroberfläche befinden, sodass die Lampe das Aquarium bisweilen verschließt, was manche Pflegearbeiten im Wasser erschwert. Im Vergleich mit anderen Lichtquellen besitzen die Leuchtstoffröhren relativ lange Ab-messungen, was auch von vielen Aquarianern als störend empfunden wird. Seit einigen Jahren sind neben den herkömmlichen 26-mm-Leuchtstoff-röhren auch die sogenannten Sparlampen (U-förmig gebogene Leuchtstofflampen mit E27-Schraubgewinde) sowie dünnere, energiesparende Leuchtstofflampen mit 16 mm Durchmesser am Markt erhältlich. Diese neue Leuchtstofflampen-Generation, von Osram als „T5-Generation“ bezeichnet, hat verschiedene Vorteile. Der geringere Durchmesser macht die Lampe schlanker, so dass mehr davon über das Aquarium passen bzw. weniger Fläche blockiert wird. Der Einsatz elektronischer Vorschaltgeräte steigert die Lichtleistung und spart zugleich Strom, weil weniger Wärme entwickelt wird. Mit diesen dünnen Leuchtstofflampen lässt sich eine Lichtleistung erreichen, die der eines HQI-Strahlers nicht nachsteht, vor allem, wenn ein guter Reflektor verwendet wird. Die Frage, ob nun Leuchtstofflampen oder HQI-Licht die bessere Beleuchtungslösung für ein Steinkorallenaquarium sind, lässt sich nicht eindeutig beantworten, denn das „ideale Licht“ für Riffaquarien gibt es nicht. Ideal wird eine Lichtquelle erst dadurch, dass man die passenen Tiere darunter setzt. Leuchtstofflampen sind in Anschaffung und Betrieb preiswerter, HQI-Lampen bieten aber nicht nur den beliebten „Flimmereffekt“ auf allen beleuchteten Flächen, sondern ermöglichen auch ein offenes Aquarium, das auch den Blick von oben durch die Wasseroberfläche erlaubt und das hantieren im Becken erheblich vereinfacht.

Wasserbewegung

Korallen sind festsitzende Tiere, die nicht dazu in der Lage sind, ihren Standort zu wechseln, um Riffbezirke mit besseren Wasserverhältnissen aufzusuchen. Darum brauchen sie die Wasserströmung, die Nahrung und Sauerstoff herbeischafft und auch Abfallstoffe mit dem Wasser fortschwemmt. Darüber hinaus sorgt die Wasserbewegung natürlich auch für eine gleichmäßige Wärmeverteilung im Aquarium.

Der Fachhandel bietet zahlreiche unterschiedliche Pumpentypen. Meist handelt es sich dabei um Tauchpumpen, die unter Wasser betrieben werden, gelegentlich auch um Tauchkreiselpumpen, bei denen nur der Pumpenkreisel untergetaucht wird. Alle Typen haben Vor- und Nachteile, eignen sich aber hervorragend, um in einem Riffaquarium eine kräftige Wasserströmung zu erzeugen.

Da sich aber alle Tiere an bestimmte Strömungsstärken gewöhnt haben und sich bei stärkerer oder schwächerer Wasserbewegung nicht gut entwickeln, muß die Stärke der Wasserumwälzung dem Tierbesatz angepaßt werden. Eine Faustregel hilft bei der Auswahl der Pumpenstärke: Die Strömungspumpen im Riffaquarium sollten den gesamten Aquarieninhalt pro Stunde 5 bis 10 Mal umwälzen. In einem 300 Liter-Aquarium würde man nach dieser Faustregel also eine Förderleistung zwischen 1500 und 3000 Litern pro Stunde wählen.

Umwälzpumpen gehören im Riffaquarium zu den wichtigsten technischen Aggregaten.

Eine besonders gute Strömungsverteilung erreicht man, wenn mehrere Pumpen eingesetzt werden. Am einfachsten ist dies mit zwei Pumpen, die jeweils in den hinteren Ecken des Aquariums plaziert werden und das Wasser zur Mitte der Frontscheibe hin auswerfen. Auf diese Weise gelangt der konzentrierte Pumpenstrahl nicht auf die Korallen, sondern wird an der Frontscheibe in weichere Wasserturbulenzen verwandelt.

Eine preiswerte, aber durchaus sinnvolle Alternative ist es, einen herkömmlichen Topf-Außenfilter als Strömungspumpe einzusetzen. Bei einem sehr kleinen Aquarium kann auf diese Weise das Wasservolumen vergrößert und dadurch das Becken biologisch stabiler gemacht werden. Der Filtertopf sollte in diesem Falle allerdings nicht mit Filtermaterial bestückt werden, sondern mit lebendem Meeresgestein, in dem sich Filterbakterien befinden. Auf diese Weise erhält man eine preiswerte Strömungspumpe, die gleichzeitig das Aquarienvolumen vergrößert und das Wasser durch Filterbakterien biologisch aufbereitet.

Filterung

Biologische Filterung

Bei der biologischen Filterung, treffender wäre eigentlich der Begriff "biologische Wasseraufbereitung", werden die organischen Überreste der Konsumenten (Tiere) in anorganische, also unbelebte Bestandteile zerlegt, aus denen dann später die Produzenten (Pflanzen) wieder lebende Substanz aufbauen. Dies geschieht im Korallenriff hauptsächlich durch Bakterien, die auf der Oberfläche und im Inneren des porösen Kalkgesteins leben. Diese Bakterien, hierbei handelt es sich vor allem um die zwei Gattungen *Nitrobacter* und *Nitrosomonas*, leben immer auf festem Untergrund, nicht im freien Wasser. Stellt man diesen Bakterien mit dem Dekorationsgestein im Aquarium ausreichend Siedlungssubstrat zur Verfügung, dann ist ein zusätzlicher biologischer Filter nicht nötig. Voraussetzung dafür ist allerdings die ausreichende Wasserströmung im Aquarium, damit die organischen Substanzen auch zu den Bakterien gelangen.

Am besten ist für diesen Zweck lebendes Riffgestein geeignet, weil es porös ist und bereits mit den nötigen Bakterien besiedelt ist. Zwar sind diese Bakterienbestände durch den Transport des Gesteines meist stark geschädigt, doch wenn die Lebensbedingungen gut sind, erholen sie sich innerhalb einiger Wochen. Dazu allerdings brauchen sie Nahrung, denn sie müssen sich vermehren. Die Lebensgrundlage der ersten wichtigen Bakteriengattung (*Nitrosomonas* sp.) sind Ammonium und Ammoniak. Diese Stoffe entstehen beim Zerfall von Eiweißsubstanzen (pflanzliches oder tierisches Gewebe, Fischfutter). Sobald diese Substanzen ausreichend im Wasser vorhanden sind, beginnen die *Nitrosomonas*-Bakterien, sich zu vermehren. Nach einigen Tagen wird der Ammonium-Gehalt des Wassers zu sinken beginnen, weil die zunehmende Zahl der *Nitrosomonas*-Bakterien das Ammonium zu Nitrit verwandelt. Im gleichen Maße, wie der Ammonium-Gehalt des Aquarienwassers nun also absinkt, steigt der Nitrit-Gehalt an. Das ist die Stunde der zweiten wichtigen Bakteriengattung *Nitrobacter*, denn ihr Nährstoff ist das Nitrit. Sie beginnen, sich zu vermehren, und nach Tagen oder Wochen ist schließlich der größte Teil des Nitrites von dieser Bakteriengruppe weiterverarbeitet und in das relativ ungiftige Nitrat umgewandelt worden.

Neben Schwämmen und Kalkalgen leben auf natürlichem Riffgestein Filterbakterien.

Der Aquarianer kann mit einfachen Tropflösungen den Ammoniumgehalt und den Nitritgehalt des Aquarienwassers untersuchen und auf diese Weise feststellen, ob sich die beiden Bakteriengruppen im Aquarium ausreichend vermehrt haben. Solange die Anzahl der im Aquarium vorhandenen *Nitrosomonas*- oder *Nitrobacter*-Bakterien noch nicht ganz ausreicht, häuft sich diejenige Substanz im Wasser an, die ihnen als Nährstoff dient, also entweder Ammonium oder Nitrit. Während der Vermehrungsphase dieser beiden Bakteriengruppen ist das Wasser für Fische und für Wirbellose giftig. Fische würden diese Giftkonzentration im Wasser noch rapide steigern, weil sie über die Kiemen fortwährend Ammonium an das Wasser abgeben. Erst wenn beide Bakteriengattungen in ausreichender Menge das Gestein des Aquariums besiedelt haben und das Wasser keinen hohen Ammoniumgehalt und auch keinen hohen Nitritgehalt mehr hat, dann ist es "reif" für den Besatz mit Tieren. Fortwährend wird sich nun die Zahl dieser Bakterien erhöhen oder vermindern, um sich der Schadstoffmenge im Wasser anzupassen.

Korallen belasten das Wasser kaum mit Stoffwechselprodukten wie Ammonium, darum können sie auch in größerer Zahl in das Aquarium eingesetzt werden. Fische aber scheiden viel Ammonium aus. Setzt man nun also Fische in das Aquarium, so erhöht sich der Ammoniumgehalt des Wassers. Wiederum müssen sich nun die Bakterien vermehren, um diese Substanzen zu verarbeiten. Solange die Zahl der vorhandenen Bakterien noch nicht ganz ausreicht, um die zusätzliche Ammoniummenge zu verarbeiten, wird sich nun die Ammonium-Konzentration im Wasser weiter erhöhen. Das gleiche gilt anschließend für den Nitritgehalt des Wassers. In dieser Phase sind alle Fische im Aquarium - Neuzugänge und bisherige Aquarienbewohner - sehr krankheitsanfällig und neigen zu Hautinfektionen. Meist vermutet man dann, die neu eingesetzten Fische hätten die Krankheitskeime "eingeschleppt", doch tatsächlich liegt diese Erkrankungsbereitschaft an der geschwächten Krankheitsabwehr der Fische, verursacht durch belastetes Wasser. Erst wenn die Bakterienmenge der Wasserbelastung entspricht, sind wieder harmonische Verhältnisse hergestellt und die Fische werden in der Regel von selbst gesund, obgleich die Krankheitserreger weiterhin im Aquarium vorhanden sind.

Die Ausbreitung der Bakterien im Aquarium läßt sich mit Bakterienpräparaten beschleunigen. Diese Präparate, die der Aquarienfachhandel anbietet, enthalten lebende Bakterien. Dabei sollte man allerdings darauf achten, dass im Meerwasser nur Präparate eingesetzt werden, die "halophile" (salzliebende) Bakterien enthalten. Bei einem Präparat, das für ein Süßwasseraquarium geschaffen ist oder für alle Aquarien angeboten wird, ist die Wirkung im Salzwasseraquarium zweifelhaft.

Ein solches Bakterienpräparat kann auch beim Zusetzen neuer Fische oder nach Reinigungsarbeiten im Aquarium den Bakterienbestand stützen und dadurch hohe Schadstoffkonzentrationen verhindern, die sonst zu Fischkrankheiten führen könnten. Es ist also nicht unverzichtbar für das Aquarium, macht es aber sicherer und gesünder.

Der oben beschriebene Vorgang des Schadstoffabaues wird als Nitrifikation bezeichnet. Er erfordert viel Sauerstoff, findet also nur dort statt, wo mit dem Wasser ausreichend Sauerstoff hintransportiert wird ("aerobes" Milieu). Dieser Vorgang wurde der Verständlichkeit halber stark vereinfacht dargestellt. Das Hauptprodukt dieses Vorganges, das Nitrat, wird in der Natur durch Bakterien wieder abgebaut. Dieser Vorgang, den man als Denitrifikation bezeichnet, erfordert keinen Sauerstoff und findet nur dort statt, wo sich kein Sauerstoff befindet ("anaerobes" Milieu). In der Natur ist dies tief im Inneren des porösen Kalkgesteines. Im Aquarium geschieht dies ebenfalls, vorausgesetzt, es enthält lebendes Meeresgestein. Richtet man ein Riffaquarium mit unbelebtem Gestein ein, dann kann es nötig werden, den Nitratgehalt zu verringern. Dies kann durch einen Nitratfilter geschehen, ein Gerät, das den Bakterien ein sauerstofffreies Milieu anbietet, oder durch regelmäßige und umfangreiche Teilwasserwechsel.

Mechanische Filterung

Die mechanische Filterung befreit das Wasser von organischen Schwebestoffen, bevor diese zerfallen und von Bakterien verarbeitet werden müssen. Der einfachste Weg, das Aquarienwasser mechanisch zu filtern, ist es, die Strömungspumpen das Wasser durch einen Filterkörper hindurch ansaugen zu lassen (Filterwatte, Schaumstoff). Der große Vorteil dieser Methode ist die schnelle und einfache Reinigung des Filtermaterials. Das ist wichtig, denn erst das Reinigen dieser Materialien entfernt den Schmutz aus dem Wasser. Solange sich dieser Schmutz im Filter befindet, belastet er das Wasser.

Die in der Süßwasseraquaristik verwendeten Topf-Außenfilter eignen sich im Riffaquarium nicht für die mechanische Filterung, weil ihre Reinigung recht umständlich ist. Salzwasser enthält weniger Sauerstoff als Süßwasser, sodass sich in einem ungereinigten Filter im Riffaquarium schneller Fäulnisprozesse bilden. Diese Topffilter können jedoch auch im Riffaquarium als Strömungspumpe und biologischer Filter eingesetzt werden, wie oben bereits erwähnt.

Besonders wichtig ist die mechanische Filterung in der Anfangsphase während der ersten Monate nach der Neueinrichtung des Aquariums, weil sich in dieser Zeit viele Mikroalgen stark vermehren und um die Vorherrschaft im Aquarienbiotop kämpfen. Viele dieser Algen sterben ab und würden ohne mechanische Filterung das Wasser belasten.

Aktivkohle kann das Wasser von vielen schädlichen, gelösten Substanzen befreien.

Ist das Aquarienbiotop später gut eingefahren, kann oft auf den mechanischen Filter verzichtet werden. Einerseits hat der Abschäumer in gewissem Rahmen die Fähigkeit, Schwebestoffe aus dem Wasser zu entfernen, und andererseits sind Schwebestoffe nicht in jeder Hinsicht unerwünscht, denn wir möchten im Riffaquarium schließlich auch Filtrierer pflegen, die von diesen Substanzen leben. Die Entscheidung für oder gegen eine mechanische Filterung hängt aber stets von der Menge der Schwebestoffe ab.

Aktivkohlefilterung

Die Aktivkohlefilterung soll vor allem schwer abbaubare Farbstoffe aus dem Aquarienwasser entfernen, die bei der Arbeit der Filterbakterien als Nebenprodukt entstehen. Diese gelben Farbstoffe sind zwar nicht ausgesprochen giftig für die Aquarienbewohner, haben aber eine starke Lichtfilterwirkung. Die einfachste Methode ist es, die Kohle in einem Netzbeutel in das Wasser zu legen. Weitaus effektiver ist es allerdings, die Kohle im Ansaugkäfig einer Strömungspumpe oder in einem Topfaußenfilter einzusetzen.

Bei der Kohlefilterung werden dem Wasser aber nicht nur die unerwünschten Substanzen entzogen, sondern auch wichtige Mineralien und Spurenelemente. Eine zu starke Kohlefilterung kann darum das Wachstum empfindlicher Korallen bremsen, bisweilen sogar zur Degeneration der Korallen führen. Wichtig ist also, die verwendete Kohlemenge der Wassermenge anzupassen. Außerdem sollte man gute Aktivkohlen renommierter Hersteller verwenden, die kein Phosphat an das Wasser abgeben.

Setzt man im Aquarium dauernd Aktivkohle ein, dann sollte die Menge erheblich geringer sein, als bei einer sporadischen Kohlefilterung für ein oder zwei Wochen. Für den dauernden Aktivkohleeinsatz reichen etwa 10 bis 20 Gramm je 100 Liter Aquarienwasser, die einmal im Monat gewechselt werden sollen. Für den kurzzeitigen Einsatz kann man im Riffaquarium bis zu 50 Gramm je 100 Liter verwenden. In beiden Fällen muß jedoch sichergestellt sein, dass verlorengegangene Elemente durch eine gute Spurenelementlösung ersetzt werden.

Der Aquarienfachhandel bietet zahlreiche Abschäumertypen an und berät über die Vor- und Nachteile der einzelnen Systeme.

Abschäumung

Die Abschäumung ist ein physikalisches Verfahren zur Wasserreinigung, das dem Aquarienwasser fortwährend Schadstoffe entzieht. Zugleich sorgt die Abschäumung für den nötigen Gasaustausch; übermäßig vorhandene, schädliche Gase werden ausgetrieben und Sauerstoff wird dem Wasser zugeführt. Der Fachhandel hält Innenabschäumer und Außenabschäumer für alle Aquariengrößen bereit, die nach unterschiedlichen Verfahren arbeiten.

Die Grundlage des Abschäumungsverfahrens ist das Bewegen kleiner Luftbläschen im Meerwasser. Durch diese Bewegung kommt es, vereinfacht ausgedrückt, zu einer "Reibung" zwischen Luft und Wasser. Dadurch erhält die Blase eine elektrische Ladung und zieht bestimmte Substanzen aus dem Wasser an. Dabei handelt es sich vorwiegend um Kohlenhydrate, da diese Kohlenhydrate jedoch die Eigenschaft haben, gelöste Substanzen an sich zu binden, dienen sie gewissermaßen als Vehikel für zahlreiche Schadstoffe, die das Wasser belasten. Diese schadstoffhaltigen Luftblasen zerplatzen nicht und sammeln sich oben im Abschäumer in einem Schaumtopf.

Da ein Abschäumer auch das wasserbelastende Ammonium aus dem Aquarium entfernen kann, ist ein gut abgeschäumtes Aquarium erheblich belastbarer, als ein Aquarium ohne Abschäumung. Darum sollte ein stark mit Fischen besetztes Riffaquarium, in dem regelmäßig gefüttert wird, nicht ohne Abschäumung betrieben werden.

Heizung

Da die Tiere im Korallenriffaquarium aus tropischen Meeren stammen, müssen wir das Wasser in der kühleren Jahreszeit beheizen. Mit den modernen Heizreglern ist dies allgemein recht problemlos. Man sollte aber darauf achten, dass ein Heizregler trockenlaufgesichert ist und eine Einstellskala hat, die das Wählen der richtigen Temperatur erleichtert.

Einige wirbellose Tiere im Riffaquarium können jedoch die hohe Temperatur des Heizreglers nicht wahrnehmen und werden bei Körperkontakt mit dem Heizgerät schwer geschädigt. Ein Seestern beispielsweise, der auf einem Heizregler sitzt, kann bei lebendigem Leibe "gebraten" werden. Auch

Ein einfaches Riffaquarium kann durchaus mit Leuchtstoffröhren betrieben werden.

eine Anemone, die ihre Fußscheibe an einem kalten Heizregler befestigt, wird spätestens beim Einschalten des Gerätes eine schwere Gewebeschädigung davontragen, weil sie sich nicht schnell genug lösen kann. Darum ist es sinnvoll, diesen Heizregler in ein Kunststoffrohr zu stecken, das einen deutlich größeren Durchmesser hat und mit großen Löchern versehen ist. Dieses Rohr läßt das Wasser zirkulieren und hält gleichzeitig die Tiere auf Distanz.

Die Temperatur eines Korallenriffaquariums sollte im Mittel bei 25° C liegen und 24 bis 27° C können als Idealbereich angesehen werden. Im Sommer wird die Temperatur auch ohne Einschalten des Heizreglers darüber liegen. Eine Temperatur von 30° C sollte aber möglichst nicht überschritten werden. Im Winter darf die Temperatur auch etwas unter dem Idealbereich liegen, etwa bei 23° C, doch ein Wert von 22° C sollte als absolute Untergrenze gelten. Wichtig ist aber ein gutes und verläßliches Thermometer, das die Wassertemperatur genau anzeigt.

Das benötigen Sie für Ihr Riffaquarium:

- Aquarium
- Untergestell
- weiche Unterlage
- Kunststoffplatte
- Kalksteine
- kalkhaltigen Bodengrund
- Heizregler
- Strömungspumpe mit Filtervorsatz
- Abschäumer
- Salzdichtemesser mit Thermometer
- Meersalz
- Beleuchtung (Leuchtstofflampen oder Halogenmetalldampf-Lampen)
- eine Handvoll belebten Bodengrund zum „Impfen"
- Kriechsproßalgen der Gattung *Caulerpa*
- handelsübliche Tropftestlösungen für Ammonium und Nitrit
- Scheibenreiniger

Einrichten eines Riffaquariums in 12 Schritten

Ein Riffaquarium einzurichten und einzufahren ist zwar nicht unbedingt schwierig, denn die meiste Arbeit macht dabei die Natur, während wir selbst eher „Zaungast" sind. Damit sich aber die Balance der Organismen im Aquarium in der gewünschten Richtung entwickelt, sollten wir beim Einrichten und „Einfahren" ein paar Dinge beachten. Auch kleinere Fehler, die zunächst vielleicht unbemerkt bleiben, können später Sorgen bereiten. Am wichtigsten ist dabei die Geduld. Zwar mag es auch schneller gehen als hier dargestellt, mit einer anderen Strategie und Reihenfolge, vor allem mit etwas Glück oder viel Erfahrung. Aber es ist vor allem für den Einsteiger vorteilhaft, sich beim Einrichten und Einfahren eines Riffaquariums an einen bestimmten „Fahrplan" zu halten. Auf den folgenden Seiten wird ein erprobter „Fahrplan" vorgestellt, der Erfolg verspricht.

1. Tag:
Schritt 1: Aquarium richtig aufstellen

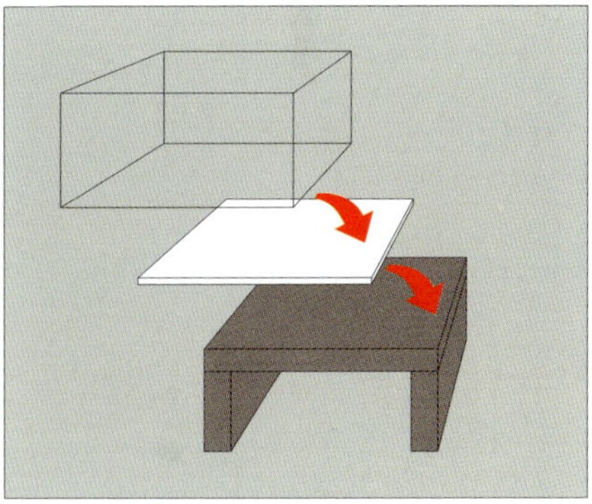

Stellen Sie das Aquarium auf einem ausreichend stabilen Unterbau. Ein wackeliges Holzschränkchen ist riskant, denn der Unterbau muss neben dem Wasser auch das Gewicht des Glases tragen. Wenn Sie Geld sparen möchten, greifen Sie lieber zu Gasbetonsteinen, denn selbst diese sind besser als ein wackeliges Schränkchen. Zwischen Bodenscheibe und Untergestell gehört unbedingt eine flexible Schicht, die Unebenheiten ausgleicht, z. B. eine Styroporplatte oder eine spezielle Aquarienunterlage vom Fachhändler. Fehlt diese flexible Schicht, dann können winzigste Spannungen in der Bodenscheibe irgendwann – auch nach Jahren – plötzlich zum Glasbruch führen.

Schritt 2: Technik installieren

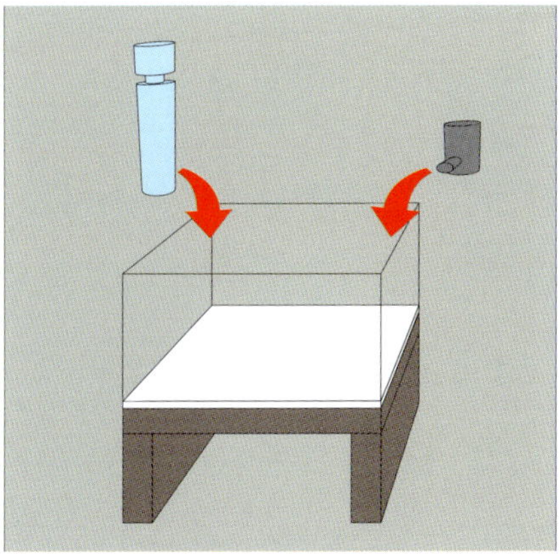

Bevor Gestein als Dekorationsmaterial in das Becken gelangt, sollten Sie die technischen Aggregate installieren. Nur dann wissen Sie genau, welche Stellen des Beckens für die Aquarientechnik zur Verfügung stehen müssen. Platzieren Sie die Strömungspumpen so, dass im Aquarium eine gute Wasserbewegung entsteht und Sie auch später möglichst viele Optionen haben, die Strömung zu verändern. Installieren Sie nun auch den Abschäumer und weitere Geräte wie Filter, Kalkreaktor, Nachfüllanlage oder Regelheizer. Filter und Abschäumer sollen möglichst so platziert werden, dass sie leicht zu reinigen sind, denn nur dann tut man es später auch regelmäßig.

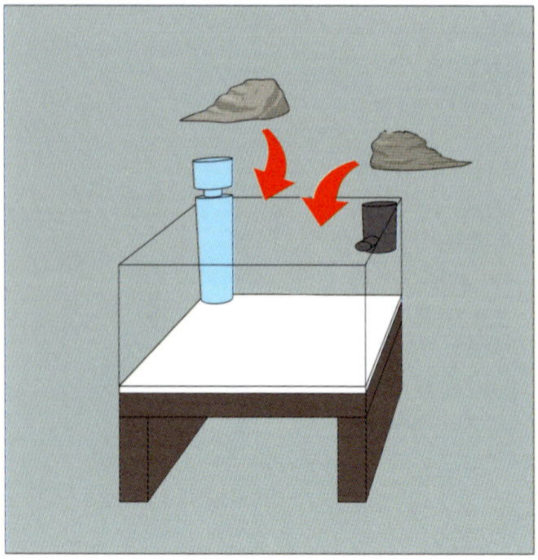

Schritt 3: Basisgestein einsetzen

Nun sollten Sie einige massive Brocken trockenes Dekorationsgestein einsetzen. Diese bilden später eine gute Basis für den gesamten Steinaufbau. An dieser Stelle darf kein Lebendgestein verwendet werden, weil es dafür noch viel zu früh wäre. Die Steine sollten nicht auf dem Bodengrund stehen, damit es hier später nicht zu reduzierenden Prozessen kommt, die schwer zu kontrollieren wären. Stattdessen stellen wir diese Steine auf eine Schutzplatte (z. B. PVC, Acrylglas, Styropor), die direkt auf der Bodenscheibe liegt. Auf diese Steine wird später Lebendgestein geschichtet, und darum sollten diese Brocken schwer sein und eine günstig geformte Oberfläche haben (z. B. abgeflacht oder konkav). Planen Sie den gesamten Gesteinsaufbau am besten so, dass Sie technische Aggregate verstecken können.

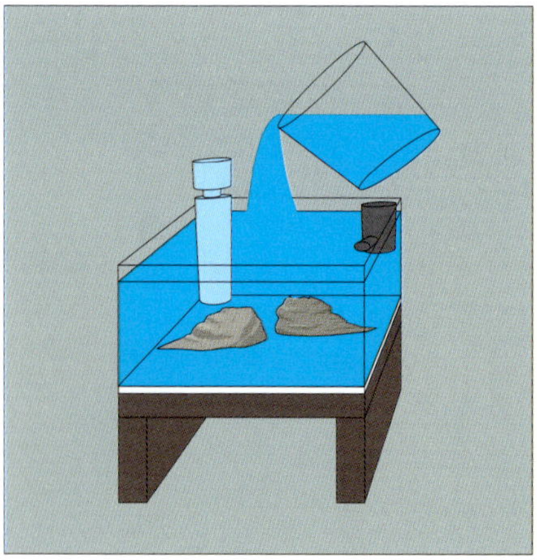

Schritt 4: Leitungswasser einfüllen

Sind die Geräte installiert und die massiven Basissteine eingesetzt, dann füllen wir Wasser ein. Dazu eignet sich am besten das Wasser einer Umkehrosmoseanlage oder das vollentsalzte Wasser eines Ionenaustauschers, aber auch nitrat- und phosphatarmes Quellwasser oder destilliertes Wasser ist geeignet. Leitungswasser können Sie natürlich ebenfalls verwenden, wenn es wenig Nitrat und Phosphat enthält, doch hüten Sie sich vor den haushaltsüblichen Entkalkungsgeräten, denn damit wird oft ein Wasser erzeugt, das zwar Trinkwasserqualität hat, aber für ein Riffaquarium nicht geeignet ist. Marine Organismen reagieren auf zahlreiche Belastungen des Wassers sehr empfindlich, denn sie haben in der Natur keinen Kontakt mit solchen Substanzen und konnten darum in ihrer Entwicklungsgeschichte auch keine Mechanismen zur Entgiftung ihrer Körpergewebe entwickeln, zumal sie meist auf einer niedrigen Entwicklungsstufe stehen. Darum müssen wir für ein Riffaquarium die Versorgung mit giftstofffreiem Wasser sicherstellen. Selbst eine Konzentration von Fremdstoffen, die vom Menschen im Trinkwasser noch anstandslos toleriert wird, kann für die wirbellosen Meerestiere bereits zu hoch sein.

2. Tag:
Schritt 5: Meersalz einstreuen

Das Meersalz sollten Sie in Ihr Aquarium erst einstreuen, wenn das Wasser Raumtemperatur hat. Dazu nötigenfalls den Regelheizer über Nacht arbeiten lassen. Der Grund dafür ist einfach: Gelöster Kalk wird bei höherer Temperatur leichter ausgefällt. Darum setzt sich im Kochtopf beispielsweise an der heißen Kesselwand Kalk ab („Kesselstein"). Wenn unser Aquarienwasser durch das Auflösen des Meersalzes bereits große Mengen an gelöstem Kalk enthält und kühler ist, als die Raumluft, dann wird es durch die Glasscheiben von der Raumluft erwärmt. Die Glasscheiben sind also wärmer als das Wasser, und so kann es zur Bildung einer Kalkschicht an der Innenseite des gesamten Aquariums kommen, die das Glas mit einem harten, weißlichen Kalkschleier bedeckt. Das lässt sich zwar mit einer Klinge entfernen, ist aber außerordentlich lästig. Darum also möglichst erst das Wasser auf etwa 20° C bringen, bevor das Salz eingestreut wird. Mit einer Tauchpumpe bringen Sie dann das Wasser in Bewegung, so dass sich das Salz gut auflösen kann.

3. Tag:
Schritt 6: Bodengrund in das Aquarium einbringen

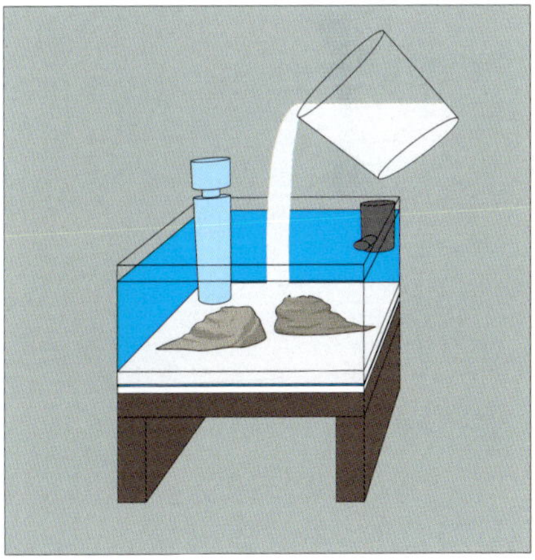

Nachdem Sie dem Salz über Nacht Zeit gegeben haben, sich im Wasser zu lösen, können Sie am Folgetag den Bodengrund in das Becken einbringen. Er muss kalkhaltig sein – Quarzsand kann Algenprobleme bereiten, weil Kieselsäure freigesetzt wird, was die Vermehrung von Kieselalgen fördern würde. Korallensand vom Strand ist grundsätzlich geeignet, wenn er rein ist. Ebenfalls zweckmäßig ist reines Kalkgranulat. Die Körnungsgröße ist nicht sehr von Bedeutung, wenn sie zwischen 1 und 10 mm liegt. Vorteilhaft an gröberer Körnung ist, dass die einzelnen Teile später nicht so leicht zwischen die Aquarienscheibe und den Magnet-Scheibenreiniger gelangen. Schichten Sie den Bodengrund 3 bis 6 cm hoch auf. Zuvor sollten Sie allerdings den Abrieb gut auswaschen. Das ist am einfachsten, wenn Sie einen Eimer zur Hälfte mit dem Bodengrund füllen und mit einem Schlauch das Spülwasser von unten nach oben durch den Bodengrund leiten, so dass die Trübstoffe oben aus dem Eimer geschwemmt werden. Den Bodengrund dabei leicht umrühren.

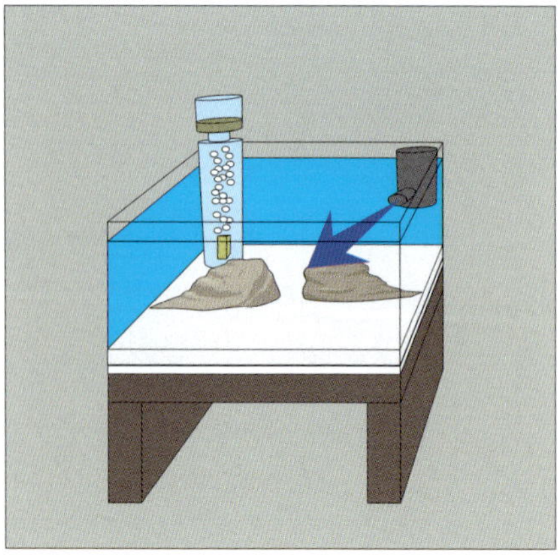

Schritt 7: Strömungspumpen, Abschäumer und Filter in Betrieb nehmen

Ist der Bodengrund im Becken verteilt, dann ist das Wasser sicherlich durch restlichen Abrieb trüb geworden. Das ist normal, doch nun sollten Sie Strömungspumpen, Abschäumer und Filter einschalten, damit das Wasser bald wieder klar wird, und auch kontinuierlich weiter laufen lassen. Die Beleuchtung sollte allerdings noch nicht in Betrieb genommen werden. Der Grund ist ganz einfach: In dem Moment, wo wir Licht bieten, können sich pflanzliche Lebewesen vermehren. Dabei stehen alle Algen miteinander in Konkurrenz. Solange wir noch keine höheren Blattalgen in das System eingebracht haben, räumen wir den niederen Algen einen Zeitvorteil ein. Wenn dann später höhere Algen (*Caulerpa*-Arten und andere) in das Aquarium kommen, hätten sich niedere Algen bereits gut etabliert und genössen eine Art „Heimvorteil". Besser ist es, die Beleuchtung noch so lange ausgeschaltet zu lassen.

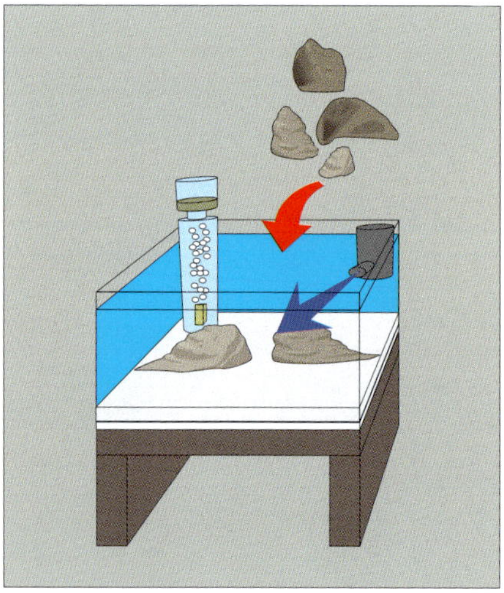

10. Tag:
Schritt 8: Lebendgestein einsetzen

Nachdem wir in Schritt 3 bereits trockenes Basisgestein eingesetzt haben, soll in unser Becken nun das lebende Riffgestein hineinkommen. Während der Auflösung des Meersalzes finden im Wasser einige chemische Prozesse statt, die starken Einfluss auf das Milieu haben, aber nach einigen Tagen sind die chemischen Lösungsprozesse im Salzwasser vollzogen, und es sind stabile Lebensbedingungen erreicht. Nach zehn Tagen können wir also bedenkenlos die ersten Lebewesen einbringen, ohne damit eine Verschlechterung des Milieus zu riskieren. Im Idealfall werden diese Steine einfach auf die Flächen gesetzt, die wir mit dem Basisgestein als Auflageflächen geschaffen haben. Während das Basisgestein fest sein soll, eher massiv und schwer, damit es guten Halt hat, soll unser Lebendgestein porös sein, damit es eine große innere Oberfläche hat und biologisch sehr aktiv ist. Nur wenn es durch die Porösität Hohlräume hat, kann es den vielen Kleinlebewesen, die wir mit dem Gestein in das Aquarium bringen möchten, den nötigen Lebensraum bieten. Wichtig ist bei der Auswahl aber auch, dass wir Steine in gutem Zustand erhalten. Lebendgestein ist kein Markenprodukt wie ein Abschäumer oder eine Strömungspumpe. Einerseits ist die Besiedlung mit lebenden Organismen bei keinem Stein so wie beim nächsten, und andererseits leiden die Organismen in ganz unterschied lichem Maße durch Transport und Hälterung. Achten Sie darauf, dass keine faulenden Schwämme darauf sind (man riecht diese, wenn der Stein aus dem Wasser genommen wird), dass aber noch Algen oder sessile wirbellose Tiere darauf zu sehen sind.

Schritt 9: Impfen

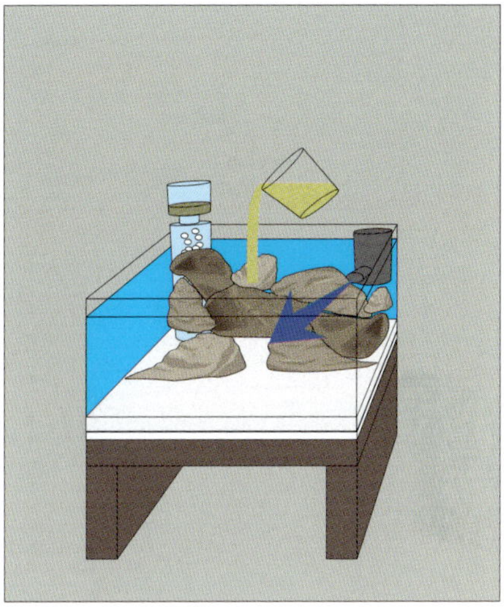

Wenn das Lebendgestein im Aquarium ist, dann wird es Zeit, auch mit anderen lebenden Organismen zu impfen. Zwar gelangt mit den lebenden Steinen schon vieles hinein, doch es ist ratsam, auch eine handvoll Bodengrund aus einem eingefahrenen Aquarium hineinzugeben, mit dem Schlamm, der sich darin befindet, den Sedimenten, mit Würmern, Kleinkrebsen und anderem Getier. Auch gebrauchtes Filtermaterial jeglicher Art kann den gleichen Zweck erfüllen. Im neuen Aquarium werden sich all die Organismen in den ersten Wochen massiv ausbreiten und den neuen Lebensraum in Besitz nehmen. Dabei können wir bisweilen schon interessante Populationsverschiebungen beobachten. Diejenigen Organismen mit der schnellsten Fortpflanzung sind zunächst im Vorteil, doch ihnen folgen jene, die sich von ihnen ernähren.

Schritt 10: Algen einbringen, Beleuchtung in Betrieb nehmen

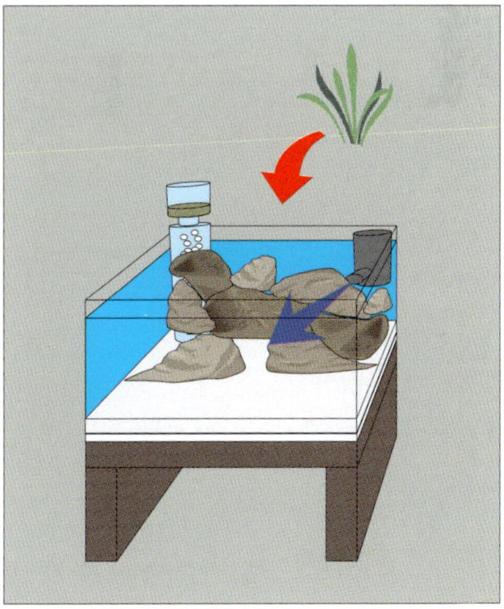

Auch Algen sollten Sie jetzt einbringen. Zwar sind Blattalgen unter vielen erfahrenen Riffaquarianern als Aquarienpfleglinge inzwischen etwas verpönt, weil man ihnen – nicht ganz zu Unrecht – eine Konkurrenz zu den Symbiosealgen der Korallen nachsagt. Doch zu diesem Zeitpunkt enthält Ihr Aquarium noch gar keine Korallen. Die Blattalgen stellen für niedere Algen eine Nahrungskonkurrenz dar und sollten im gesamten Aquarium erst einmal regelrecht wuchern, um den neuen Lebensraum in Besitz zu nehmen. Später können sie nach Bedarf reduziert werden, und wenn sich schließlich Kalkalgen ausgebreitet haben, dann können die Blattalgen auch ganz eliminiert werden. Zwar ist diese „Algenphase" beim Einfahren des Riffaquariums nicht unbedingt nötig, aber sie erleichtert es erheblich, die Ausbreitung niederer Algen einzudämmen. Zusammen mit dem Einsetzen der Makroalgen müssen Sie nun allerdings die Beleuchtung in Betrieb nehmen. Auch die Abschäumung muss jetzt arbeiten.

10. bis 45. Tag
Schritt 11: Einfahrphase

Nun folgt das, was in der Riffaquaristik als „Einfahrphase“ bezeichnet wird. In dieser Zeit ringen zahllose Mikroorganismen um die Vorherrschaft im neuen Aquarium und versuchen, sich in ihrer ökologischen Nische schnellstmöglich bis an die Populationsgrenzen zu vermehren. In dieser Zeit

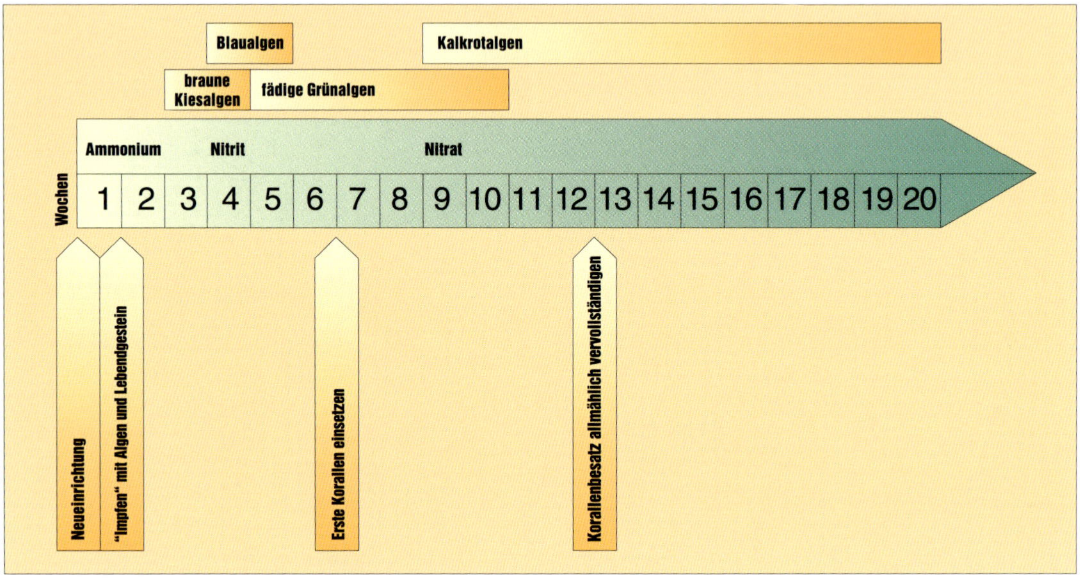

werden bereits Weichen für die spätere Entwicklung des Systems gestellt, und es kann es zu ganz erstaunlich vielen unterschiedlichen Entwicklungen kommen, selbst wenn man die Aquarien technisch identisch ausstattet. In jedem Riffbecken entwickelt sich ein individuelles Milieu, und keine zwei Aquarien gleichen sich völlig. Die ersten Besiedler, die sich massiv vermehren können, sind meist die Kieselalgen. Diese „Diatomeen“ breiten sich massiv aus, weil sie in dieser Phase genug Kieselsäure vorfinden und große Flächen auf dem Gestein noch unbesiedelt sind, so dass dort keine Konkurrenz ist. Abhängig vom Gehalt an Kieselsäure ist diese Diatomeenphase unterschiedlich lang. Kommt es zu einer Sauerstoffübersättigung, dann nimmt das Wasser keinen Sauerstoff mehr auf, was wir an den zahlreichen kleinen Sauerstoffbläschen erkennen, die an der Algendecke haften. Das ist für uns ein Zeichen dafür, dass für die Kieselalgen die Populationsgrenze erreicht ist, die Algen sich also nicht mehr weiter ausdehnen können und bald zurückgehen werden. Jetzt sind die Lebensbedingungen für Wirbellose noch ausgesprochen schlecht. Die meisten Korallenarten würden in einem solchen Milieu leiden und könnten sich nicht eingewöhnen. Darum sollten wir mit dem Korallenbesatz so lange warten, bis diese Kieselalgenphase vorüber ist. Auch Fische sollten in dieser Phase möglichst noch nicht im Aquarium sein, denn wir würden ein Ansteigen des Nitritgehaltes riskieren.

45. Tag:
Schritt 12: Aquarium allmählich besetzen

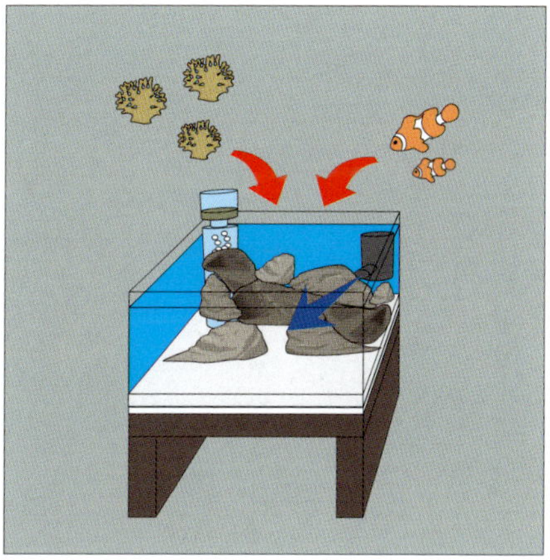

In einem Zeitraum von ein bis zwei Monaten ist normalerweise die Ausbreitung der wichtigen Bakterien abgeschlossen und das System ist belastbarer. In dieser Phase muss sich aber durchaus nicht unbedingt ein hoher Nitritgehalt entwickeln. Oft kommt es innerhalb von drei bis sechs Wochen zu einem geschlossenen Nitrifikationskreislauf, ohne dass sich giftiges Nitrit im Übermaß anhäuft. Kommt es jedoch zu einer hohen Nitritkonzentration, etwa durch Fütterungen von Fischen oder durch zerfallende Schwämme im Lebendgestein, dann verlängert dies unsere Einfahrphase enorm. Bisweilen dauert allein der Rückgang dieses hohen Nitritgehaltes bis zu sechs Wochen. Darum ist es ratsam, diese „Nitritspitze" mit all ihren unnatürlichen Begleiterscheinungen von vornherein zu vermeiden. Ist der Nitritgehalt schließlich von höheren Werten auf 0,05 mg pro Liter gesunken, dann können Sie die ersten Fische in das Aquarium einsetzen. Dabei sollten Sie möglichst mit Algenfressern beginnen, etwa zwei Doktorfischen *Zebrasoma* sp. Ist die Kieselalgenphase vorüber, dann können Sie auch mit dem Einsetzen von Korallen beginnen. Dabei sollten allerdings jene Arten bevorzugt werden, die auch unter natürlichen Bedingungen große Anpassungsfähigkeit bewiesen haben, etwa die „Lederkorallen" der Gattungen *Sarcophyton* oder *Sinularia*. Beginnen Sie nicht gleich mit empfindlichen Steinkorallen.

Das sollten Sie beachten:
Bisweilen wird geraten, gleich alle Fische auf einmal einzusetzen und in der ersten Zeit nur schwach zu füttern. Das führt jedoch durch Nahrungsmangel zu gesundheitlichen Schwächen und Aggressivität unter den Fischen. Darum ist es ratsamer, zunächst weniger Fische einzusetzen und diese normal zu füttern. Denken Sie auch daran, daß Ihr Aquarium biologisch um so besser und problemloser funktionieren wird, je weniger Fische Sie einsetzen.

Salzwasser besitzt eine große elektrische Leitfähigkeit. Greifen Sie darum niemals mit nassen Händen an Stecker, Steckdosen oder andere stromführende Teile.

Bild oben: Die große Artenvielfalt der Natur macht ein Ordnungssystem nötig.
Bild unten: Ein Polyp besteht hauptsächlich aus einer Mundscheibe und einer darunter befindlichen Körpersäule, wie bei dieser wissenschaftlich noch nicht beschriebenen Scheibenanemone.

Was sind Korallen? Was sind Arten, Gattungen, Familien?

Korallen sind Polypen, die einzeln oder in Gruppen leben. Diese Polypen sind eigentlich nicht viel mehr als ein Beutefang- und Verdauungsapparat. Ein solcher Polyp besteht hauptsächlich aus einer Mundscheibe (Beutefangapparat) und einem Magenstiel (Verdauungsapparat). In der Mitte der Mundscheibe sitzt eine Mundöffnung, die von hohlen Tentakel umgeben ist. Von der Mundöffnung führt ein Schlundrohr in den Magenraum, der im Stiel des Polypen sitzt. Hier wird nicht nur die Nahrung verdaut, sondern auch durch die Bildung von Spermien und Eizellen für Nachwuchs gesorgt.

All die einzelnen Polypen sind meist durch eine harte oder weiche Substanz miteinander verbunden, so daß sie gemeinsam den Korallenstock bilden. Innerhalb dieser Substanz sind aber alle Einzelpolypen durch ein Ernährungskanalsystem miteinander verbunden. Diese Polypen können sich nicht nur geschlechtlich durch Larven vermehren, sondern auch teilen, ähnlich wie eine Bakterie. Dadurch entstehen geklonte Tochterpolypen mit identischem Erbmaterial. Auf diese Weise vermehren sich die Polypen in einem Korallenstock, so daß diese Koralle wächst.

Was sind Symbiosealgen?

Korallen ernähren sich auf unterschiedliche Weise. Sie fangen Plankton und winzige Schwebeteilchen aus dem Wasser, oder sie pumpen Meerwasser in ihren Körper hinein und entnehmen diesem Wasser die gelösten Substanzen. Eine weitere Ernährungsmethode ist eine der erfolgreichsten Formen der Symbiose, die es auf unserem Planeten gibt; die Endosymbiose der Korallen. Sie besteht darin, daß ein Tier in seinem Inneren einzellige Pflanzen züchtet. Diese Algen nehmen Sonnenlicht auf und führen die Photosynthese durch, wie jede Pflanze. Die Nährstoffe, die sie dadurch produzieren (Fette, Kohlenhydrate, Eiweiß), geben sie an die Wirtskoralle ab. Im Gegenzug erhalten sie dafür Abfallprodukte dieser Koralle (z.B. Ammonium), die für sie einen wertvollen Dünger darstellen. Ebenso verhält es sich mit dem Sauerstoff, der bei der Photosynthese frei wird. Dieser wird von der Wirtskoralle aufgenommen und verbraucht, und das Kohlendioxid, das im Stoffwechsel der Koralle entsteht, wird von der Alge für die Photosynthese benötigt. Diese Endosymbiose führt dazu, daß die Korallen weit über 90 Prozent ihres Nahrungsbedarfs allein durch das Sonnenlicht decken können. Nur wenig Zusatznahrung muß in Form von Meeresplankton und Schwebeteilchen oder in gelöster Form aus dem Wasser aufgenommen werden. Darum können diese Korallen im Aquarium heute hervorragend gehalten und vermehrt werden. Meist ist eine direkte Fütterung dieser Korallen gar nicht nötig, weil sie bei der Fütterung der Fische ausreichend Schwebeteilchen aufnehmen können. We-

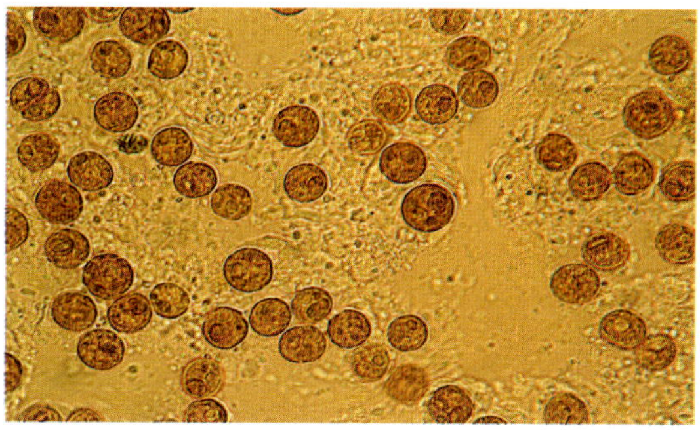

Symbiosealgen unter dem Mikroskop.

gen der Symbiose mit den einzelligen Algen - der Wissenschaftler nennt sie "Zooxanthellen" - bezeichnet man diese Gruppe von Korallen als "zooxanthellate Korallen". Sie alle haben zwei Dinge gemein: sie besitzen durch die Symbiosealgen in ihrem Körpergewebe eine bräunliche Färbung und sie leben im oberen Teil des Korallenriffes, der stark vom Sonnenlicht durchflutet ist.

Wie ist diese Symbiose entstanden?

Nach Ansicht der Wissenschaft dürfte die Entstehung dieser erfolgreichen Endosymbiose auf die Freßweise einzelliger Organismen zurückzuführen sein, die man als "Phagozytose" bezeichnet. Man versteht darunter das Aufnehmen von Bakterien und anderen Organismen durch einen Einzeller, der keinen Verdauungskanal besitzt. Der Fremdkörper wird durch die Zellwand geschleust und im Zellinneren durch Enzyme zerlegt. Auf diese Weise werden zum Beispiel in unserem eigenen Körper Krankheitserreger von Eiterkörperchen aufgenommen und unschädlich gemacht. Man stellt sich vor, daß bestimmte einzellige Algen auf diese Weise in die Gewebezellen der Korallen gelangt sind, sich aber gegen die Enzyme schützen konnten und darum nicht aufgelöst wurden. Sie lebten weiter und führten mit Hilfe des Sonnenlichtes weiterhin die Photosynthese durch. Nun gelang es der Gewebezelle dieser Koralle, die Abfallstoffe des Eindringlings zu verwerten und zugleich ihre eigenen Abfallstoffe von dem Eindringling verwerten zu lassen. Damit war eine Endosymbiose geboren, die dramatischen Einfluß auf die Besiedlung der Weltmeere haben sollte. Bis heute hat die Natur keine Lebensgemeinschaft hervorgebracht, die eine so hohe Primärproduktion erreicht, also in einer bestimmten Zeitspanne so viel lebende Körpersubstanz erzeugen kann, wie die Symbiosealgen besitzenden Bewohner eines Korallenriffs.

Was ist Taxonomie? Was sind Arten, Gattungen, Familien?

Seit je her haben sich Zoologen und Biologen bemüht, Ordnung in die Vielzahl unterschiedlicher Lebewesen auf diesem Planeten zu bringen. Schon von Aristoteles (384 - 322 v. Chr.) ist ein Ordnungssystem der Organismen überliefert. Das heute verwendete System zur Klassifikation der rund zwei Millionen lebenden und ausgestorbenen Arten geht auf jenes System zurück, das der große Naturforscher Carl von Linné 1758 in der 10. Auflage seiner "*Systema naturae*" veröffentlichte.

Es besteht in einer hierarchischen Einteilung des Tierreiches in einzelne Gruppen, die sich jeweils in kleinere Untergruppen aufspalten. Dadurch kann man jedem Organismus gewissermaßen die genaue "Adresse" in der Entwicklungsgeschichte zuordnen. Heißt ein Organismus beispielsweise *Heliopora coerulea*, so ist der Name *Heliopora* die Gattungsbezeichnung des Tieres, etwa vergleichbar unserem Familiennamen. Der Artname *coerulea* gibt die Art an und könnte mit unserem Vornamen verglichen werden. *Heliopora coerulea* ist also nicht viel anders als "Meier, Franz". Um die Abstammung der Gattung anzugeben, wird eine Familienbezeichnung hinzugefügt, im vorliegenden Fall "Familie Helioporidae". Das entspräche in unserem vereinfachenden Vergleich der Straßenangabe in unserer eigenen Adresse. Um nun auch die Herkunft der Gattungsfamilie Helioporidae anzugeben, wird wiederum eine übergeordnete Bezeichnung hinzugefügt: "Ordnung Helioporacea". In unserer Adresse entspräche dies vielleicht der Angabe des Stadtviertels. Dieses System setzt sich fort und es entsteht eine Reihe von Bezeichnungen, mit denen sich der genaue Entstehungsweg der betreffenden Tierart in der Entwicklungsgeschichte zurückverfolgen läßt, ebenso, wie man mit Hilfe unserer eigenen Adresse unter den vielen Milliarden Menschen auf der Erde den Empfänger eines Briefes herausfinden kann.

Allerdings spiegelt dieses System immer nur den jeweiligen Kenntnisstand der Wissenschaftler wider. Wenn neuere Erkenntnisse vorliegen, muß diese Zuordnung unter Umständen natürlich korrigiert werden. Die vollständige Klassifikation unserer Koralle würde so lauten:

Reich:	**Animalia (Tiere)**
Unterreich:	**Metazoa (Vielzeller)**
Stamm:	**Cnidaria (Nesseltiere)**
Klasse:	**Anthozoa (Blumentiere)**
Unterklasse:	**Octocorallia (achtstrahlige Blumentiere)**
Ordnung:	**Helioporacea (Blaue Korallen)**
Familie:	**Helioporidae**
Gattung:	***Heliopora***
Art:	***Heliopora coerulea***

Dieser Name wäre für die Koralle allerdings etwas lang. Darum werden immer nur die letzten beiden Bezeichnungen angegeben; der Gattungsname und der Artname. Die Schreibweise ist hier immer gleich; zuerst der Gattungsname in Kursivschrift mit großem Anfangsbuchstaben, anschließend der Artname in Kursivschrift und Kleinbuchstaben. Kennt man den Artnamen nicht, so ersetzt man ihn durch die Abkürzung "sp." für das Wort "Spezie" (Art): *Heliopora* sp.

Welchen Vorteil haben diese latainischen Namen? Nun, die Populärnamen, mit denen diese Tiere bezeichnet werden, sind sehr unterschiedlich und wenig exakt. Manche Namen bezeichnen mehrere Tiere, zum Beispiel die Namen "Picassofisch" oder "Pilz-Lederkoralle", und die meisten Tiere besitzen mehrere, verschiedene Populärnamen. Hinzu kommt, daß diese Tiere in anderen Ländern wiederum andere Populärnamen besitzen, was zu weiterer Verwirrung führt. Die lateinischen Bezeichnungen dagegen gelten weltweit und bezeichnen die jeweilige Tierart exakt.

Octocorallia – die achtstrahligen Blumentiere

Blumentiere aus der Unterklasse Octocorallia kommen auf der ganzen Welt vom Nordpol bis zum Südpol vor. Sie haben sich viele unterschiedliche Lebensräume erobert und sind von der Gezeitenzone nahe der Wasseroberfläche bis in größte Meerestiefen zu finden. Es handelt sich dabei um zumeist festsitzende, also sessile Tiere, die sich vegetativ (klonend) vermehren und Lebensgemeinschaften zahlreicher Polypen bilden. Diese Polypen sind selbständig lebend, doch untereinander alle organisch verbunden, so dass sie Nährstoffe austauschen und auch gemeinsam auf eine Störung reagieren können.

Jeder Polyp besteht aus einer Körpersäule und einer Mundscheibe, die acht Tentakel trägt. In der Mitte der Mundscheibe zwischen den Tentakel befindet sich eine Mundöffnung, die über einen Schlund in eine Magenhöhle führt. Diese Magenhöhle ist durch acht sternförmig angeordnete Trennwände in acht Hohlräume geteilt. Jeder dieser Hohlräume reicht nach oben bis in einen der Tentakel hinein. Darum finden sich an der Mundscheibe immer acht Tentakel, was den Namen dieser Unterklasse geprägt hat (*octo* = acht).

Der untere Teil der einzelnen Polypen ist in der Regel nicht sichtbar, denn er steckt in einer gemeinsamen, weichen Leibesmasse (Coenenchym). Diese gemeinsame Leibesmasse hat bei den einzelnen Korallen sehr unterschiedliche Formen entwickelt und bildet die typische Gestalt der jeweiligen Gattung. Sie kann aus einer dünnen, lederähnlichen Kruste bestehen (Röhrenkorallen), aus einem Stamm mit seitlichen Ästen (Bäumchenweichkorallen), aus einem massiven, pilzförmigen Körper (Lederkorallen) oder aus einer dünnen Schicht, die ein stabförmiges Skelett überzieht (Gorgonien).

Die Gattungs- und Artzuordnungen der Octocorallia sind jedoch aus verschiedenen Gründen relativ unsicher. Fortwährend tauchen neue, unbeschriebene Arten auf, die bisweilen frühere Ansichten der Wissenschaftler widerlegen. Hinzu kommt, dass die Untersuchungsmethoden fortwährend verbessert werden, so dass man heute manch eine Art- oder Gattungszuordnung als fehlerhaft erkennt. Aus diesem Grunde führt der australische Meeresbiologe Dr. Phil Alderslade eine Revision der Unterklasse Octocorallia durch, nach der wohl zahlreiche Tiere anderen Arten oder sogar Gattungen zugeordnet werden. Darum ist es denkbar, dass sich bei einigen der nachfolgend aufgeführten Korallen die wissenschaftlichen Bezeichnungen in der Zukunft ändern werden.

Für den Aquarianer - besonders für den Einsteiger in die Korallenriffaquaristik - ist dies jedoch belanglos, denn für ihn kommt es nicht allzusehr darauf an, die Tiere mit einem wissenschaftlich korrekten Namen zu belegen, son-

Bild links oben: Diese Lederkoralle der Gattung *Sarcophyton* im Riffaquarium von Markus Graf gibt Eizellen ab.
Bild links unten: Bei dieser wissenschaftlichen noch nicht beschriebenen Korallen sind die seitlichen Fortsätze der Fangarme zusammengewachsen.

dern darauf, sie im Aquarium zu halten und möglichst zu vermehren. Auf den folgenden Seiten werden Octocorallia-Gattungen bzw. -Arten vorgestellt, die besonders anpassungsfähig, haltbar und meist auch vermehrungsfreudig sind und darum auch dem Einsteiger empfohlen werden können, der ein technisch einfach ausgestattetes Aquarium betreibt.

Röhrenkorallen

Röhrenkorallen bilden meist mattenförmige Kolonien, die aus einzelnen Polypen bestehen. All diese Polypen besitzen die gleiche Form und vermehren sich fortwährend durch Sprossung, also ungeschlechtlich. Durch diese rasche Vermehrung können sich die Röhrenkorallen im Aquarium schnell ausbreiten und große Teile der Steindekoration überziehen. Durch ihre Lebensgemeinschaft mit den einzelligen Algen, die viele Arten in ihrem Körpergewebe beherbergen, können sie sich selbst mit Nahrung versorgen, sofern sie die richtige Beleuchtung erhalten. Eine regelmäßige Fütterung dieser Röhrenkorallen ist darum nicht nötig, was sie zu idealen Aquarientieren für den Meerwasser-Einsteiger macht.

Natürlicher Lebensraum

Röhrenkorallen kommen im gesamten Indopazifik vor und besiedeln unterschiedliche Tiefenbereiche im Meer. Manche Arten leben in größeren Wassertiefen und ernähren sich ausschließlich durch den Fang von Plankton und anderen Schwebeteilen. Diese Tiefwasserarten werden für die Aquaristik jedoch in der Regel nicht importiert und tauchen im Handel so gut wie nie auf. Die für den Aquarianer interessanten Arten, die Symbiosealgen besitzen, besiedeln hauptsächlich die obere, stark beleuchtete Zone. Dort ist die Wasserströmung allgemein recht kräftig, so dass die langen Polypen fortwährend hin- und hergeweht werden. Wenn sie der Gezeitenströmung ausgesetzt sind, erleben die Röhrenkorallen auch regelmäßig stärkste Wasserturbulenzen, von denen die Kolonien gründlich gereinigt werden, denn Sedimente und andere Ablagerungen zwischen den Polypen werden dadurch fortgespült.

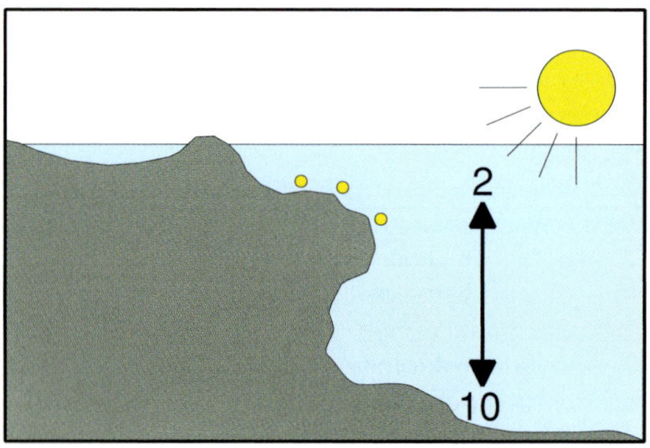

Die symbiosealgenhaltigen Röhrenkorallen vertragen sehr viel Licht. Je stärker die Sonneneinstrahlung ist, um so kräftiger wachsen die Kolonien. An einer Riffwand, die senkrecht steil abfällt, sieht man oft am oberen Ende der Wand auf einzelnen Steinvorsprüngen mattenförmige Kolonien von Röhrenkorallen, doch taucht man nur wenige Meter an dieser Riffwand hinab, so trifft man sie erheblich seltener oder gar nicht mehr an.

Beschreibung

Die meisten Arten der Röhrenkorallen bilden eine typische, mattenähnliche Kolonieform. Diese Kolonien bestehen aus einer flachen Bodenkruste (bei manchen Gattungen aus einem Bodengeflecht). Aus der Bodenschicht der Röhrenkorallen erheben sich zahlreiche einzelne Röhren (daher der Populärname "Röhrenkoralle"), in denen jeweils ein Polyp lebt. Bei einer Störung zieht sich der Polyp vollständig in diese Röhre zurück. Öffnet sich der Polyp, so sieht man die Mundscheibe mit den acht Fangarmen, ein Bild, das große Ähnlichkeit mit der Blüte einer Blume hat. Die Zugehörigkeit dieser Polypen zur Unterklasse Octocorallia ("achtstrahlige" Blumentiere) erkennt man leicht an der Zahl der Fangarme, die jeder Polyp hat. Es sind immer acht Fangarme, die zudem seitlich noch winzig kleine Fortsätze besitzen, die man als "Nadeln" bezeichnet. Diese Nadeln sind unterschiedlich lang und ihre Länge hängt nicht nur von der Art ab, sondern auch von den Umgebungsbedingungen.

Polypen der Gattung *Clavularia* besiedeln oft unmittelbar unter der Wasseroberfläche das Geröll abgestorbener Steinkorallen.

Der Innenraum jedes Einzelpolypen wird als "Gastralraum" bezeichnet. Die Gastralräume aller einzelnen Polypen in einer Kolonie stehen durch ein schlauchähnliches Geflecht in der Bodenkruste miteinander in Verbindung. Dieses Kanalsystem ermöglicht den Polypen den Austausch von Substanzen, denn diese Stoffe können durch die Kanäle in der Bodenkruste hin und her transportiert werden. Zusätzlich ermöglicht dieses Kanalgeflecht den Polypen auch, gemeinsam auf Störungen zu reagieren. Berührt man einige der Polypen einer großen Kolonie mit der Hand und ahmt dadurch den Angriff eines Freßfeindes nach, so ziehen sich hunderte, bisweilen sogar tausende von Polypen fast gleichzeitig zusammen, um sich dem Angriff des vermeintlichen Feindes zu entziehen. Alle genannten Arten und viele weitere vermehren sich ungeschlechtlich. Durch das fortwährende Wachstum überzieht die Bodenschicht das Steinsubstrat. In dieser Bodenschicht befinden sich die Kanäle, mit denen die Innenräume der Polypen miteinander verbunden sind. Auf diese Weise entstehen rasch Kolonien von vielen tausend Polypen

Röhrenkorallen

Diese Röhrenkoralle ist wissenschaftlich noch nicht beschrieben, doch bisweilen ist sie über den Aquaristikhandel zu bekommen. Das Ungewöhnliche daran sind die Nadeln an den Tentakeln, die zu einer paddelähnlichen Fläche zusammengewachsen sind. Der australische Weichkorallentaxonom Dr. Phil Alderslade führt derzeit die Erstbeschreibung durch und richtet für diese Koralle möglicherweise auch eine neue Gattung ein.

Eine weitere Röhrenkoralle, die im Handel häufig anzutreffen ist, hat große Ähnlichkeit mit Polypen der Gattung *Anthelia* und wird sehr oft mit dieser verwechselt, oft auch im Handel als *Anthelia* angeboten. Es handelt sich dabei um eine braunfarbene Art der Gattung *Clavularia*, deren Bodenschicht nicht eine flache Kruste bildet, sondern ein dichtes Netz von Röhren.

Aquarienhaltung von Röhrenkorallen

Beleuchtung: Röhrenkorallen, die Symbiosealgen besitzen, brauchen viel Licht. Zwar können sie sich auch an schwächere Beleuchtung gewöhnen, doch dann vermehren sich die Polypen erheblich langsamer, was das Koloniewachstum verringert. Symbiontische Röhrenkorallen entwickeln sich am besten unter Halogenmetalldampflampen und überziehen unter diesem kräftigen Licht meist rasch große Teile des Dekorationsgesteines und wachsen sogar an den Aquarienscheiben empor. Trotzdem sind sie auch unter Leuchtstoffröhren zu halten und entwickeln sich dort prächtig, wenn das Aquarium nicht zu hoch ist.

Wasserbewegung: Die Wasserströmung sollte mittelkräftig sein. Gelegentlich sollte sie verstärkt werden, damit eventuelle Ablagerungen von Sedimenten zwischen den Polypen entfernt werden. Hierzu kann auch mit dem Strahl einer Tauchpumpe direkt in die Kolonie hineingeblasen werden. Allerdings ist diese kräftige Wasserströmung nicht unbedingt Voraussetzung für das Gedeihen der Röhrenkorallen, denn viele Arten entwickeln sich auch gut in sehr schwacher Strömung.

Wasserqualität: Röhrenkorallen sind meist unempfindlich und nehmen auch Anfängerfehler nicht allzu übel. Selbst organisch belastetes Wasser macht ihnen meist keine Schwierigkeiten. Darum eignen sich viele Röhrenkorallenarten auch für besonders kleine Aquarien.

Fütterung: Da sich die symbiontischen Röhrenkorallenarten von den Produkten ihrer Symbiosealgen ernähren, ist eine Fütterung nicht nötig. Zwar ist anzunehmen, dass sie auch gelöste Verbindungen aus dem Wasser aufnehmen, doch diese Substanzen sind durch die Fütterung von Fischen und die Stoffwechselvorgänge aller übrigen Aquarienbewohner im Wasser vorhanden.

Vergesellschaftung mit Fischen: Meist unproblematisch. Gelegentlich habe ich Probleme mit algenfressenden Fischen erlebt ("Fuchsgesicht" *Lo vulpinus*), die fortwährend versucht haben, einzelne Polypen abzuweiden. Zwar wurden dadurch nur wenige Polypen geschädigt, doch die Kolonen öffneten sich durch diese fortwährende Belästigung kaum noch, so dass die Kolonien langsam degenerierten. Allerdings war bis zuletzt unklar, ob diese Fische nicht vielleicht durch zarte Algenaufwüchse in der Kolonie dazu verleitet worden waren, an den Polypen herumzuzupfen und ganze Stücke davon abzureißen. Allgemein können die Röhrenkorallen aber mit allen Fischen gehalten werden, die sich für Riffaquarien eignen.

Vergesellschaftung mit Wirbellosen: Röhrenkorallen vertragen sich allgemein mit fast allen Wirbellosen, die im Riffaquarium gepflegt werden. Ich habe Polypenkolonien erlebt, die am Stamm einer *Nephthea*-Weichkoralle emporwuchsen, ohne dass einer der beiden Partner dabei irgendeine Schädigung davontrug. Probleme gibt es jedoch, wenn sich kräftig nesselnde Weichkorallen wie etwa große, bäumchenförmige *Nephthea*-Kolonien nachts zur Seite legen und dabei die Röhrenkorallen direkt berühren. Hierbei werden die Kolonien empfindlich geschädigt und öffnen sich dann tagsüber kaum noch. Meist weiß der Aquarianer jedoch nichts von der Ursache, weil die Weichkoralle tagsüber aufrecht steht. Auch flächig oder tischförmig wachsende Aquarienbewohner können Röhrenkorallen durch Abschattung schwer schädigen. Selbst bei einem Schwamm habe ich dies erlebt. Dieser Schwamm (*Collospongia auris*) schob sich krustenförmig über die Kolonie und dunkelte dadurch die Polypen der Röhrenkoralle fast vollständig ab. Nach dem Entfernen des Schwammes erlitten diese Polypen dann einen Lichtschock, so dass sich die Kolonie nur schwer erholte.

Diese Röhrenkoralle wurde vor rund 100 Jahren als *Clavularia amboinense* beschrieben, doch derzeit arbeitet man daran, für sie eine neue Gattung einzurichten (P. Alderslade, pers. Hinw.)

Haltungsprobleme: Vorsicht bei Schmieralgen (Cyanophyceen, Blaualgen) und Fadenalgen. In Aquarien, in denen sich Schmieralgen oder Fadenalgen ausbreiten, gehen die Röhrenkorallen meist schnell zugrunde. Treten solche Algenbelastungen auf, ist es am besten, die Röhrenkorallen-Kolonien vorübergehend in ein anderes Aquarium zu setzen, bis die Algenplage gemeistert ist. Ein weiteres Problem sind parasitische Schnecken, die gelegentlich als blinder Passagier mit den Kolonien in das Aquarium gelangen. Meist sind dies spezialisierte Räuber, die sich nur von diesen Röhrenkorallen ernähren und die übrigen Aquarienbewohner in Ruhe lassen. Eine Kolonie von Röhrenkorallen können sie aber vollständig ruinieren. Darum sollte man nach dem Einsetzen einer Röhrenkorallen-Kolonie besonders wachsam sein und auf etwa vorhandene Schnecken achten. Am besten plaziert man die Kolonie zunächst für zwei oder drei Tage direkt hinter der Frontscheibe auf dem Bodengrund und betrachtet sie nachts nach dem Abschalten der Beleuchtung aufmerksam mit einer Taschenlampe. Da die meisten Freßfeinde nachtaktiv sind, kann man sie dann direkt "in flagranti" ertappen. Am besten gelingt dies, wenn man die Taschenlampe mit einer transparenten, roten Folie abdeckt, so dass nur rotes Licht in das Aquarium gelangt, denn die meisten Meeresbewohner können rotes Licht nur schlecht wahrnehmen.

Künstliche Vermehrung: Röhrenkorallen können einfach durch das Abreißen oder Abschneiden der Bodenkruste vermehrt werden. Die Polypen, die sich in dem abgetrennten Kolonieteil befinden, vermehren sich rasch durch Sprossung und vergrößern die Kolonie. Allerdings sollte das abgetrennte Teilstück der Kolonie an einem Substratstein befestigt werden (Nylonschnur, Angelschnur), damit es nicht im Aquarium umhertreibt.

Weichkorallen der Familie Xeniidae

Xenia- und *Anthelia*-Weichkorallen sind wohl die populärsten aller Weichkorallen. Der Grund dafür sind wahrscheinlich die rhythmischen Pumpbewegungen, die von den Polypen einiger Arten mit den Tentakel ausgeführt werden. Dabei werden alle acht Tentakel in der Mitte der Mundscheibe zusammengeführt und sogleich wieder geöffnet, so dass man sich an eine winkende Hand erinnert fühlt. In den USA bezeichnen Aquarianer diese Koralle darum als "waving hand polyp", als winkende Korallenpolypen. Die Familie Xeniidae enthält eine Reihe besonders schnellwüchsiger Weichkorallen, die eine flache Polypenkruste ausbilden und auf unterschiedlichem Siedlungsgrund ein Meer blütenförmiger Polypen erzeugen.

Natürlicher Lebensraum

Xenia-Arten kommen im gesamten indopazifischen Ozean und im Roten Meer vor. Sie besiedeln dort Bereiche vom Flachwasser bis in Tiefen von 10 Metern, vereinzelt auch bis zu bis 15 Metern. Gelegentlich findet man *Xenia*-Kolonien bereits unmittelbar am Küstenbereich in der Gezeitenzone, die bei Ebbe trockenfällt. Diese Polypengruppen ziehen sich bei Ebbe stark zusammen, weil sie dann zeitweise der glutheißen Sonnenstrahlung ausgesetzt sind. Sobald die Flut das Meerwasser zurückbringt, pumpen sich diese zauberhaften pilzförmigen *Xenia*-Korallen innerhalb von rund zwanzig Minuten wieder zu ihrer vollen Größe auf und öffnen ihre langen Polypen. Da Xenien und Anthelien immer Symbiosealgen besitzen, sind sie auf die kräftig beleuchtete, obere Zone des Riffs beschränkt. Zum Planktonfang sind sie nicht in der Lage; ihr Verdauungskanal ist zurückgebildet. Darum sind sie nicht dazu in der Lage, sich tiefere Riffregionen zu erschließen.

Das wesentliche Kapital der Xenien und Anthelien ist ihr rasantes Wachstum. Durch ihre schnelle Vermehrung können diese Polypen freigewordenes Siedlungssubstrat sehr schnell besetzen, bevor sich dort andere Wirbellose etabliert haben. Sie wachsen zwischen Korallen jeglicher Art und Gattung, überziehen Skelette abgestorbener Steinkorallen, nutzen Spalten oder Lükken zwischen lebenden Steinkorallenkolonien, um sich dort wenigstens mit einigen pilzförmigen *Xenia*-Bäumchen oder einer kleinen Gruppe von *Anthelia*-Polypen zu etablieren. Bisweilen wachsen sie sogar an Blattalgen empor. Große Kolonien sieht man allerdings relativ selten im Riff. Meist finden sich an zahlreichen Stellen über das Riff verteilt kleinere Gruppen von *Xenia*-Bäumchen oder kleinere Felder der *Anthelia*-Polypen.

Xenia- und *Anthelia*-Weichkorallen lieben in ihrem natürlichen Lebensraum kräftige Wasserströmung und starke Beleuchtung. Sie können sich zwar auch an schwächeres Licht und geringere Strömung gewöhnen, aber unter diesen Bedingungen können sie sich nicht allzu gut halten und ausbreiten. Dort, wo sie in der Gezeitenzone im Flachwasser stehen, erleben sie zeitweise stärkste Wasserturbulenzen. Wasser mit stärkerer organischer Belastung mögen diese Weichkorallen nicht, wenngleich sie auch nicht ganz so empfindlich sind, wie manche Steinkorallenarten, die kristallklares und unbelastetes Wasser benötigen.

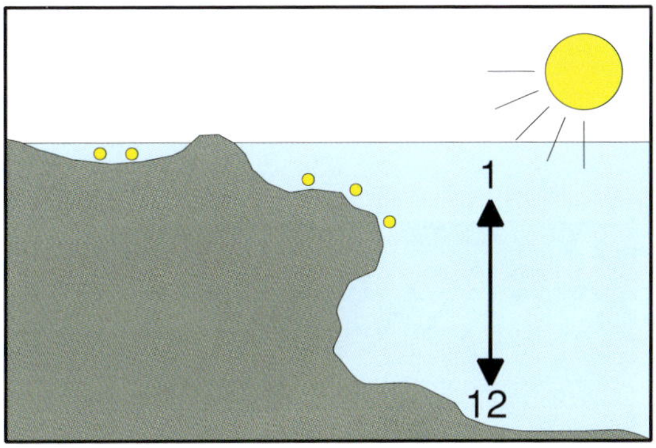

Ein Meer pumpender *Xenia*-Polypen im Riff bei Cabilao (Philippinen).

Beschreibung

Der Name "Xenia" ist aus dem griechischen Wort für Freundlichkeit abgeleitet. Dass ausgerechnet dieser weibliche Vorname für diese Korallengattung gewählt wurde, liegt sicher an der pumpenden Bewegung der Polypen, die Ähnlichkeit mit einer winkenden Hand hat. Diese Pumpbewegung von *Xenia*-Polypen löst bei vielen Betrachtern Freude und Heiterkeit aus und zahllose Aquarianer haben diese Korallengattung besonders ins Herz geschlossen. Die Familie Xeniidae enthält fünf Gattungen, die für den Aquarianer besonders interessant sind. Sie unterscheiden sich deutlich in ihrer Wuchsform.

Weichkorallen *Anthelia* und *Sansibia*
überziehen das Gestein mit einer dünnen Bodenkruste, aus der die einzelnen Polypen sprossen. Die Polypen können sich bei Belästigung zwar zusammenziehen, werden aber nicht in die gemeinsame Leibesmasse der Kolonie zurückgezogen. Manche Arten haben große Ähnlichkeit mit Röhrenkorallen.

Weichkorallen der Gattung *Xenia*
bilden eine stammförmige gemeinsame Leibesmasse, die am oberen Ende verbreitert ist und die Polypen trägt. Diese Kolonie kann sich bei Belästigung stark zusammenziehen. In dieser Gattung kommen sowohl pumpende als auch nicht pumpende Arten vor. Manchmal ist der Stamm sehr kurz und die Unterscheidung von einer kleinen *Anthelia*-Polypengruppe schwierig.

Weichkorallen der Gattung *Heteroxenia*

ähneln in der Wuchsform den *Xenia*-Kolonien, doch am oberen Ende des Stammes sitzt eine kugelförmige Verdickung. Zudem bilden *Heteroxenia*-Kolonien, die älter werden und eine bestimmte Koloniegröße überschreiten, eine zweite Polypenart aus, wie sie auch bei den Lederkorallen der Gattung *Sarcophyton* zu sehen ist. Zusätzlich zu den "normalen" Polypen, die wir auch bei *Xenia* und *Anthelia* finden, bildet diese Gattung die Kurzpolypen aus, die nicht lang ausgestreckt werden können und nur die Aufgabe haben, Wasser in das Innere der Kolonie hineinzupumpen (Siphonozooiden). Korallen dieser Gattung zeigen pumpende Polypenbewegungen.

Weichkorallen der Gattung *Cespitularia*

ähneln in ihrer Wuchsform den *Xenia*-Kolonien, doch die gemeinsame Leibesmasse dieser Polypen bildet nicht nur einen Stamm aus, sondern auch Verästelungen, sodass die Kolonie Ähnlichkeit mit einem Baum bekommt. In dieser Gattung kommen sowohl pumpende als auch nicht pumpende Arten vor.

Alle fünf genannten Gattungen pflanzen sich ungeschlechtlich fort, indem sich die Polypen teilen (Klonen). Die *Xenia*-Bäumchen legen sich oftmals einfach auf die Seite, um mit ihrem Stamm ein freies Stück Steinsubstrat zu berühren und wachsen dort fest. Oft teilt sich ein *Xenia*-Bäumchen auch einfach von oben nach unten, so dass nach einigen Tagen zwei Bäumchen nebeneinander stehen. Auf diese Weise entstehen auch im Aquarium rasch große Bestände und vor allem die wiesenähnlichen *Anthelia*-Matten können weite Teile der Steindekoration und die Aquarienscheiben überwachsen.

Der Gund für die Pumpbewegungen ist noch immer nicht klar. Die frühere Annahme, die Polypen würden Plankton fangen, ist sicher falsch, denn ihr Verdauungskanal ist zurückgebildet und damit nicht funktionsfähig. Einige Wissenschaftler vermuten, dass diese Bewegungen den Gasaustausch der Polypen verbessern sollen, doch dafür gibt es bisher keine Belege. Auch die Frage, warum in manchen Aquarien die Pumpbewegung eingestellt wird, während die Polypen in anderen Aquarien munter pumpen, ist noch nicht beantwortet. Zusammenhänge mit dem Nitratgehalt des Wassers konnten nicht nachgewiesen werden.

Xenia und *Heteroxenia* gehören im Riffaquarium zu den beliebtesten Weichkorallen.

Aquarienhaltung von *Xeniidae*-Weichkorallen

Beleuchtung: Alle fünf beschriebenen Gattungen brauchen viel Licht, weil sie keine Zusatznahrung fangen können. Zwar können sie auch unter wenigen Leuchtstoffröhren gehalten werden und verkümmern durchaus nicht bei dieser schwachen Beleuchtung, doch ihr kräftiges Wachstum entwickeln sie nur unter starker Beleuchtung, zum Beispiel HQI-Licht.

Wasserbewegung: Alle fünf Gattungen lieben mittelstarke bis kräftige Wasserbewegung. Zeitweise darf diese auch sehr turbulent werden. Unter zu schwacher Wasserströmung leiden sie eher, als unter zu starker.

Wasserqualität: *Xenia* und ihre Verwandten lieben sauberes, organisch unbelastetes Wasser. Eine gute Abschäumung ist für diese Gattungen besonders wichtig.

Fütterung: Die fünf hier beschriebenen Gattungen können keine Nahrung über den Verdauungskanal aufnehmen. Trotzdem deutet alles darauf hin, dass sie gelöste Nährstoffe aus dem Wasser aufnehmen. Darum profitieren sie von der Fütterung anderer Aquarienbewohner, seien dies Korallen, die ein flüssiges Schwebefutter erhalten oder die Fische, denen Frostfutter (Schwebegarnelen, Artemien) gereicht wird. Eine direkte Fütterung dieser Korallen ist jedoch nicht möglich.

Vergesellschaftung mit Fischen: Problemlos, wenn keine korallenfressenden Fische eingesetzt werden. Anemonenfische nehmen eine Kolonie von *Anthelia*-Polypen gelegentlich als Anemonenersatz, was die Polypen aber im allgemeinen nicht stört.

Vergesellschaftung mit Wirbellosen: Die fünf hier beschriebenen Gattungen gedeihen mit nahezu allen anderen Korallenarten zusammen, wenn keine dieser Gattungen dominiert.

Haltungsprobleme: Alle fünf beschriebenen Gattungen sind leicht zu halten, wenn sie eingewöhnt sind. Ihr rasches Wachstum kann schnell zur Entwicklung großer Bestände führen, doch leider kommt es gelegentlich auch zu einem plötzlichen Zusammenbruch dieser Kolonien und dem Auflösen großer Kolonieteile. Die Gründe dafür sind noch nicht ganz klar. In einem Aquarium, dessen Dekoration nahezu vollflächig mit den Polypen einer *Anthelia*-Art überwachsen war, konnte ich wiederholt das Auflösen einzelner Kolonien beobachten. Diesen Erscheinungen war die Abgabe einer spermienähnlichen, trüben Substanz vorausgegangen. Im Jahre 1987 maß ich dieser Beobachtung keine große Bedeutung bei, doch nachdem sich inzwischen herausgestellt hat, dass *Anthelia*-Kolonien getrennte Geschlechter besitzen und der Biologe J. Charles Delbeek die Abgabe von Eizellen an den Tentakelspitzen beobachten konnte, erscheint es denkbar, dass einzelne Kolonien dieser Gattung im Aquarium gelegentlich unbemerkt Geschlechtszellen abgeben und daraufhin zerfallen.

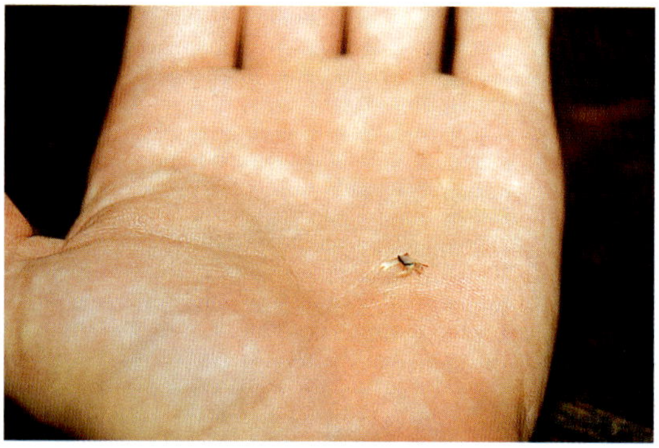

Diese kleine Xeniakrabbe fanden wir in einer *Xenia*-Kolonie nahe der Insel Taklong (Philippinen)

Weitere Probleme können sich nach einer starken Filterung mit Aktivkohle einstellen. Alle fünf hier beschriebenen Gattungen nehmen offensichtlich gelöste Substanzen aus dem Wasser auf. Wenn eine größere Menge an Aktivkohle eingesetzt wird, dann verändert sich die Wasserqualität innerhalb von Stunden oder Tagen rapide. Dabei werden dem Wasser natürlich nicht nur schädliche Substanzen entzogen, sondern auch Stoffe, die für die Korallen wichtig sind. Andere Korallengattungen leiden hierunter weniger, möglicherweise, weil sie ihre Ernährung durch Nahrungsfang ergänzen können. Die fünf hier beschriebenen Gattungen können dies nicht und reagieren auf starke Aktivkohlefilterung oft sehr negativ, indem sie sich stark zusammenziehen. Um dies zu verhindern, sollte lieber öfter eine geringere Menge an Aktivkohle eingesetzt werden. Darüber hinaus können regelmäßige Wasserwechsel und die wöchentliche Gabe einer Spurenelementlösung helfen, diese Mangelerscheinungen zu verhindern. Besonders wichtig für diese fünf Gattungen scheint nach bisherigen Beobachtungen das Element Jod zu sein.

Künstliche Vermehrung: Wenn die Aquarienbedingungen den Korallen zusagen, dann lassen sie sich problemlos künstlich vermehren. Hierzu kann man die Technik einsetzen, die ich für die Bäumchenweichkorallen (*Nephthea* sp., *Capnella* sp.) entwickelt habe und bei ihrer Beschreibung detailliert schildere, doch wenn die schnellwüchsigen *Xenia*- oder *Anthelia*-Kolonien im Riffaquarium gut gedeihen, dann wachsen sie im allgemeinen so rasch, dass es ausreicht, kleinere Steine zwischen die Kolonien zu legen. In kurzer Zeit werden diese Substratsteine überwachsen und können an anderer Stelle im Aquarium plaziert werden. Setzt man die Korallen in ein separates Aquarium, wo diese Gattungen unter sich sind, dann wuchern sie meist regelrecht. Allerdings kommt es dann nach einiger Zeit oft zu einem plötzlichen Zusammenbruch des gesamten Bestandes, wahrscheinlich durch die Verarmung des Wassers an bestimmten Substanzen.

Lederkorallen der Familie Alcyoniidae

Weichkorallen aus dieser Gattungsfamilie besitzen einen massiven, festen Körper, der sich recht schleimig anfühlt. Mit ihren zahllosen Polypen, die in der Wasserströmung langsam hin- und herwiegen, bieten viele Korallenarten dieser Familie im Aquarium einen faszinierenden Anblick. Die

Lederkorallen gehören zu den haltbarsten aller Weichkorallen

dünnen Polypen mancher Arten sind mehrere Zentimeter lang und erinnern ein wenig an die goldgelben Ähren eines reifen Kornfeldes. Wenn sie sich vollständig öffnen, entsteht am Ende jedes Polypen eine winzige Krone aus acht Tentakel, die einer kleinen Blüte gleicht. Tausende solcher blütentragender Polypen bilden zusammen die Koralle und vereinigen sich an ihrer Basis zu der gemeinsamen Leibesmasse, aus der Stamm und Polypenträger bestehen. Diese ausgesprochen attraktiven Riffbewohner gehören zu den besonders aquariengeeigneten Korallen, die auch dem Anfänger in der Riffaquaristik bedenkenlos empfohlen werden können. Ihre Haltbarkeit, ihre Anpassungsfähigkeit und nicht zuletzt natürlich ihre faszinierende Schönheit haben dazu geführt, dass die Lederkorallen dieser Gattung inzwischen zum Standardbesatz eines Korallenriffaquariums gehören.

Natürlicher Lebensraum

Die Familie Alcyoiidae ist bei Weichkorallen die wahrscheinlich wichtigste für das Riffaquarium. Diese Korallen, die allgemein als "Lederkorallen" bezeichnet werden, sind in vielen Flachwassergebieten tropischer Regionen heimisch. Die Gewöhnung an das Leben im Aquarium fällt den Lederkorallen im allgemeinen sehr leicht, weil sie aus den flachen und sonnendurchfluteten Riffbereichen stammen, in denen Witterungseinflüsse die Lebensbedingungen stark verändern können. Die dünne Wasserschicht heizt sich durch die Sonne schnell auf und bei Tiefstebbe fallen die Korallen bisweilen völlig trocken, so dass sie der erbarmungslos brennenden Sonne ausgeliefert sind. Andere Gefahren drohen durch die starken Monsunregen, die in den Tropen zur Regenzeit niedergehen. Gewaltige Wassermassen verdünnen dann das salzhaltige Meerwasser und senken den Salzgehalt für kurze Zeit drastisch. Solche Strapazen gewöhnt nehmen die Lederkorallen die vergleichsweise harmlosen Milieuveränderungen im Meerwasseraquarium meist ungerührt hin und selbst kleinere Fehler eines Anfängers oder technische Defekte an Heizstab oder Strömungspumpe können sie nicht aus der Ruhe bringen.

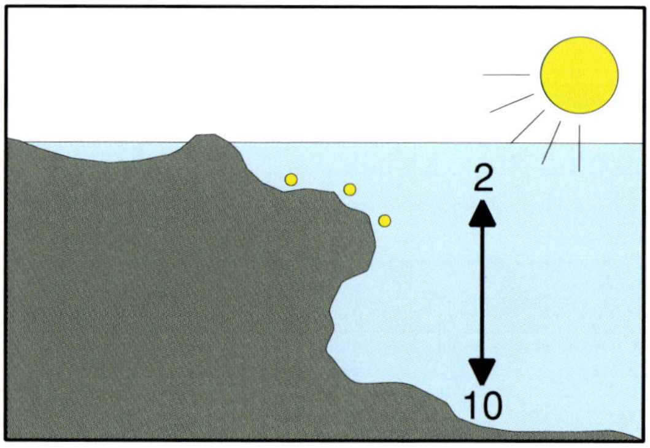

Beschreibung

Der Name "Lederkorallen" bezeichnet diese Gattungen recht treffend, denn einige fühlen sich tatsächlich wie Leder an. Eine der Gattungsbezeichnungen, der Name *Sarcophyton*, leitet sich aus den griechischen Worten *Sarkos* (=Fleisch) und *Phyton* (=Kreatur) ab. Die Aquarienhaltung dieser Tiere - genauer müßte man sie eigentlich als Tierkolonie bezeichnen, denn jeder Einzelpolyp ist ein "Tier" im eigentlichen Sinne - mag sehr einfach sein, doch die Artbestimmung hat sich als ausgesprochen schwierig erwiesen. Einer der Gründe dafür ist die Vielgestaltigkeit. Die Form und Färbung dieser anpassungsfähigen Meeresbewohner hängt sehr stark von Umgebungsfaktoren wie Licht oder Wasserströmung ab. Auch im Aquarium läßt sich dies bisweilen beobachten, denn ein abgetrenntes Teilstück einer

Die Polypen einer Lederkoralle besitzen am Ende die charakteristischen acht gefiederten Fangarme.

Lederkoralle, das an anderer Stelle im Aquarium in schwächerer Beleuchtung oder kräftigerer Wasserströmung plaziert wird, kann eine deutlich andere Wuchsform ausbilden. Auch für taxonomisch versierte Meeresbiologen ist es darum nicht möglich, die Artzugehörigkeit einer Lederkoralle allein anhand der äußeren Merkmale zu bestimmen. Selbst die Länge der Polypen oder die Färbung der acht winzigen Tentakel auf der Polypenspitze hilft hierbei nicht, denn auch diese Dinge sind abhängig von Umgebungsfaktoren.

Erst die mikroskopische Betrachtung der winzig kleinen Kalkeinlagerungen im Gewebe dieser Korallen macht die Zuordnung zu einer bestimmten Art möglich, weil diese Skleriten bei jeder Art eine andere, typische Form haben. Sie sind gewissermaßen der "Fingerabdruck" der jeweiligen Weichkorallenart. Im aquaristischen Handel und in der Aquaristikliteratur kursieren Namen wie *Sarcophyton ehrenbergi*, *Sarcophyton glaucum* und andere, und zahlreiche Aquarianer mögen felsenfest davon überzeugt sein, eine bestimmte Art in ihrem Aquarium zu pflegen, doch ohne eine mikroskopische Untersuchung der Skleriten ist eine Artbestimmung der Lederkorallen reine Glückssache.

Von den 10 Gattungen aus der Familie Alcyoniidae sind für den Aquarianer fünf Gattungen besonders interessant, weil sie sehr haltbar und pflegeleicht sind. Diese Gattungen sind leicht zu erkennen und unterscheiden sich durch die Form der Koralle und die Form der einzelnen Polypen.

Zahlreiche Arten in dieser Familie kommen aus sehr sedimentreichen Flachwasserzonen und besitzen einen interessanten Mechanismus zur Selbstreinigung, den man unter normalen Aquarienverhältnissen alle ein bis zwei

Wochen beobachten kann. Hierbei bleibt die Koralle geschlossen, streckt ihre langen Polypen also nicht aus und bedeckt ihre gesamte Oberfläche mit einem zunächst unsichtbaren Sekret, das zu einer membranartigen Haut aushärtet, sobald es mit dem Wasser in Kontakt kommt. Nach einigen Tagen wird diese Hülle dann abgestoßen, mitsamt aller Schmutzauflagerungen. Zum Vorschein kommt die saubere Koralle, die all ihre hübschen Polypen wieder voll öffnet. Man bezeichnet diese Selbstreinigung in der Aquaristik allgemein als "Häutung".

Lederkorallen der Gattung *Sarcophyton* sind mit wenigen Ausnahmen pilzförmig, haben also fast immer einen Stamm und ein darauf sitzendes, pilzhutförmiges Oberteil. Die Oberfläche dieses "Pilzhutes" ist bedeckt von schlanken Polypen, an deren Ende sich acht einzelne Fangarme befinden. Die Polypen, die bis zu 50 mm lang sind, können vollständig in den "Pilzhut" zurückgezogen werden und tragen wesentlich zur Ernährung der Koralle bei. Bei genauem Hinsehen erkennt man zwischen den langen "Ernährungspolypen", wissenschaftlich als Autozooiden bezeichnet, auch noch andere, flache Polypen, die nicht ausgestreckt werden können. Diese nur als Punkt sichtbaren Kurzpolypen, die man als Siphonozooiden bezeichnet, dienen dem Gasaustausch der Koralle, während die langen Polypen die Nahrung herbeischaffen. Man findet diese "Gasaustauschpolypen" vor allem bei Weichkorallen, die einen sehr massigen Körper haben, so daß ein spezielles System für den Gasaustausch nötig ist, um bestimmte Funktionen in der Tiefe aufrecht zu erhalten. Weichkorallen, deren Körper aus dünneren Gewebeschichten besteht, kommen in der Regel ohne solche Spezialpolypen für den Gasaustausch zurecht. Viele *Sarcophyton*-Arten "häuten" sich regelmäßig.

Lederkorallen der Gattung *Lobophytum* sind ebenfalls pilzförmig und haben große Ähnlichkeit mit der zuvor beschriebenen Gattung. Auch sie haben zwei verschiedene Arten von Polypen. Trotzdem können sie von den pilzförmigen *Sarcophyton*-Lederkorallen leicht unterschieden werden, denn ihre Ernährungspolypen sind erheblich kürzer und weitaus weniger zahlreich. Sie erreichen nur eine Länge von wenigen Millimetern und finden sich nur spärlich verteilt auf der Oberfläche der Koralle. Ein weiterer markanter Unterschied sind turmförmige Erhebungen auf dem Pilzhut, die sogenannten "Lappen" (lat. Lobus), die zu der Gattungsbezeichnung *Lobophytum* geführt haben. Von den hier vorgestellten Lederkorallen-Gattungen benötigt diese Gattung die stärkste Beleuchtung. Unter zu schwachem Licht öffnen *Lobophytum*-Arten kaum ihre hübschen Polypen mit den meist srahlend weißen Tentakelflächen.

Lederkorallen der Gattung *Sinularia*
haben Ähnlichkeit mit der vorgenannten Gattung *Lobophytum*. Auch sie besitzen turm- bis fingerförmige Auswüchse. Bei einigen Arten sind diese Auswüchse regelrecht verästelt, manchmal sind diese Äste sogar so dünn und lang, daß sie an Spaghetti erinnern. Allerdings sind die Korallen der Gattung *Sinularia* nicht sehr massiv, so daß sie für den Gasaustausch in der Tiefe ihres Gewebes keine speziellen Gasaustauschpolypen (Siphonozooide) benötigen. Darum besitzen sie nur die "Ernährungspolypen" (Autozooide), die am Ende jeweils acht kurze Tentakel aufweisen. Mit einem Blick auf die Polypenform lassen sich die Gattungen *Lobophytum* und *Sinularia* leicht voneinander unterscheiden. Viele *Sinularia*-Arten "häuten" sich regelmäßig.

Lederkorallen der Gattung *Klyxum*
haben Ähnlichkeit mit der vorgenannten Gattung *Sinularia*. Sie wachsen ebenfalls verästelt. Allerdings ist ihr Gewebe erheblich weicher und fühlt sich außerordentlich schleimig an. Korallen dieser Gattung können sich bei Belästigungen außerordentlich stark zusammenziehen, indem sie das Wasser aus ihrem Körperinneren herauspumpen. Dabei wird auch ein sehr schleimiges Sekret abgegeben, das unter natürlichen Bedingungen wahrscheinlich Freßfeinde fernhält. Korallen dieser Gattung besitzen nur Ernährungspolypen" (Autozooide), die meist dunkelbraun gefärbt sind, und sie gehören neben den bäumchenförmigen Weichkorallen aus der Familie *Nephtheidae* wahrscheinlich zu den schnellwüchsigsten Bewohnern des Riffaquariums.

Lederkorallen der Gattung *Cladiella*
haben Ähnlichkeit mit der vorgenannten Gattung *Klyxum*. Sie wachsen ebenfalls verästelt und besitzen dunkelbraune Polypen, doch sie können sich nicht ganz so stark zusammenziehen wie Korallen der Gattung *Klyxum* und haben festeres Körpergewebe. Auch produzieren sie kaum schleimige Sekrete, ein Unterschied, der beim Berühren der Koralle deutlich zu spüren ist. Berührt man eine *Cladiella* sp., sodaß sich die dunkelbraunen Polypen schließen, dann wird das darunterliegende, weiße Gewebe sichtbar, das zuvor von den braunen Polypen verdeckt war. Dadurch färbt sich die Koralle beim Schließen der Polypen von braun nach weiß um, ein charakteristisches Merkmal.

Alle Lederkorallen dieser fünf Gattungen haben sich an den gleichen natürlichen Lebensraum angepaßt und benötigen darum auch die gleichen Aquarienbedingungen. Der augenfälligste Unterschied zwischen den einzelnen Gattungen ist die Form. Sie alle sind recht robust und sehr haltbar. In der Natur vermehren sie sich hauptsächlich ungeschlechtlich durch Sprossung, indem sie einzelne Polypen klonen und dadurch verdoppeln. Mit Hilfe dieser geklonten Polypen vergrößert sich die Kolonie und wächst. Wird durch Umgebungseinflüsse ein kleines Teilstück der Kolonie abgetrennt, so können sich die darin enthaltenen Polypen vermehren, sodass aus diesem Teilstück rasch eine vollständige Kolonie heranwachsen kann. Dadurch ist die Fähigkeit dieser Lederkorallen-Kolonien, verlorenes Gewebe zu ersetzen, außerordentlich gut entwickelt.

Aquarienhaltung von Lederkorallen der Familie Alcyoniidae

Beleuchtung: Da diese Korallen alle aus der Flachwasserzone stammen, brauchen sie auch im Aquarium viel Licht. Allerdings sind sie in ihrem Lichtanspruch recht variabel, sodass sie auch mit schwächerer Beleuchtung zurechtkommen. Drei oder vier Leuchtstoffröhren reichen bereits aus, um sie gesund zu erhalten, wenngleich sich bei dieser schwachen Beleuchtung ihr Wachstum erheblich verlangsamt. Besser gedeihen sie unter HQI-Lampen, an deren starkes Licht man sie aber langsam gewöhnen sollte, wenn sie zuvor unter schwächerem Licht gehalten worden sind.

Wasserbewegung: Im Flachwasser siedeln diese Korallen normalerweise in kräftiger Wasserbewegung. Sie haben sich darauf eingestellt, mit diesen starken Wellen- und Gezeitenströmungen zu leben und brauchen darum auch im Aquarium kräftige Strömung.

Lederkorallen-Arten, die sich regelmäßig "häuten", benötigen in dieser Phase allerdings besonders starke Wasserbewegung, denn diese hilft ihnen dabei, sich der dünnen Membran zu entledigen, die aus ihrem Sekret auf

Ein Blick in das wunderschöne Riffaquarium des Loebbecke Museum & Aquazoo, Düsseldorf.

der gesamten Körperoberfläche entstanden ist. In der Natur siedeln diese Korallen in besonders strömungsreichen Riffbereichen. Im Aquarium reicht die Strömung oft nicht ganz aus, um die Lederkoralle von ihrer Hülle zu befreien. Hier muß dann der Aquarianer helfen, indem er den Wasserstrom einer Umwälzpumpe direkt auf die Koralle richtet oder das Tier direkt mit der Hand von der Membran befreit. Die Berührung durch die Hand des Pflegers nimmt die Koralle hierbei überhaupt nicht übel.

Wasserqualität: Allgemein gehören Lederkorallen zu den weniger empfindlichen Korallen, die sich auch in etwas stärker belastetem Wasser gut entwickeln können. Wenn Strömung und Beleuchtung intensiv genug sind, dann stören sie sich weder an etwas erhöhten Nitrat- oder Phosphatwerten, noch an organischen Schwebestoffen. Auch leicht erhöhte pH-Werte machen ihnen nicht allzuviel aus.

Fütterung: Eine direkte Fütterung der Lederkorallen ist nicht nötig, da sie hauptsächlich von den Produkten ihrer Symbiosealgen leben und sehr wahrscheinlich auch gelöste Substanzen aus dem Wasser aufnehmen. Wissenschaftler diskutieren sogar die Frage, ob diese Korallen mit ihren schleimigen Sekreten Bakterien und andere Substanzen aus dem Wasser fangen, um diese anschließend als Nahrung zu verwerten. Befinden sich im Aquarium auch Fische, die regelmäßig gefüttert werden, dann enthält das Wasser durch Fischfutter und die Ausscheidungen der Fische viele feine Schwebestoffe, die von den Korallen verwertet werden können.

Vergesellschaftung mit Fischen: Grundsätzlich können die Lederkorallen mit allen Fischen vergesellschaftet werden, die sich für ein Riffaquarium eignen. Anemonenfische, die auf der Suche nach einer Wirtsanemone sind, wählen manchmal eine Lederkoralle als Anemonenersatz. Meist handelt es sich hierbei um eine Koralle der Gattung *Sarcophyton*, weil diese wegen ihrer langen Polypen recht große Ähnlichkeit mit einer Anemone hat. Die

Selbst die Anwesenheit dieser *Dendronephthya*-Weichkoralle scheint diese Lederkoralle bei Cabilao (Philippinen) kaum zu stören.

Anemonenfische kuscheln sich dann zwischen die Polypen der Lederkoralle und berühren diese fortwährend. Anfangs reagieren viele Lederkorallen darauf, indem sie ihre Polypen einziehen, doch im Laufe einiger Wochen gewöhnen sie sich fast immer daran.

Vergesellschaftung mit Wirbellosen: Lederkorallen können mit einer Vielzahl anderer Korallen problemlos im Aquarium gehalten werden, zum Beispiel mit Scheibenanemonen oder Krustenanemonen. Auch mit Steinkorallen vertragen sie sich im allgemeinen gut, doch wenn sich sehr viele dieser Steinkorallen im Aquarium befinden, dann sammeln sich deren Nesselgifte und Körpersekrete im freien Wasser an. Dies kann die Lederkorallen - allen voran die Gattung *Sarcophyton* - so weit belästigen, dass sie sich nicht mehr öffnen und ihre Polypen nicht mehr ausstrecken. Das ist zwar kein Grund zur Besorgnis, denn die Lederkorallen können Wochen oder gar Monate lang überleben, ohne die Polypen in das Licht zu strecken, doch man sollte Abhilfe schaffen. Effektive Abschäumung und Filterung durch Aktivkohle helfen, das Aquarienwasser von Nesselgiften und den Körpersekreten der Korallen zu befreien.

Haltungsprobleme: Auf Lederkorallen finden sich gelegentlich Plattwürmer. Diese Plattwürmer, die zur Klasse Turbellaria (Strudelwürmer) zählen, tauchten in den 80er Jahren in den Riffaquarien vermehrt auf und wurden damals fälschlich als "Planarien" bezeichnet. Obgleich Planarien nur im Süßwasser vorkommen und dort auch recht selten sind, hat es sich in der Meeresaquaristik leider eingebürgert, diese Plattwürmer als "Planarien" zu bezeichnen.

Es ist nicht sicher, dass diese Plattwürmer parasitär leben und das Wirtstier schädigen. Man vermutet, dass sie reine "Kostgänger" sind, die sich von den schleimigen Körpersekreten der Korallen ernähren. Normalerweise wird die Koralle sich auch nicht an ihrer Anwesenheit stören und trotzdem ihre Polypen voll ausstrecken. Darum sind sie bestenfalls lästig, nicht unbedingt schädlich. Vermehren sie sich aber zu stark, dann können sie mit einem dünnen Schlauch abgesaugt oder mit dem Entwurmungs-Medikament Concurat-L aus der Tiermedizin beseitigt werden (7,5 g je 1000 l Aquarienwasser).

Auch mit echten Schädlingen oder Parasiten haben Lederkorallen dieser Gattungen im Aquarium gelegentlich zu kämpfen. Am häufigsten betrifft dies die Gattungen *Klyxum* und *Cladiella*. Hier finden sich gelegentlich Nacktschnecken der Gattung *Dendronotus*, die durch kleine Anhängsel auf dem Rücken sehr gut an die Gestalt der Korallen angepaßt sind und darum meist sehr schwer zu entdecken sind. Wenn im Aquarium die Freßfeinde dieser Schnecken - bestimmte Lippfischarten - nicht vorhanden sind, dann können sich diese kräftig vermehren und viel Unheil anrichten. Darum sollte man die Korallen schon beim Kauf aufmerksam nach solchen Schnecken absuchen. Meist halten sich diese Schnecken tagsüber unter dem Substratstein der Lederkoralle oder zwischen dem Fuß der Koralle und dem Substratstein auf. Allgemein wird empfohlen, neuerworbene Lederkorallen vor dem Einsetzen in das Aquarium für zwanzig Sekunden in Süßwasser zu tauchen, weil dies viele Parasiten schädigt und sie dazu bringt, sich von der Koralle zu lösen, während es den Korallen nicht sonderlich viel ausmacht.

Allerdings habe ich damit in gezielten Versuchen weder Plattwürmer noch Nacktschnecken zuverlässig vom Wirtstier entfernen können.

Schädigungen der Lederkorallen durch Krabben oder große Borstenwürmer sind erheblich seltener. Nur gelegentlich findet sich bei den pilzförmigen Lederkorallen einmal eine Krabbe oder ein kleiner Wurm. Diese Schädlinge sitzen aber meist im Inneren des Stammes und haben in aller Regel einen so geringen Appetit, dass die Koralle den Gewebsverlust durch ihre große Regenerationsfähigkeit jahrelang ausgleichen kann. Erst wenn aus dem kleinen Würmchen dann ein großer Wurm geworden ist, kommt die Sache bisweilen ans Tageslicht. Manchmal sieht man dann neben dem Stamm der Koralle ein kleines Häufchen liegen, das sich von Tag zu Tag ein wenig vergrößert. In einem solchen Fall ist es dann ratsam, den Stamm der Koralle nach einer unnatürlichen Öffnung abzusuchen, um den ungebetenen Gast zu entfernen. Allgemein gibt es aber mit solchen Parasiten wenig Probleme und nur selten fällt eine Koralle ihnen ganz zum Opfer.

Eine Gruppe korallenfressender Nacktkiemerschnecken, die sich im Aquarium kräftig vermehren können.

Künstliche Vermehrung: Das Wachstum dieser Lederkorallen ist so groß, dass sich im Aquarium im Laufe einiger Jahre regelrechte Giganten entwickeln können. Aquariengewachsene Lederkorallenkolonien mit einem Durchmesser von 60 cm und mehr sind durchaus keine Seltenheit und bei dieser Größe beginnt die Koralle natürlich bald, andere sessile Aquarienbewohner abzuschatten. Dies ist - so erfreulich das rasche Wachstum der Koralle für den Aquarienbesitzer meist auch sein mag - bisweilen sehr störend, sodass man nicht umhin kommt, die zu groß werdende Koralle entweder in ein größeres Aquarium umzusiedeln oder sie gar zu verkleinern. Hierzu werden mit Hilfe eines einfachen Verfahrens mehrere Teilstücke von der Kolonie abgetrennt. Diese Teilstücke sind durchaus lebensfähig und wachsen selbst zu einer Lederkoralle heran, wenn sie an einem Kalkstein befestigt werden. Oft reicht es auch, sie einfach nur zwischen zwei Steinen etwas einzuklemmen. Innerhalb einiger Wochen wird die Schnittfläche verheilen und das Korallenstück wird mit den Steinen fest verwachsen, um bald darauf wieder die typische Wuchsform der jeweiligen Art auszubilden. Ganz allmählich sieht man dann, wie die junge Koralle einen Stamm ausbildet und einen neuen "Pilzhut" formt, der auch mit zahlreichen Polypen bestückt ist: Eine neue Koralle ist geboren.

Die Mutterkoralle wird ihre Schnittflächen ebenfalls bald verheilen und mit Polypen bestücken. Die Entwicklung dieser Fähigkeit zur Regeneration einer vollständigen Kolonie aus einem Teilstück wurde sicher auch dadurch gefördert, dass diese Korallen in der Natur zeitweise unter extrem unwirtlichen Lebensbedingungen existieren müssen. Durch Regengüsse, Stürme, Hitze oder andere Einflüsse werden Lederkorallenkolonien von gewaltiger Größe bisweilen stark geschädigt. Teilstücke der sich auflösenden Korallen treiben dann mit der Strömung fort und bleiben unter günstigen Umständen an einer anderen Stelle im Riff liegen, um dort anzuwachsen. Die geschädigte Kolonie selbst büßt viel von ihrer Substanz ein, kann sich durch ihr

Die künstliche Vermehrung einer Lederkoralle ist recht einfach.

Schon nach knapp vier Wochen ist das abgetrennte Teilstück fest mit dem neuen Substrat verwachsen.

rasches Wachstum jedoch bald erholen und schon nach einem Jahr erinnert meist nichts mehr an die vorausgegangene Katastrophe.

Allerdings ist bei der Gattung *Cladiella* etwas Vorsicht geboten, wenn einzelne Teilstücke abgetrennt werden sollen. Die Korallen dieser Gattung reagieren darauf meist erheblich empfindlicher, als Korallen der übrigen vier beschriebenen Gattungen und befestigen sich nicht auf dem Substrat, sondern lösen sich allmählich auf. Bei Korallen der Gattung *Klyxum* sollten möglichst nicht mehrere Kolonieteile zugleich abgetrennt werden, weil dann die Mutterkolonie zu Gewebsinfektionen neigt, die für die Koralle böse Folgen haben können.

Bäumchenweichkorallen der Familie Nephtheidae

Während viele Weichkorallen pilzförmig oder strauchähnlich wachsen, besitzen die Weichkorallen der Familie Nephtheidae in der Form große Ähnlichkeit mit einem Baum. Diese Ähnlichkeit hat ihnen unter Aquarianern den volkstümlichen Namen "Bäumchenweichkoralle" eingetragen. Unter diesen bäumchenförmigen Weichkorallen befinden sich einige, die ausgesprochen anpassungsfähig und sehr haltbar sind. Korallen aus einer Gattung kann selbst der unerfahrene Aquarianer leicht künstlich vermehren. Allerdings gilt dies nicht für alle Arten, denn die wunderschön gefärbten Bäumchenweichkorallen aus den tieferen Riffabschnitten sind im Aquarium kaum zu halten. Darum ist es für den Aquarianer wichtig, diejenigen Arten zu kennen, die im Aquarium nicht lange gesund erhalten werden können, damit es nicht zu Mißerfolgen kommt.

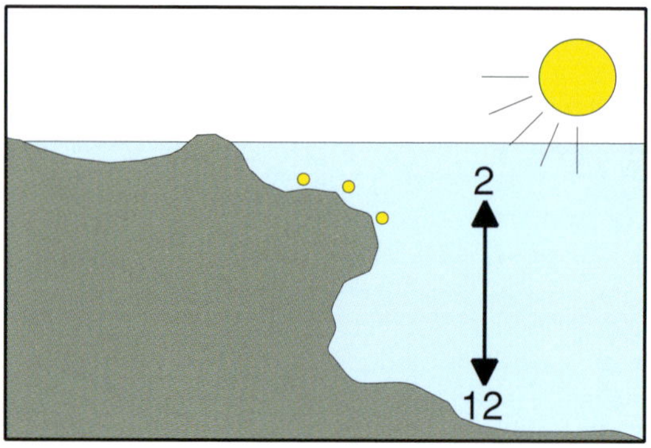

Natürlicher Lebensraum

Die für den Aquarianer interessanten Bäumchenweichkorallen der Familie Nephtheidae kommen in den meisten tropischen Riffen von Australien bis zum indopazifischen Ozean vor. Dort besiedeln sie Kalksteinflächen vom Flachwasser bis in eine Tiefe von etwa 12 Metern und bilden bisweilen riesige "Wälder", Kolonien von gewaltiger Größe, in denen sich kaum noch andere Korallen behaupten können. Die astförmigen Polypenträger wehen in der Wasserströmung hin und her, und jede andere Korallenart, die sie berühren, wird mit dem kräftigen Nesselgift der Polypen geschädigt. Oft legen sich diese Bäumchenweichkorallen abends bei einsetzender Dunkelheit für einige Stunden flach auf den Untergrund, wahrscheinlich, um emporwachsende Korallen einer anderen Gattung zu vernesseln, und möglicherweise auch, um einzelne Polypen abzuschnüren, die dann auf dem Kalkstein im Schutz der großen Korallen emporwachsen können. Wegen ihrer Abhängigkeit von den Symbiosealgen in ihrem Gewebe sind sie jedoch auf diesen oberen Bereich des Riffes beschränkt und kommen in größerer Tiefe nicht vor. Taucht man im Riff tiefer und läßt sich beispielsweise an einer Riffwand hinabgleiten, dann sieht man meist schon in zehn Metern tiefe die ersten prächig rot oder orange gefärbten Bäumchenweichkorallen anderer Gattungen, die keine Symbiosealgen besitzen und sich auf größere Wassertiefen spezialisiert haben, während die aquaristisch interessanten Bäumchenweichkorallen aus der Lichtzone hier bereits seltener werden. In einer Wassertiefe von rund 15 Metern überlassen die lichtabhängigen Bäumchenweichkorallen den farbenprächtigen Tiefenkorallen das Feld dann vollständig und vereinzelt sieht man hier dann große Kolonien dieser prächtigen orangefarbenen, roten oder gelben Weichkorallen. Diese siedeln auch in größerer Tiefe, abhängig von ausreichender Wasserströmung und Nahrungsversorgung mit Schwebestoffen und Plankton.

Bäumchenweichkorallen aus der Lichtzone gehören zu den besonders wuchsfreudigen Aquarienkorallen.

Auf den farbenprächtigen *Dendronephthya*-Weichkorallen leben oft zahlreiche Kleinlebewesen, z.B. winzige Schlangensterne

Die aquaristisch interessanten Bäumchenweichkorallen, die Symbiosealgen besitzen, sind im Flachwasserbereich bisweilen starker Wasserströmung ausgesetzt. Da sie vom Flachwasser bis in rund 15 Metern Tiefe siedeln, sind sie in ihrem Lichtanspruch sehr flexibel. Sie erhalten im Flachwasser stärkstes Sonnenlicht, während ihre Vettern in 12 bis 15 Metern Wassertiefe nur noch einen Bruchteil der Lichtstrahlung erhalten und dies mit dem Planktonfang und der Aufnahme gelöster Stoffe ausgleichen müssen. Selbst in der Gezeitenzone, die bei Ebbe völlig trocken fällt, bilden sie bisweilen umfangreiche Kolonien, die während der Tiefstebbe ohne Wasser in praller Sonne ausharren müssen und sich dann zu unscheinbaren, schleimigen Klümpchen zusammenziehen. Dabei nehmen sie jedoch keinen Schaden und öffnen sich kurze Zeit nach der Rückkehr des Meerwassers wieder zu voller Pracht. Auch bezüglich der Wasserqualität sind die Bäumchenweichkorallen sehr anpassungsfähig. Sie entwickeln sich in organisch belastetem Küstenwasser ebenso gut wie unter den stabilen Bedingungen fernab der Küste in größerer Tiefe, wo sie meist in erheblich reinerem Meerwasser leben.

Beschreibung

Während viele Weichkorallen pilzförmig oder strauchähnlich wachsen, entwickeln die Weichkorallen der Familie Nephtheidae eine große Ähnlichkeit mit der Form eines Baumes. Diese Ähnlichkeit hat ihnen unter Aquarianern den volkstümlichen Namen "Bäumchenweichkoralle" eingetragen. Die Kolonien sind stark verzweigt und besitzen einen Stamm, der zahlreiche Äste trägt. Auf diesen Ästen sitzen einzelne Polypen, entweder dicht beieinander in Form eines Polypenknäuels, oder weit auseinandergespreizt. Die Form der Äste und die Anordnung der Polypen bilden die Basis für die Einteilung der Familie Nephtheidae in einzelne Gattungen und Arten.

Im Stamm dieser Bäumchenweichkorallen befinden sich schlauchförmige Hohlräume, vom Biologen als Gastrovaskulärkanäle bezeichnet, die mit Wasser gefüllt werden. Dadurch richtet sich die Koralle auf und erhält eine große Stabilität, bleibt aber flexibel, um auch starke Wasserströmung unbeschadet zu überstehen. Entleert die Koralle diese schlauchförmigen, wassergefüllten Hohlräume, dann sinkt die Kolonie in sich zusammen und ihr Volumen verringert sich erheblich, je nach Art sogar auf ein Bruchteil des früheren Volumens.

In der Artbestimmung dieser Weichkorallen herrscht allerdings noch viel Verwirrung. Dies hängt vor allem damit zusammen, dass zahlreiche der wissenschaftlichen Erstbeschreibungen aus den vergangenen zwei Jahrhunderten stammen und viele derjenigen Korallen, die seinerzeit für diese Erstbeschreibungen als Typenmaterial verwendet worden waren, inzwischen verloren gegangen sind. Daher ist man heute auf die textlichen Überlieferungen angewiesen, wenn man eine Weichkoralle einer bestimmten Gattung oder gar einer Art zuordnen möchte. Oft stellt sich eine solche Zuordnung dann Jahre später als Irrtum heraus.

Bäumchenweichkorallen Nephtheidae

Die für den Aquarianer interessanten Bäumchenweichkorallen gehören zwei verschiedenen Gattungen an, sehen sich aber so ähnlich, daß man sie nicht ohne eine mikroskopische Untersuchung der winzigen Kalknadeln in ihrem Gewebe einer Gattung zuordnen kann. Im Aquarienhandel werden diese Bäumchenweichkorallen meist als *Litophyton* sp. angeboten. Diese Bezeichnung kann stimmen, es kann sich aber ebensogut um die Gattung *Nephthea* handeln.

Für den Aquarianer ist es aber nicht unbedingt nötig, alle Gattungen oder sogar Arten voneinander unterscheiden zu können. Besonders für den Einsteiger in der Riffaquaristik reicht es, die Bäumchenweichkorallen in zwei große Gruppen einzuteilen, von denen sich die eine im Aquarium hervorragend hält, weil sie Symbiosealgen besitzt (*Nephthea* sp., *Litophyton* sp.), während die andere Gruppe keine Symbiosealgen besitzt und gegenwärtig unter künstlichen Bedingungen noch nicht haltbar ist. Einige Gattungen, zum Beispiel rötliche oder honigfarbene *Stereonephthya* sp. (im Handel meist als "Lemnalia" angeboten), liegen allerdings zwischen diesen beiden Gruppen. Sie besitzen zwar ebenfalls Symbiosealgen und halten sich im Aquarium, benötigen aber viel planktonische Nahrung und sind auch sonst nicht unproblematisch. Für den Einsteiger sind sie darum nicht zu empfehlen.

Die Bäumchenweichkorallen aus der Lichtzone entwickeln sich im Riffaquarium meist prächtig und wachsen zu großen Beständen heran. Anders ist dies bei all den farbenprächtigen Arten, die keine Symbiosealgen besitzen. Sie haben sich auf die tieferen Bereiche des Korallenriffs spezialisiert, in denen die lichtliebenden Korallen nicht leben können, weil dort ihre Symbiosealgen am Lichtmangel zugrunde gehen würden. Folgerichtig müssen diese Tiefwasserspezialisten ihre Nahrung aus dem freien Wasser fangen oder als gelöste Substanz aus dem Wasser aufnehmen. Im Aquarium halten sich diese Weichkorallen nur einige Wochen lang gut. Sie versuchen in dieser Zeit vergeblich, ausreichend Nahrung zu fangen und aufzunehmen. Weil aber das Nahrungsangebot im Aquarium nicht ausreicht, müssen sie allmählich ihre Körpersubstanz verbrauchen, um ihren Stoffwechsel aufrecht zu erhalten. Das führt dazu, dass sie im Laufe einiger Monate erkennbar schrumpfen. Bald degenerieren auch die Polypen, weil die Korallen bestimmte Nährstoffe brauchen, um diese Körpergewebe zu erhalten. Sobald diese Polypen degeneriert sind, hat die Koralle die Fähigkeit zum Nahrungsfang verloren und würde sogar bei optimalem Nahrungsangebot verhungern. Zu diesem Zeitpunkt ist sie dann nicht mehr zu retten, obgleich sie noch viele Monate lang lebt, immer weiter schrumpfend und degenerierend. Der unerfahrene Aquarianer wird zu diesem Zeitpunkt noch keinen großen Unterschied bemerken und die geringere Größe der Koralle wahrscheinlich darauf zurückführen, dass sie die Hohlräume in ihrem Stamm nicht vollständig mit Wasser gefüllt hat.

Es ist eigentlich sehr schade, dass diese zauberhaft gefärbten Weichkorallen im Aquarium nicht haltbar sind, denn sie gehören zu den schönsten und eindrucksvollsten Weichkorallen im Riff. Sie wachsen langsamer, als die zuvor beschriebenen Bäumchenweichkorallen aus der Lichtzone und erreichen auch nicht deren eindrucksvolle Koloniegröße, doch die kräftige gelbe, orange oder rote Farbe dieser Korallen aus der Gattung *Dendronephthya* oder *Scleronephthya* macht die Begegnung mit einer solchen Kolonie für je-

Solange die farbenprächtigen *Dendronephthya*-Arten im Aquarium noch nicht haltbar sind, sollten sie besser im Riff gelassen werden.

den Taucher zu einem Erlebnis. Oft leben zwischen den Ästen dieser farbigen Weichkorallen zahlreiche winzige Krabben oder Schlangenseesterne, und in unmittelbarer Nachbarschaft finden sich meist farbenprächtige Schwämme, die ebenfalls an das Leben in dieser Umgebung angepaßt sind. Es wird sicher noch einige Jahre dauern, bis wir dazu in der Lage sein werden, diese zauberhaften Tiere im Aquarium zu ernähren und über einen langen Zeitraum gesund zu erhalten.

Schade ist aber auch, dass diese zauberhaft gefärbten Korallen immer wieder im Aquarienhandel angeboten werden, obgleich seit Jahren bekannt ist, dass sie nicht dauerhaft zu halten sind. Das mag damit zusammenhängen, dass vor allem unerfahrene Aquarianer sie gerne kaufen, entweder in Unkenntnis der Haltungsprobleme oder mit dem festen Vorsatz, sich ganz besonders eifrig um die Fütterung zu bemühen. Aber nach meinen Erfahrungen liegen die Probleme bei der Aquarienhaltung dieser Korallen nicht nur in der Häufigkeit und Menge der Fütterung, sondern auch in der Futterart. Bis heute ist über diese Korallen einfach noch zu wenig bekannt, so dass man ihnen kein Futter bieten kann, das sie langfristig ernährt.

Falsch ist allerdings die verbreitete Annahme, dass diese Korallen kein Licht vertragen, weil sie sich nicht gegen Algenaufwuchs wehren könnten. In vielen Aquarienbüchern ist dies zu lesen und der Aquarianer erhält den Rat, diese Korallen in einer besonders dunklen Zone seines Aquariums unterzubringen. Als Beleg wird meist die Tatsache angeführt, dass diese farbenprächtigen Weichkorallen auch in der Natur nicht im oberen und vom Sonnenlicht durchfluteten Bereich des Riffes zu finden sind. Das trifft zwar zu, liegt aber nicht daran, dass diese farbigen Bäumchenweichkorallen lichtscheu wären. Der tatsächliche Grund dafür liegt in dem extrem starken Wachstum jener Korallen, die Symbiosealgen in ihrem Körpergewebe haben und in dieser Lichtzone zu Hause sind. Die Wachstumsrate ist bei ihnen so gewaltig, dass die farbenprächtigen Weichkorallen aus den tieferen Riffzonen hier schnell den Kampf um das Siedlungssubstrat verlieren würden. Sie wachsen einfach zu langsam, um dem Konkurrenzdruck durch die lichtliebenden Weichkorallen standhalten zu können.

In einer Fischfarm bei der Insel Guimaras (Philippinen) fanden wir zahlreiche *Dendronephthya*-Korallen unmittelbar unter der Wasseroberfläche. Durch die intensive Fütterung der Fische konnten sie sich gut vermehren.

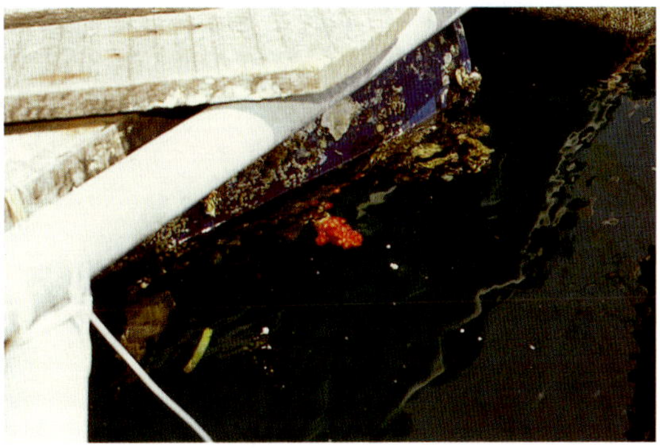

Schafft man ihnen im Meer aber direkt unter der Wasseroberfläche gute Lebensbedingungen, dann können sich einige Arten auch dort prächtig entwickeln. Ein eindrucksvolles Beispiel hierfür fand ich in einer Fischfarm nahe der philippinischen Insel Guimaras, in der Kunststoff-Fässer als Schwimmkörper für große Fisch-Aufzuchtnetze dienten. Diese Schwimmkörper befanden sich unmittelbar unter der Wasseroberfläche und waren dicht mit marinen Organismen besiedelt. Durch die regelmäßige Fischfütterung, durch die Verdauungsprodukte dieser Fische und schließlich auch durch die großen Mengen an pflanzlichem Plankton waren die Bedingungen ideal für Lebewesen, die ihre Nahrung aus dem Wasser filtrieren, zum Beispiel die bunten Bäumchenweichkorallen aus den tieferen Riffzonen. Tatsächlich fand ich hier neben wunderschönen Röhrenschwämmen rote Weichkorallen der Gattung *Dendronephthya* in großer Zahl, nur wenige Zentimeter unter der

Wasseroberfläche, wo sie für einen großen Teil des Tages stärkster Sonnenbestrahlung ausgesetzt waren. Dies widerlegt die Behauptung, die Korallen würden kein Sonnenlicht vertragen und bei Beleuchtung unweigerlich von Algenaufwüchsen überzogen. Dies mag zwar im Aquarium beobachtet worden sein, dürfte aber daran gelegen haben, dass diese Korallen bereits durch Nahrungsmangel geschwächt waren und möglicherweise auch in zu schwacher Wasserströmung gehalten wurden.

In der Natur und im Aquarium vermehren die Bäumchenweichkorallen sich hauptsächlich ungeschlechtlich, indem sie einzelne Polypen oder ganze Bündel von Polypen abschnüren. Diese Polypen sinken entweder in der Nachbarschaft der Mutterkoralle zu Boden oder werden von der Wasserströmung fortgetragen und versuchen, anderswo ein geeignetes Siedlungssubstrat zu finden, um dort eine neue Kolonie zu gründen.

Aquarienhaltung von Bäumchenweichkorallen

Beleuchtung: Die Bäumchenweichkorallen, die als *Litophyton* sp. oder *Nepthea* sp. angeboten werden, entwickeln sich in mittelstarker Beleuchtung am besten. Wenn es gelingt, sie an sehr starkes HQI-Licht zu gewöhnen, dann steigern sie ihr Wachstum noch weiter und gehören dann zu den schnellwüchsigsten Korallen in der Aquaristik. Sie sind aber auch dazu in der Lage, sich an schwächere Beleuchtung zu gewöhnen. Zwei weiße Leuchtstoffröhren und eine Blauröhre reichen bereits aus, um sie gut gedeihen zu lassen. Auch unter dieser recht schwachen Beleuchtung beginnen sie bald, einzelne Polypengruppen abzuschnüren und sich zu vermehren, wenn ihnen das Aquarienmilieu zusagt.

Nephthea-Aquarium des Autors aus dem Jahre 1988

Wasserbewegung: Wie die meisten Weichkorallen aus dem Flachwasser benötigen die Bäumchenweichkorallen kräftige Wasserströmung, die allerdings nur zeitweise auftreten soll. Die Dauerströmung sollte mittelstark sein und kann auch ein oder zwei Mal am Tag für eine Stunde völlig abgestellt werden. Stehen die Korallen hingegen aber fortwährend in sehr starker Wasserströmung, dann entwickeln sie sich nicht optimal.

Wasserqualität: Im Allgemeinen sind die Bäumchenweichkorallen aus der Lichtzone nicht allzu empfindlich gegenüber organisch belastetem Wasser. Sie sind sehr anpassungsfähig und haben sich darum auch in der Natur Lebensräume erobern können, in denen sehr unwirtliche Bedingungen herrschen.

Fütterung: Eine direkte Fütterung der Bäumchenweichkorallen ist nicht nötig, aber sie ist möglich und steigert nach meinen Beobachtungen das Wachstum der Korallen beträchtlich. Hierzu eignet sich fein verriebenes Flockenfutter oder flüssiges Schwebefutter, das der Fachhandel anbietet. Da die Tiere nur relativ geringe Futtermengen aus dem Wasser aufnehmen können, ist eine leichte, aber tägliche Fütterung eher zu empfehlen, als eine starke Fütterung, die nur einmal pro Woche durchgeführt wird.

Vergesellschaftung mit Fischen: Normalerweise werden die Bäumchenweichkorallen von allen Fischen, die sich für das Riffaquarium eignen, in Ruhe gelassen. Probleme gibt es mit Falterfischen oder Kaiserfischen und gelegentlich auch mit Zwergkaiserfischen. Lediglich bei einer Doktorfisch-Art, die im Handel meist als "Borstenzahn-Doktorfisch" angeboten wird (*Ctenochaetus striatus*) konnte ich oft beobachten, dass nach der Fütterung der Korallen die Bäumchenweichkorallen belästigt wurden. Hierbei nahmen die Fische einzelne Polypenbündel in ihr Maul und "saugten" die schleimigen Körpersekrete ab. Offenbar waren sie an den Nahrungspartikeln interessiert, die an diesen Schleimsekreten hafteten. Dabei zogen sich die Weichkorallen zwar augenblicklich zusammen und wirkten auch einige Zeit danach noch recht "beleidigt", aber sie nahmen nicht ernsthaft Schaden, denn es wurden keine Polypen abgebissen.

Vergesellschaftung mit Wirbellosen: Die beschriebenen Bäumchenweichkorallen aus der Lichtzone eignen sich gut für die Haltung mit fast allen anderen Korallen. Lediglich in einem Aquarium mit massivem Besatz von Scheibenanemonen scheinen sie sich nicht wohl zu fühlen. Allerdings entwickeln sie sich allgemein schlecht, wenn andere Korallen im Aquarium dominieren. Schon 1987 habe ich vergeblich versucht, Bäumchenweichkorallen (Gattung *Nepthea*) in einem Aquarium anzusiedeln, in dem die gesamte Dekoration und die hintere Glasscheibe vollflächig von Polypen einer *Anthelia*-Art überwuchert waren. Die Weichkoralle begann bald, zu degenerieren und die Zahl der Polypen verminderte sich im Laufe einiger Monate so drastisch, dass sie bald an einen entlaubten Baum erinnerte. In einem Riffaquarium mit gemischtem Korallenbesatz hingegen tolerierten diese zwei Arten sich sogar bei direkter Berührung, ohne sich zu schädigen.

Haltungsprobleme: Gelegentlich sind auf den beschriebenen Bäumchenweichkorallen parasitierende Nacktschnecken (z. B. *Dendronotus* sp.) zu finden. Diese haben durch Anhängsel auf ihrem Rücken sehr große Ähnlichkeit mit den Korallen und sind meist erst zu entdecken, wenn sie einmal über einen Stein oder den Bodengrund kriechen. Manche dieser Schneckenarten erreichen Maximallängen von mehreren Zentimetern und können so großen Appetit entwickeln, dass eine ganze Korallenkolonie vernichtet wird. Da einige Arten sich auch im Aquarium vermehren, ist besondere Vorsicht geboten. Zur Bekämpfung eignen sich verschiedene Lippfisch-Arten (z.B. *Coris gaimard*), für die diese Jungschnecken ein Leckerbissen sind. Grundsätzlich sollte man immer nach solchen Nacktschnecken suchen, wenn eine Bäumchenweichkoralle neu erworben wurde oder wenn sie sich über einen längeren Zeitraum nicht vollständig öffnet.

Künstliche Vermehrung: Die Pflege der Gattungen *Nephthea* und *Litophyton* ist leicht und das Wachstum der Kolonien ist so kräftig, dass bald auch Tochterkolonien hergestellt werden können, entweder um das eigene Aquarium dichter zu besiedeln, oder um sie bei Aquarienfreunden gegen andere Korallen einzutauschen. Die Technik ist denkbar einfach. Man trennt

Stücke einer Weichkoralle der Gattung *Nephthea* werden abgeschnitten...

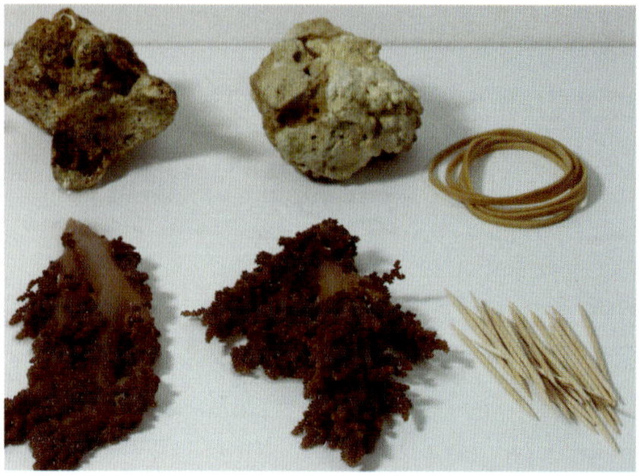

... um sie auf neues Substratgestein aufzusetzen.

Mit dieser Methode können viele Jungkorallen produziert werden, beispielsweise, um damit ein neues Riffaquarium zu besetzen.

Dabei ist wichtig, dass der Stumpf der Weichkoralle nirgendwo unter Druck gerät...

... und auch später, wenn die Koralle das Gewebe nach dem Abheilen mit Wasser aufpumpt und es an Volumen zunimmt, nicht gequetscht wird. Das würde unweigerlich zum Gewebszerfall und zu Auflösungserscheinungen führen

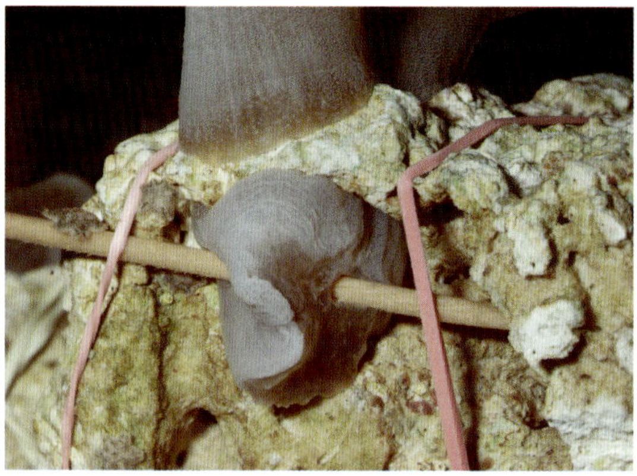

Schon nach wenigen Tagen ist das Gewebe abgeheilt und am Stein fest augewachsen. Dann können Zahnstocher und Gummiband entfernt werden.

einen Ast der Koralle mit Hilfe eines Skalpelles vom Stamm ab. In einem Aquarium, in dem diese Korallenart regelrecht wuchert, ist ihre Vermehrung besonders einfach, denn hier kann der abgetrennte Ast einfach auf den Bodengrund oder zwischen zwei Steine gelegt werden. Hier wird das Fragment innerhalb weniger Tage anwachsen, sofern es die Wasserströmung nicht fortschwemmt. Schwieriger ist dies aber, wenn das Aquarium mit vielen unterschiedlichen Korallenarten besetzt ist und die Bäumchenweichkorallen durch die Körpersekrete anderer Korallen gehemmt werden. Dann hilft eine Methode, die ich 1986 für diese Weichkorallen entwickelt habe. Hierbei wird ein dünner Stab aus Kunststoff oder Holz (Zahnstocher) quer durch den Stamm des abgetrennten Korallenastes gesteckt, und zwar etwa 12 mm oberhalb der Schnittstelle. Anschließend läßt man diese Koralle einige Tage lang an einer hellen und strömungsreichen Stelle des Aquariums liegen, damit die Schnittwunde abheilen kann. Oft reckt dieser liegende Korallenast die Schnittstelle nach oben in die Wasserströmung. Das hat den Vorteil, dass die verletzte Gewebeschicht besser mit Sauerstoff versorgt ist, was die Siedlungsbedingungen für gewebezerstörende Bakterien verschlechtert.

Ist die Schnittstelle am abgetrennten Korallenast verheilt, kann er auf einen Substratstein gesetzt werden. Hierzu benötigen wir einen Stein, der eine Vertiefung hat. Diese Vertiefung, die man bei einem weichen Kalkstein nötigenfalls auch künstlich herstellen kann (Bohrmaschine mit Steinbohrer), soll etwas größer sein, als der Stumpf des Korallenastes unterhalb des Zahnstochers. Wird die Koralle nun mit diesem Stumpf in die Vertiefung im Stein gesteckt, liegen die zwei Enden des Holzstäbchens auf dem Substratstein auf. Die beiden Enden des Stabes werden nun mit einem Gummiband oder einem Nylonfaden (Angelschnur) am Stein befestigt. Auf diese Weise hat man die Koralle auf den Stein gesetzt, ohne ihr Gewebe zu beschädigen. Innerhalb einiger Tage wird sie nun vollständig am Stein anwachsen, so dass man den Zahnstocher wieder entfernen kann. Versucht man dagegen, das weiche Gewebe der Koralle einfach mit einem Gummiband an einen Stein zu binden, so wird sich dieses Band sehr schnell in das Gewebe der Koralle hineinschneiden und es durchtrennen.

Mit Hilfe dieser Methode lassen sich rasch große Bestände dieser Korallengattung erzeugen. Innerhalb kurzer Zeit werden diese jungen Korallen zu prächtigen und großen Kolonien heranwachsen, von denen schließlich auch wieder Fragmente abgetrennt werden können. Das geradezu phantastische Regenerationsvermögen dieser Bäumchenweichkorallen aus der Lichtzone des Korallenriffs entschädigt sicher dafür, dass die farbenprächtigen Bäumchenweichkorallen aus den tieferen Riffzonen im Aquarium nicht haltbar sind. "Noch nicht", sollte man vielleicht hinzufügen, denn wenn man die großartigen Fortschritte betrachtet, die in der Korallenriffaquaristik in den letzten zehn Jahren gemacht wurden, dann kann es eigentlich nur eine Frage der Zeit sein, bis auch zauberhafte rote und gelbe *Dendronephthya*-Kolonien im Aquarium gedeihen.

Hornkorallen

Hornkorallen gehören zu den besonders ungewöhnlich geformten Korallen. Ihre Gestalt erinnert eher an einen Kaktus in der Wüste als an eine Koralle, besonders, wenn die Hornkoralle an ihren schlanken Körpersäulen die Polypen ausgestreckt hat, die wie Kaktusnadeln wirken. Hornkorallen kommen aus den tieferen Bereichen des Korallenriffs, denn sie leben vom Planktonfang und haben sich auf die dunklen Riffbereiche spezialisiert. Dort entwik-

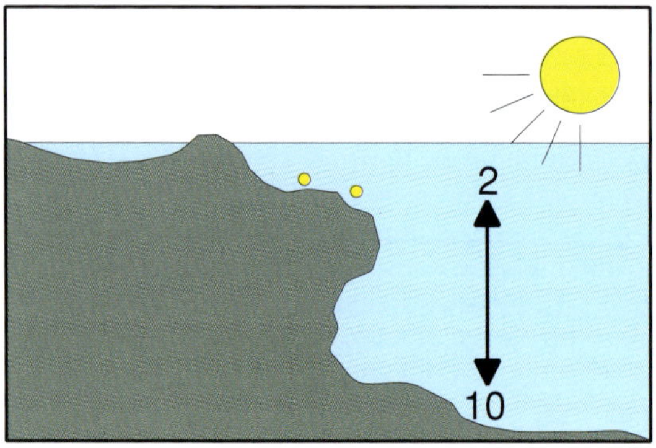

keln sie bisweilen mannshohe, farbenprächtige Fächer, die sie zu den schönsten und eindrucksvollsten aller Korallen machen. Diese Tiefenkorallen sind leider im Aquarium nicht sehr haltbar. Es gibt allerdings einige Arten, die vor allem in der Karibik auch beleuchtete Riffbereiche erobern konnten, weil sie in ihrem Gewebe Symbiosealgen besitzen. Diese oft als "Lichtgorgonien" bezeichneten Korallen sind im Aquarium außerordentlich gut haltbar und darum auch dem Einsteiger zu empfehlen.

Natürlicher Lebensraum

Die Hornkorallen-Arten, die für die Aquaristik interessant sind, leben vor allem in der Karibik im oberen, lichtdurchfluteten Bereich der Riffe. Sie besiedeln dort den gleichen Lebensraum, wie im indopazifischen Ozean die Lederkorallen. Durch ihre Form sind sie auf Bereiche mit kräftiger Wasserströmung spezialisiert.

Beschreibung

Hornkorallen, die auch als Gorgonien bezeichnet werden, bestehen aus zahlreichen kleinen Einzelpolypen, die mit ihrer gemeinsamen Leibesmasse ein stabförmiges Skelett überziehen. Dieses Skelett besteht meist ausschließlich aus der hornähnlichen Substanz Gorgonin.

Gorgonien aus der Lichtzone

Die "Lichtgorgonien" hingegen, die Symbiosealgen besitzen, sind in der Aquarienpflege ähnlich problemlos wie eine Lederkoralle. Sie haben eine bräunliche Färbung, die bei Tieren aus dem besonders flachen und hell beleuchteten Wasser auch leicht ins Violett gehen kann. Hier kommen zahlreiche Gattungen in Frage, wie Isis (links), *Plexaura*, *Pseudoplexaura*, *Eunicea*, *Muricea*, *Pterogorgia* und andere, doch eine genaue Bestimmung ist für den Einsteiger nicht nötig, denn sie alle sind leicht an der Färbung zu erkennen, die jener von Lederkorallen gleicht und bei den Tiefengorgonien normalerweise nicht zu finden ist. Die meisten dieser Flachwasser-Hornkorallen leben im Meer unter ähnlichen Umgebungsbedingungen und benötigen darum auch im Aquarium die gleichen Bedingungen.

Die Hornkorallen aus den Tiefen der Riffe, die sich ausschließlich vom Planktonfang ernähren, besitzen fast regelmäßig wunderschöne Farben. Rote, gelbe, weiße oder gar blaue Polypen sitzen in der gemeinsamen Leibesmasse dieser Korallen, die meist kräftig rot, gelb oder orange ist. Wegen ihrer Ernährungsweise sind die meisten dieser zauberhaften Korallen im Aquarium jedoch kaum zu halten und bestenfalls für den erfahrenen Aquarianer geeignet, der sie in einem Spezialaquarium pflegt. Lediglich bei außerordentlich starker Fütterung der Fische gelingt es bisweilen, diese farbenprächtigen Tiefengorgonien über Jahre hinaus gesund zu erhalten.

Aquarienhaltung von Hornkorallen

Beleuchtung: Die Flachwasser-Hornkorallen brauchen viel Licht und sollten möglichst unter HQI-Lampen gehalten werden.

Wasserbewegung: Da die Hornkorallen aus dem lichtdurchfluteten Flachwasser sich an starke Wasserbewegungen angepaßt haben, sollten sie auch im Aquarium in kräftiger Strömung stehen. Bei vielen Arten kann regelmäßig eine "Häutung" beobachtet werden; die Koralle öffnet ihre Polypen nicht, sondern sondert auf der gesamten Kolonieoberfläche ein Sekret ab, das bei Kontakt mit dem Meerwasser zu einer festen Haut-ähnlichen Hülle wird. Nach einigen Tagen wird diese Hülle mitsamt der Schmutzauflagerungen abgestoßen. Während dieser Phase braucht die Kolonie besonders kräftige Wasserströmung, damit die dünne Hülle fortgespült werden kann.

Wasserqualität: Die Flachwasser-Hornkorallen sind gegenüber organischen Wasserverunreinigungen kaum empfindlich.

Fütterung: Eine Fütterung der Flachwasser-Hornkorallen ist nicht nötig, denn sie leben ausschließlich von den Produkten ihrer Symbiosealgen.

Vergesellschaftung mit Fischen: Die Hornkorallen aus dem Flachwasser können mit allen Fischen zusammen gehalten werden, die sich für das Riffaquarium eignen. Gelegentlich konnte ich beobachten, wie Kaninchenfische (*Lo vulpinus*, "Fuchsgesicht") mit großer Begeisterung die Sekrethülle fraßen, die bei der "Häutung" von den Hornkorallen abgestoßen wurde. Obgleich die Korallen sich dabei zunächst "beleidigt" schließen, kann es sie nicht ernsthaft schädigen.

Vergesellschaftung mit Wirbellosen: Meist ist die Vergesellschaftung der Flachwasser-Hornkorallen mit anderen Wirbellosen problemlos. Lediglich Korallen, die viele schleimige Körpersekrete produzieren, sollten nicht so vor einer Strömungspumpe plaziert werden, dass die Wasserströmung diese Sekrete konzentriert zu den Hornkorallen trägt.

Haltungsprobleme: Gelegentlich werden die Flachwasser-Hornkorallen von parasitischen Schnecken geplagt. Darum sollten neu erworbene Korallen gründlich auf solche ungebetenen Gäste untersucht werden.

Wenn die Korallen sich in der Häutung befinden, reicht oft die Wasserströmung der Aquarienpumpen nicht aus, um die Sekrethülle fortzuschwemmen. Hier sollte dann entweder eine Tauchpumpe direkt auf die Korallen gerichtet oder die Hülle von Hand entfernt werden. Die Hornkorallen sind robust und nehmen die Berührung durch die Hand des Pflegers nicht übel.

Künstliche Vermehrung: Die Flachwasser-Hornkorallen können leicht künstlich vermehrt werden. Hierzu wird einfach das obere Stück eines Astes mit einer kräftigen Schere abgetrennt. Man kann dieses Fragment zwischen zwei Steine klemmen, doch es ist besser, es fest auf einem Stein zu montieren.

Hierzu wird im unteren Bereich das Hornskelett freigelegt, indem das lebende Gewebe abgeschält wird. Mit diesem freigelegten Skelettstück wird die Hornkoralle in einer Vertiefung eines Substratsteines festgeklebt, entweder mit einem Unterwasser-Epoxydharz (z.B. KORALfix oder AquaStick, Aquarienfachhandel) oder mit Schmelzkleber (Heißklebepistole, Baumarkt). Auf diese Weise ist es möglich, sich aus einer einzigen Hornkoralle im Laufe der Zeit einen recht großen Bestand heranzuziehen.

Die Blaue Koralle (*Heliopora coerulea*)

Heliopora ist eine besonders interessante Koralle. Sie ist der einzige Vertreter der achtstrahligen Blumentiere, der ein festes Kalkskelett ausbildet. Trotzdem ist sie keine Steinkoralle, sondern gehört zu den Octocorallia. Während die meisten heute bekannten Korallenarten nur einige Tausend Jahre alt sind, handelt es sich bei der Blauen Koralle fast schon um ein leben des Fossil. Vor 100 Millionen Jahren kam sie in allen Meeren zahlreich vor, doch ihre Empfindlichkeit gegen kühlere Temperaturen hat dazu geführt, dass sie sich nur in den tropischen Meeren halten konnte. Im Aquarium wächst sie rasch und ist außerordentlich unempfindlich.

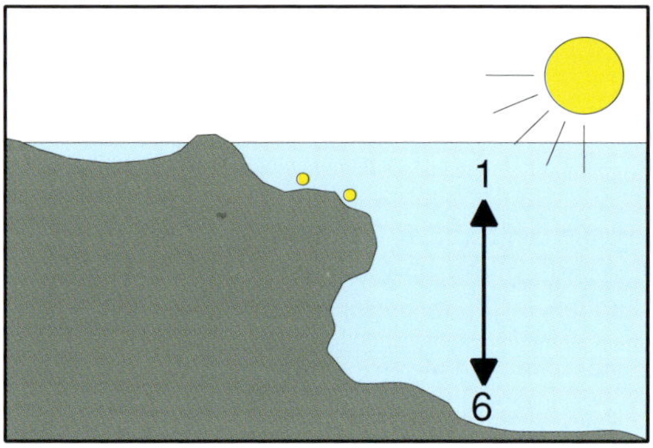

Natürlicher Lebensraum

Die Blaue Koralle ist auf den indopazifischen Ozean und das Rote Meer beschränkt. Sie bevorzugt die oberen Riffbereiche und lebt dort in starkem, bisweilen auch stärksten Sonnenlicht dicht unter der Wasseroberfläche. Ihr massiver Wuchs, die glatte Oberfläche und die Kolonieform ermöglichen ihr, auch stärkste Wasserturbulenzen unbeschadet zu überstehen.

Beschreibung

Auf den ersten Blick ist schwer zu verstehen, warum man diese Koralle als "Blaue Koralle" bezeichnet, denn sie hat eine kräftige, braune Farbe. Erst wenn man ein Stück von der massiven, festen Kolonie abbricht, wird deutlich, dass das Innere des Skelettes blau ist. Diese blaue Färbung kommt durch eingelagerte Eisensalze zustande und hat dazu geführt, dass diese Koralle in der Souvenirindustrie sehr begehrt ist, weil diese blaue Färbung nach dem Reinigen und Trocknen des Korallenskelettes erhalten bleibt.

Die Blaue Koralle, *Heliopora coerulea*, in einer Nahaufnahme. Im Zentrum der Aufnahme ist zu sehen, wie eine Bruchstelle (Abbrechen eines Fragmentes) von lebendem Gewebe überwachsen wird.

Die Blaue Koralle

Die Kolonien bestehen aus einem massiven Teil, der in gewisser Weise mit der gemeinsamen Leibesmasse einer Lederkoralle verglichen werden kann. Aus dieser festen Masse strecken sich zahlreiche winzige Polypen, die jeweils acht Tentakel besitzen. Wie viele Korallen aus der oberen Riffzone kann sich auch die Blaue Koralle "häuten", um ihre Oberfläche von Ablagerungen und Verschmutzungen zu befreien. Auch im Aquarium sieht man gelegentlich die Entstehung einer cellophanartigen Hülle, die nach einigen Tagen abgestoßen wird. Darunter kommt dann die saubere Koralle zum Vorschein, die bald wieder ihre hübschen Polypen ausstreckt.

Die Form der Koralle ist höchst variabel und wird während des Wachstumes von den Umgebungsbedingungen bestimmt, vor allem vom Lichteinfall und der Wasserströmung. Oft wachsen diese Korallen im Aquarium im Laufe der Zeit zu skurrilen Gestalten heran.

Aquarienhaltung der Blauen Koralle

Beleuchtung: Die Blaue Koralle benötigt viel Licht. Am besten ist sie unter HQI-Lampen zu halten. Dort vergrößert sie langsam, aber unaufhaltsam ihre massive Kolonie.

Wasserbewegung: Da sie im natürlichen Lebensraum in stärkster Wasserströmung lebt, sollte diese Art auch im Aquarium kräftige Strömung erhalten.

Wasserqualität: *Heliopora coerulea* ist recht unempfindlich gegen organische Verunreinigungen oder Trübungen des Wassers und kann als eine der am leichtesten zu pflegenden Korallen bezeichnet werden.

Fütterung: Eine direkte Fütterung ist nicht nötig, weil diese Koralle von ihren Symbiosealgen lebt.

Vergesellschaftung mit Fischen: Diese Koralle kann eigentlich mit allen Fischen gemeinsam gehalten werden, die für ein Riffaquarium in Frage kommen, selbst mit solchen, die gelegentlich an den Polypen einer Lederkoralle herumzupfen, wie Kaiserfischen.

Vergesellschaftung mit Wirbellosen: Mit anderen Korallenarten verträgt sich *Heliopora coerulea gut*, solange sie von diesen nicht abgeschattet oder überwachsen wird.

Haltungsprobleme: Probleme sind mit dieser Art eigentlich nur zu erwarten, wenn sich im Aquarium niedere Algen ausbreiten. Schmieralgen oder Fadenalgen können die Kolonie empfindlich schädigen. Auch mit einem Schwamm, der sich im Riffaquarium massiv ausgebreitet und eine *Heliopora*-Kolonie überwachsen hat, habe ich schlechte Erfahrungen gemacht. Doch trotz der völligen Abschattung einiger Kolonieteile, die unter dem schwarzbraunen Schwamm ihre Symbiosealgen verloren hatten und weiß geworden waren, konnte sich die gesamte Kolonie wieder erholen. Das gleiche ist auch bei winzigen Reststücken solcher Kolonien zu beobachten, die gelegentlich mit Lebendgestein in das Aquarium gelangen. Die Koralle wird leider selten gezielt importiert, sondern taucht meist als "blinder Passagier" auf dem Riffgestein auf.

Ein aquariengewachsener Stock der Blauen Koralle *Heliopora coerulea*

Künstliche Vermehrung: *Heliopora coerulea* ist durch das Abbrechen einzelner Kolonieteile hervorragend künstlich zu vermehren. Es ist nicht nötig, ein solches Koloniestück auf dem Stein zu befestigen, weil das lebende Gewebe der Koralle recht schnell am neuen Steinsubstrat anwächst.

Hexacorallia – die sechsstrahligen Blumentiere

Wie die Blumentiere der Unterklasse Octocorallia kommen auch jene der Unterklasse Hexacorallia auf der ganzen Welt vor. Zwar ist die Unterklasse Hexacorallia etwas veraltet, und viele Systematiker verwenden sie heute nicht mehr. Wegen der Übersichtlichkeit dieser Zuordnung möchte ich aber in diesem Band dabei bleiben. Man findet diese Hexacorallia in allen Lebensräumen, vom Nordpol bis zum Südpol, von der Gezeitenzone bis in größte Meerestiefen. Es handelt sich dabei um meist um festsitzende, also sessile Tiere, die sich vegetativ (klonend) vermehren und Lebensgemeinschaften zahlreicher Polypen bilden (z.B. Steinkorallen) oder aber einzeln leben (z. B. Anemonen).

Jeder Polyp besteht aus einer Körpersäule und einer Mundscheibe, die Tentakel trägt. Diese Tentakel sind fast immer ungefiedert. Die Zahl dieser Tentakel beträgt meist ein Vielfaches der Zahl sechs, was auf die Zahl der einzelnen Kammern in der Magenhöhle zurückzuführen ist. Im Zentrum der Mundscheibe liegt die Mundöffnung, die über den Schlund in die Magenhöhle führt. Diese Magenhöhle ist durch sternförmig angeordnete Trennwände in Hohlräume eingeteilt. Jeder dieser Hohlräume reicht bis nach oben in die Tentakel hinein.

Viele dieser Polypen können im Bereich der Fußscheibe Kalk abscheiden und dadurch ein Kalkskelett aufbauen, das für die jeweilige Art eine typische Form hat (Steinkorallen, Scleractinia). Diese Skelette bilden das Grundgerüst der modernen Korallenriffe. Das Skelett eines einzelnen Polypen besteht aus einer Platte, auf der in sternförmiger Anordnung Trennwände aufgebaut und nach oben verlängert werden. In regelmäßigen Abständen werden dann neue Zwischenböden gezogen. Einzelne Gattungen der Steinkorallen können bis in Tiefen von 2000 Meter vorkommen (*Lophelia sp.* und *Amphelia* sp.), doch jene Gattungen, die Symbiosealgen enthalten, sind auf sonnenlichtdurchflutete Tiefen bis etwa 50 Meter beschränkt. Die Wachstumsgeschwindigkeit dieser Steinkorallen ist sehr unterschiedlich. Sehr schnell wachsen Gattungen wie *Acropora* und *Montipora*, die darum auch ganz wesentlich am Aufbau der Riffe beteiligt sind.

Andere Polypen der Unterordnung Hexacorallia können kein festes Skelett aufbauen, doch ihre Polypen ähneln jenen der Steinkorallen (Scheibenanemonen, Krustenanemonen, Seeanemonen). Ähnlich, wie bei den Octocorallia sind die Gattungs- und Artzuordnungen der Hexacorallia aus verschiedenen Gründen relativ unsicher. Fortwährend tauchen neue, unbeschriebene Arten auf, die bisweilen frühere Ansichten der Wissenschaftler

Bild links oben: Steinkorallen in einem indonesischen Riff bei Ebbe.

Bild links unten: Kleinpolypige Steinkorallen wie diese *Acropora* sind zwar relativ empfindliche Organismen, doch im Riffaquarium sind sie inzwischen gut zu pflegen und zu vermehren.

widerlegen. Hinzu kommt, dass die Untersuchungsmethoden fortwährend verbessert werden, so dass man heute manch eine Art- oder Gattungszuordnung als fehlerhaft erkennt. Selbst die Unterordnung Hexacorallia wird heute von vielen Wissenschaftlern in Frage gestellt. Es ist anzunehmen, dass sich die wissenschaftliche Zuordnung dieser Meerestiere in den kommenden zwei Jahrzehnten wesentlich verändern wird.

Für den Aquarianer - besonders für den Einsteiger in der Korallenriffaquaristik - sind diese taxonomischen Details jedoch belanglos, denn für ihn kommt es nicht allzusehr darauf an, die Tiere mit einem wissenschaftlich korrekten Namen zu belegen, sondern darauf, sie im Aquarium zu halten und möglichst zu vermehren. Auf den folgenden Seiten werden Hexacorallia-Gattungen bzw. -Arten vorgestellt, die besonders anpassungsfähig, haltbar und meist auch vermehrungsfreudig sind und darum auch dem Einsteiger empfohlen werden können, der ein technisch einfach ausgestattetes Aquarium betreibt.

Seeanemonen

Seeanemonen waren vor drei Jahrzehnten der Inbegriff wirbelloser Meerestiere im Aquarium, neben Einsiedlerkrebsen und Seeigeln. Das war in den sechziger Jahren. Heute ist die Aquarienhaltung der Seeanemonen etwas aus der Mode gekommen, weil sie sich nicht immer gut mit Korallen vertragen. Das ist eigentlich sehr schade, denn die Seeanemonen haben nichts von ihrer Faszination verloren und die Lebensgemeinschaft zwischen einer prächtigen Anemone und einem zauberhaft gefärbten Pärchen von Anemonenfischen ist nach wie vor ein Erlebnis. Zudem ist die Pflege

Seeanemonen, die mit Clownfischen in einer Symbiose leben, bilden besonders faszinierende Lebensgemeinschaften. Es lohnt sich durchaus, hierfür ein kleines Aquarium einzurichten.

der Seeanemonen ausgesprochen einfach und die dazu nötige technische Ausstattung relativ preiswert. Darum lohnt es sich sicher, für eine solche Lebensgemeinschaft ein spezielles, kleines Aquarium aufzustellen, in dem sich nur eine große Seeanemone mit zwei Anemonenfischen befindet.

Natürlicher Lebensraum

Seeanemonen sind weltweit verbreitet. Viele der tropischen Arten gehören zu den Symbioseanemonen, die mit den sogenannten Clownfischen eine Lebensgemeinschaft bilden. Da die Symbioseanemonen auch Symbiosealgen besitzen, sind sie vom Sonnenlicht abhängig und darum auf den kräftig sonnenlichtdurchfluteten, oberen Bereich des Meeres beschränkt. Sie leben je nach Art im Flachwasser oder in größerer Tiefe bis etwa 20 Meter, einige Arten auch darunter. Seeanemonen bevorzugen kräftige Wasserströmung und meist starkes Licht.

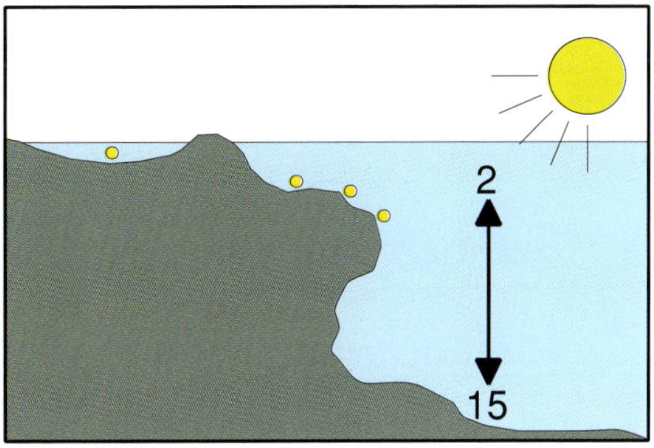

Beschreibung

Seeanemonen sind von ihrem Körperbau her entfernt mit einem Steinkorallenpolypen vergleichbar. Sie besitzen ebenfalls eine Mundscheibe, die Tentakel trägt und in der Mitte eine Mundöffnung besitzt. Diese Mundöffnung führt durch den Schlund in den Magenraum, der als "Gastralraum" bezeichet wird. Hier wird die aufgenommene Nahrung verdaut, bevor sie dann durch die Mundöffnung wieder ausgeschieden wird.

Rotfußanemone
Macrodactyla doreensis

Für den wenig erfahrenen Aquarianer kommen vor allem Arten in Frage, die leicht zu pflegen sind. Eine der pflegeleichtesten Anemonen ist wohl die sogenannte "Rotfußanemone" *Macrodactyla doreensis*, die im Meer bis in etwa 15 Meter Tiefe anzutreffen ist. Sie taucht sehr häufig im Handel auf und ist darum leicht und preiswert zu bekommen. Sie erreicht eine Größe von bis zu 50 cm und ihre Färbungen sind recht unterschiedlich. Sie reichen von Braun oder Grün bis Grau und haben oft einen bräulichen oder violetten Schimmer. Meist ist die Körpersäule der Anemone kräftig orange gefärbt und besitzt gut sichtbare, weiße Warzen. An dieser typischen Körpersäule ist die Art leicht zu erkennen. Diese Anemone versteckt ihren Fuß gern im Sandsubstrat, heftet ihn aber an einem größeren, festen Gegenstand an. Im Aquarium ist dies meist die Bodenscheibe oder die hintere Glasscheibe.

Foto: Rolf Hebbinghaus

Blasenspitzenanemone
Entacmaea quadricolor

Eine weitere, sehr pflegeleichte Art ist *Entacmaea quadricolor*, die im Meer sogar noch in 40 Metern Tiefe vorkommt, meist aber oberhalb von 20 Metern lebt. Ein sehr charakteristisches Merkmal dieser Anemone sind die kugelförmigen Verdickungen der Tentakelspitzen, weshalb die Art in Nordamerika auch als "Bubble Tip Anemone" bezeichnet wird. Ihre maximale Größe liegt bei etwa 40 cm und die Farbe ist meist braun oder grün, gelegentlich auch rötlich-orange. Diese Anemone ist in der Eingewöhnungszeit ein wenig empfindlich, weil sie zu Gewebsinfektionen neigt. Darum sollte man besonders darauf achten, sie beim Transport und beim Einsetzen in das Aquarium nicht zu verletzen. Hat sie sich aber erst einmal an das Aquarienmilieu gewöhnt, ist sie sehr haltbar und unempfindlich. *Entacmaea quadricolor* befestigt ihren Fuß in der Natur am massiven Riffgestein oder an den Skeletten von Steinkorallen. Im Aquarium wird sie hierzu das Dekorationsgestein oder eine Glasscheibe wählen.

Beide Anemonen können mit Clownfischen zusammen gehalten werden. Einige Autoren berichten sogar, daß sie sich mit solchen Symbiosefischen erheblich besser entwickeln, als ohne sie. Für die Clownfische ist die Haltung mit einer Symbioseanemone sicherlich besser, als die Haltung in einem anemonenfreien Riffbecken.

Zwerganemone
„Anemonia“ cf. *manjano*

Eine weitere Anemonenart, die jedoch nicht zu den Symbioseanemonen zählt, ist unter der Bezeichnung *„Anemonia“* cf. *manjano* bekannt. Diese Art ist wissenschaftlich mit großer Wahrscheinlichkeit noch nicht beschrieben. Hierbei handelt es sich um eine hübsche Zwerganemone, die sich im Aquarium sehr rasch ausbreiten kann. Sie erreicht einen Durchmesser von etwa 4 bis 5 cm und teilt sich, um Nachkommen zu erzeugen.

Dadurch bildet sie im Laufe einiger Zeit recht große Kolonien im Aquarium, die andere Wirbellose zurückdrängen und schädigen können. Darum eignet sich die Art am besten für ein separates Artenbecken, in dem sie sich ungestört ausbreiten kann. Obgleich diese Zwerganemonen nicht zu den Symbioseanemonen gehören, kann man gelegentlich Anemonenfische beobachten, die eine ganze Kolonie dieser Zwerganemonen "bewohnen". Die Zwerganemonen stört dies offensichtlich nicht.

Diese Glasrose wurde auf einer weißen Acrylglasscheibe angesiedelt, um die Abschnürung von Tochterpolypen am Rand der Fußscheibe sichtbar zu machen. Aus jeder der kleinen Gewebekugeln - eine trägt bereits Tentakel - entsteht eine neue Glasrose.

Glasrosen

Ausgesprochen lästige Zwerganemonen sind die sogenannten "Glasrosen" der Gattung *Aiptasia*, kleine Anemonen mit einem Durchmesser von 1 bis 3 cm, die sich im Aquarium rasch vermehren. Sie besitzen sehr lange Tentakel am Rand der Mundscheibe und haben so starke Nesselgifte, daß sie damit nahezu alle anderen festsitzenden Meerestiere im Aquarium zurückdrängen und vertreiben können.

Im Meer wird die Ausbreitung dieser Zwerganemonen durch ihre Freßfeinde kontrolliert, doch im Aquarium können sie sich im Laufe der Zeit gegen die Korallen durchsetzen und das gesamte Aquarium in Beschlag nehmen. Die Vermehrung dieser Zwerganemonen ist anfangs noch recht moderat, doch wenn sie eine gewisse Populationsdichte erreicht haben, kommt es meist zu einer geradezu explosionsartigen Vermehrung. Auf mechanischem Wege lassen sie sich zwar entfernen, doch die Regenerationsfähigkeit dieser Polypen ist so groß, daß ein winziger Geweberest auf dem Dekorationsgestein in kurzer Zeit zu einer vollständigen Glasrose heranwachsen kann. Wer also eine einzelne Glasrose vom Dekorationsgestein entfernt, hat nach einigen Wochen möglicherweise eine große Zahl winziger Glasrosen an der gleichen Stelle.

Diese Glasrose wurde mit einer Bäumchenweichkoralle (links) in Kontakt gebracht, um den Auswurf der stark nesselnden Abwehrfilamente sichtbar zu machen, die hier als dünne, weiße Bänder zu erkennen sind.

Eine hilfreiche Gegenmaßnahme ist das Einsetzen eines natürlichen Freßfeindes. Am besten ist hierzu der "Kupferband-Schmetterlingsfisch" *Chelmon rostratus* geeignet, für den Glasrosen ein regelrechter Leckerbissen sind. Ein weiterer Freßfeind dieser Glasrosen, eine Nacktschnecke, konnte 1997 für das Loebbecke Museum & Aquazoo erstmals erfolgreich von Nordamerika nach Europa eingeführt werden. Es handelt sich dabei um die kleine Nacktkiemerschnecke *Berghia verrucicornis*, die relativ leicht zu züchten ist und hoffentlich bald auch im Aquarienfachhandel angeboten wird. Seit kurzer Zeit gelangt auch die kleine Garnele *Lysmata wurdemanni,* die sich nach Erfahrungen nordamerikanischer Riffaquarianer vorwiegend ausschließlich von Glasrosen ernährt, in den Handel. Zur me-chanischen Gegenwehr empfehle ich, die Glasrose mit einem kleinen Pfropf eines Unterwasser-Epoxydharzes "einzumauern". Dieses Harz wird normalerweise zum Befestigen von Steinkorallen an einem Dekorationsstein angeboten. Hierzu wird die Glasrose ein wenig gereizt, damit sie sich in die Vertiefung des Dekorationsgesteines zurückzieht, in der sie ihren Fuß meist verankert. Anschliessend wird ein erbsen- bis haselnußgroßes Stück des Harzes in diese Vertiefung gedrückt und während des Aushärtens für etwa 20 Minuten mit einem Stein beschwert. Damit ist die Glasrose unschädlich gemacht und das Epoxydharz wird bald von Algen oder anderen Aquarienbewohnern überwachsen sein.

Der Kupferband-Falterfisch *Chelmon rostratus* ist im Riffaquarium einer der besten Glasrosenvertilger

Aquarienhaltung von Seeanemonen

Beleuchtung: Seeanemonen benötigen viel Licht. Darum sollten sie möglichst unter einer HQI-Lampe gepflegt werden. In einem nicht zu hohen Aquarium (bis etwa 50 cm) können sie auch unter Leuchtstoffröhren gehalten werden, doch die schwächere Beleuchtung muß dann durch eine regelmäßige und vor allem reichhaltigere Fütterung ausgeglichen werden.

Wasserbewegung: Seeanemonen lieben kräftige Wasserbewegung. Ein direkter Pumpenstrahl stört sie natürlich, aber wenn sie zu wenig Wasserbewegung erhalten, beginnen sie meist, im Aquarium umherzuwandern, um sich einen besseren Standort zu suchen.

Wasserqualität: Einige weniger empfindliche Seeanemonen-Arten stellen keine allzu hohen Ansprüche an die Wasserqualität, etwa *Macrodactyla doreensis* oder *Entacmaea quadricolor*.

Fütterung: Die regelmäßige Fütterung der Anemonen ist sehr wichtig und die Bedeutung dieser Fütterung wird häufig unterschätzt. Anemonen gelten oft als kurzlebig und ihre Lebenserwartung im Aquarium wird vielfach mit ein oder zwei Jahren angegeben. Das mag zwar oft zutreffen, aber es ist auf ungünstige Haltungsbedingungen und vor allem unzureichende Fütterung zurückzuführen. Bisweilen habe ich Anemonen erlebt, die nach vier oder gar nach acht Jahren im Aquarium noch in gutem Zustand waren.

Anemonen decken einen großen Teil ihres Nährstoffbedarfes über die symbiontischen Algen, die in ihrem Gewebe leben. Doch zusätzlich fangen sie Schwebestoffe, vor allem winziges Plankton. Hierzu besitzt die Anemone mikroskopisch kleine Fangapparate, die Nesselkapseln oder "Nematocysten", aus denen winzige Giftpfeile abgeschossen werden, in der Wissenschaft als "Cnidae" bezeichnet. Das Unterhalten dieser Fangapparate, dieser kleinen und über die ganze Körperoberfläche verteilten Nesselzellen, ist offenbar ein energiezehrender Vorgang. Zwar ist dies wissenschaftlich nicht belegt, doch die Beobachtung von Anemonen im Aquarium hat gezeigt, dass schlecht ernährte Anemonen im Laufe der Zeit die Fähigkeit verlieren, ihre "Cnidae", die winzigen Giftpfeile, abzuschießen, um damit Beute zu fangen. Dies äußert sich dadurch, dass ihre Körperoberfläche die typische Klebrigkeit verliert, die sie bei einer gesunden und gut ernährten Anemone hat. Zwar ist diese Haftfähigkeit, die man beim Berühren der Anemone spürt, von der jeweiligen Art abhängig, doch wenn sie durch eine schlechte Ernährung verlorengeht, dann ist die Anemone nicht mehr dazu in der Lage, winzige Futterbrocken zu fangen und zu verdauen.

Noch problematischer wird die Mangelernährung einer Anemone dadurch, dass sie bei mangelnder Nahrungszufuhr einfach anfängt, ihre eigene Körpersubstanz zu verzehren. Das ist ein natürlicher Schutzmechanismus, der ihr dabei hilft, Hungerzeiten zu überstehen, doch im Aquarium kann dies dazu führen, dass der Aquarianer von ihrem Nahrungsmangel nichts bemerkt. Langsam beginnen dann die winzigen Beutefangapparate zu degenerieren und irgendwann ist der Gesamtzustand der Anemone so schlecht, dass sie sich nun auch bei optimaler Ernährung nicht mehr erholen kann. Sie wird dann unaufhaltsam weiter schrumpfen und schließlich sterben.

Um dies zu verhindern, sollte eine Anemone regelmäßig direkt gefüttert werden. Hierzu eignet sich gewöhnliches, tiefgefrorenes Fischfutter ebenso wie ein Stück Speisefisch oder Muschelfleisch. Auch Garnelenfleisch wird von vielen Anemonen gern genommen. Man sollte einfach einige Futterarten ausprobieren und dasjenige, das von der Anemone erkennbar gern angenommen wird, öfter reichen. Vor der Fütterung tropft man eine Vitaminlösung auf das Futter und läßt sie einige Minuten lang einziehen. Die Fütterung sollte wenigstens einmal pro Woche durchgeführt werden, besser sogar zweimal. Wenn die Anemonenfische dieses Futter stehlen, kann man entweder mehr davon reichen, oder die Fischchen während der Anemonenfütterung durch Fischfutter ablenken.

Vergesellschaftung mit Fischen: Hier kommen alle Anemonenfische in Betracht. Andere Fische können zwar mit der Anemone im gleichen Aquarium gehalten werden, doch bei äußerst schwimmfreudigen Arten sollte dies nur in einem sehr großen Aquarium geschehen.

Vergesellschaftung mit Wirbellosen: Grundsätzlich ist dies zwar möglich, aber es kann problematisch werden. Viele Anemonen fühlen sich in Gegenwart bestimmter Korallen nicht sehr wohl und beginnen, umherzuwandern, um sich einen anderen Siedlungsort zu suchen. In der Natur wäre das Problem damit gelöst, doch im Aquarium sieht das anders aus. Hier kann es sogar vorkommen, dass die Anemone auf ihrem Weg mit zahlreichen Korallen in Kontakt kommt und diese dabei erheblich schädigt. Bleibt diese Anemone weiterhin im gleichen Aquarium, wird sie sich möglicherweise fortwährend belästigt fühlen und langsam degenerieren.

Selbst untereinander können verschiedene Anemonenarten sehr unverträglich sein. Befinden sich zwei Anemonen unterschiedlicher Art in einem Aquarium, so kommt es vor, dass eine von beiden beginnt, zu degenerieren. Ich habe eine Anemone der Art *Heteractis crispa* erlebt, die sich über einen langen Zeitraum in einem Riffaquarium von 1200 Litern Inhalt prächtig entwickelte und ihren Standort niemals wechselte. Unmittelbar nach dem Hinzusetzen einer Anemone der Art *Macrodactyla doreensis* begann sie, im Aquarium umherzuwandern und zu degenerieren, um sich nach einigen Monaten schließlich aufzulösen. Natürlich schädigen sich nicht alle Anemonenarten gegenseitig, doch es ist außerordentlich schwierig, diejenigen Arten herauszufinden, die miteinander jeweils verträglich sind. Auch setzt dies natürlich eine präzise Artbestimmung voraus, was manchmal sehr schwierig ist. Darum sollte man möglichst nur Anemonen der gleichen Art miteinander vergesellschaften. Auch bei der Hälterung der Anemonen im Aquariengeschäft ist bisweilen zu beobachten, dass völlig unterschiedliche Arten in dem gleichen Aquarium gehalten werden. Bei genauem Hinsehen erkennt man dann bisweilen auch einzelne, geschrumpfte und degenerierte Exemplare. Diese Hälterungsweise ist für Anemonen nicht brauchbar. Seeanemonen sollten auch in einer Verkaufsanlage nach Arten getrennt und möglichst sogar einzeln gehalten werden. In jede Anemone gehört - auch im Verkaufsaquarium - wenigstens ein Anemonenfisch, besser noch ein Paar. Das ist nicht nur für die Anemone von Vorteil, sondern auch für

In dieser riesengroßen Anemonenkolonie in 3 Metern Wassertiefe bei Cabilao (Philippinen) leben Hunderte von Riffbarschen gemeinsam mit einigen Clownfischen.

den Fisch, und diese Lebensgemeinschaft von Anemone und Fischen sollte dann möglichst auch nicht mehr getrennt werden, sondern zusammen verkauft und vollzählig in ein Aquarium eingebracht werden.

Am besten ist es, Anemonen in einem speziellen Aquarium zu pflegen. Dieses Becken muß gar nicht sehr groß sein. Schon 100 oder 150 Liter reichen dafür aus. Wichtig ist es allerdings, dass man alle Ansaugöffnungen von Pumpen oder Filtern mit einem Ansaugkorb oder einem offenporigen Schaumstoff verschließt, so dass der Sog über eine große Fläche verteilt wird. Andernfalls kann das weiche und zarte Gewebe einer wandernden Anemone angesaugt werden und die Öffnung verstopfen. Zur Beleuchtung ist eine HQI-Lampe ideal.

Ist eine Anemone im Aquarium, dann sollten allerdings keine Seepferdchen eingesetzt werden, weil diese langsamen und etwas tolpatschigen Schwimmer sehr leicht Beute der Anemone werden. Das gleiche gilt in gewissem Rahmen auch für Seenadeln und sogar für Garnelen. In einem unserer Aquarien hat sich eine Anemone *Macrodactyla doreensis* als regelrechter Garnelenräuber entpuppt, der heimlich eine Putzergarnele nach der anderen verschlang.

Haltungsprobleme: Bei ausreichender Beleuchtung, Wasserströmung und Fütterung sind Probleme in der Aquarienhaltung von Anemonen selten, besonders wenn Exemplare der gleichen Art in einem gesonderten Anemonenbecken gehalten werden. Die Schwierigkeiten bei der Haltung von Anemonen in einem Riffaquarium, das mit zahlreichen Korallenarten besetzt ist, wurden oben bereits angesprochen.

In einem separaten Anemonenaquarium tauchen bestenfalls technische Probleme auf, zum Beispiel dann, wenn eine Anemone zu dicht an die Ansaugöffnung einer Strömungspumpe gelangt. Hier kommt es vor, dass ein Teil der Anemone sogar in das Kreiselgehäuse der Pumpe hineingelangt und regelrecht "püriert" wird. Geschieht so etwas gar in einem Korallenriffaquarium, dann kann es durch die freiwerdenden Sekrete der Anemone eine Katastrophe auslösen. Darum sollten Pumpenansaugstutzen immer sorgfältig geschützt werden, wenn sich eine Seeanemone im Aquarium befindet, entweder mit einem großen perforierten Ansaugrohr, oder, wie oben erwähnt, mit offenporigem Schaumstoff.

Künstliche Vermehrung: Eine künstliche Vermehrung der Anemonen ist bisher nur bei *E. quadricolor* möglich (Knop 2002). Zwar hat man bereits beobachtet, dass einige der Seeanemonen sich durch Teilung ungeschlechtlich vermehren und Experten vermuten, dass es in absehbarer Zeit möglich sein wird, bestimmte Anemonenarten ebenso wie Scheibenanemonen durch das Abtrennen von Teilstücken zu vermehren, doch dies setzt viel Erfahrung und auch den Einsatz antibiotischer Medikamente voraus, damit die Wundflächen der Tiere nicht infiziert werden. Lediglich die Zwerganemonen besitzen allgemein eine stärkere Fähigkeit zur Regeneration verlorenen Körpergewebes. Die meisten großen Seeanemonenarten sind aber für den Aquarianer nicht künstlich zu vermehren.

Die schnellwüchsigen *Acropora*-Arten mit dünnen Ästen wie diese *Acropora cerealis*-Kolonie, die bei Pescador-Island (Philippinen) in sechs Metern Tiefe aufgenommen wurde, sind im Aquarium ausgesprochen gut haltbar.

Steinkorallen der Familie Acroporidae

Steinkorallen sind diejenigen Organismen, die neben Kalkalgen den größten Beitrag zum Aufbau der Korallenriffe leisten. Zu den Riffbildenden Steinkorallen zählen allerdings nur Arten, die mit Symbiosealgen zusammenleben, denn diese Lebensgemeinschaft erleichtert die Kalksynthese erheblich. Seit langer Zeit versucht man in der Aquaristik, Steinkorallen künstlich zu halten, doch bis vor einigen Jahren war dies immer mit mehr oder minder großen Problemen verbunden. In den sechziger Jahren führten diese Probleme dazu, dass man die Kalkskelette abgestorbener Steinkorallen zur Dekoration in das Aquarium einbrachte. Inzwischen ist dies aber längst vorbei, denn in den letzten zehn Jahren ist die Haltung und Vermehrung einiger Steinkorallenarten im Riffaquarium möglich geworden.

Da es aber in der Haltbarkeit zwischen den einzelnen Gattungen und Arten erhebliche Unterschiede gibt, ist der Einsteiger gut beraten, wenn er sich an die schnellwüchsigen, dünnästigen *Acropora*-Arten hält, denn diese nehmen kleinere Fehler nicht allzu übel.

Natürlicher Lebensraum

Korallen der Gattung *Acropora* gelten als Inbegriff der Steinkorallen. *Acropora* ist nicht nur die artenreichste Steinkorallengattung, sondern sie enthält auch einige der schnellwüchsigsten Steinkorallenarten. *Acropora*-Arten siedeln in Australien und dem gesamten Indopazifik vom Flachwasser bis in recht große Tiefen. Für den Einsteiger sind besonders jene *Acropora*-

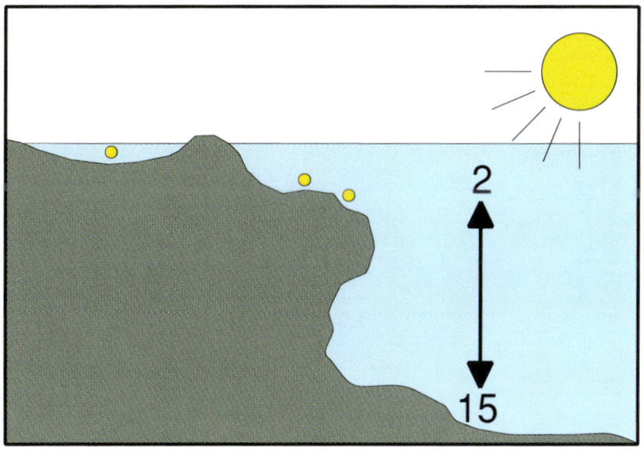

Arten interessant, die sich auf die obere Zone des Riffes spezialisiert haben, denn sie sind an die starken Milieuveränderungen in diesem Lebensraum angepaßt und darum sehr robust.

Acropora-Korallen aus diesem oberflächennahen Bereich erhalten starke bis stärkste Sonneneinstrahlung und benötigen wenig planktonische Nahrung. Es handelt sich bei diesen schnellwüchsigen Arten in aller Regel um dünnästige Korallen mit einer porösen Struktur, die leicht brechen, während die Tiefenspezialisten unter den *Acropora*-Arten meist erheblich massivere, festere Kalkskelette besitzen, dickästiger und weniger verzweigt sind und deutlich langsamer wachsen. Im oberen Riffbereich bilden die schnellwüchsigen *Acropora*-Arten oft gigantische Felder, in denen sich keine andere Korallenart etablieren kann. Hier leben dann Fische und andere Riffbewohner, die sich auf das Zusammenleben mit diesen Korallen spezialisiert haben. Die Wasserbewegung ist in diesem Lebensraum naturgemäß sehr kräftig, durch Stürme, Wellengang und Gezeitenströmung zeitweise sogar extrem stark. Trotzdem ist das Wasser im allgemeinen klarer und sauberer, als in den sedimentreicheren Flachwasserzonen, in denen bevorzugt Weichkorallen wachsen.

Verschiedene *Acropora*-Arten lassen sich unter guten Aquarienbedingungen hervorragend vermehren. Hier ein *Acropora*-Nachzuchtbecken hinter den Kulissen des „Löbbecke-Aquazoos, Düsseldorf."

Beschreibung

Der Gattungsname *Acropora* ist aus dem Griechischen abgeleitet (*Akro* grch. hoch, spitz). Tatsächlich wachsen die meisten Arten dieser Gattung mehr oder minder säulenförmig. Sie bilden geweihförmige, gelegentlich auch platten- oder kissenähnliche Strukturen, die aus einzelnen Säulen bestehen. Nur wenige *Acropora*-Arten haben eine völlig andere Gestalt, etwa eine massive Wuchsform. Die für den Einsteiger interessanten Flachwasserarten sind sehr verzweigt und haben eine so ähnliche Wuchsform, dass sie leicht miteinander verwechselt werden.

Steinkorallen der Gattung *Acropora*

Von den 182 Arten der Steinkorallengattung Acropora sind zahlreiche im Aquarium gut zu halten und vegetativ zu vermehren. Durch die Anpassung an aquaristische Bedingungen ist die genaue Artzuordnung allerdings bei vielen Korallenstöcken nahezu unmöglich. Hier sollte es dem Aquarianer reichen, die Koralle einer der 38 Artengruppen zuzuordnen.

Steinkorallen der Gattung Montipora
Viele der 73 *Montipora*-Arten sind im Aquarium gut zu halten und vegetativ zu vermehren. Durch die Anpassung an aquaristische Lebensbedingungen ist die exakte Artzuordnung in dieser artenreichen Gattung oft aber nahezu unmöglich, so dass es dem Aquarianer reichen sollte, sie einer der 12 Artengruppen zuzuordnen.

A. pulchra gelangte Anfang der achtziger Jahre als "blinder Passagier" auf lebendem Meeresgestein in das Aquarium eines Aquarianers in Berlin und entwickelte sich dort prächtig. Bald konnten durch künstliche Vermehrung viele Nachkommen erzeugt werden, die an andere Aquarienfreunde abgegeben wurden und schnell war diese Art als "Berliner *Acropora*" bekannt.

Neben diesen beiden *Acropora*-Arten, die unzweifelhaft als robust und schnellwüchsig bezeichnet werden können, bietet der Handel oft auch weitere *Acropora*-Arten an. Hier sollte sich der Einsteiger an verzweigt wachsende, dünnästige Arten halten (z. B. A. *microphthalma, A. selago, A. latisella* oder *A. elseyi*), weil diese im Riffaquarium in aller Regel haltbarer sind, als die massiven Arten mit dickeren Ästen und gedrungener Wuchsform (z. B. *A. gemmifera* oder *A. humilis*). Allerdings sind diese dünnästigen Arten in aller Regel empfindlicher, als die zwei erstgenannten Arten. So reagiert *A. microphthalma* beispielsweise im Sommer auf höhere Wassertermperaturen leicht mit einer Ausbleichung des Gewebes.

Aquarienhaltung schnellwüchsiger *Acropora*- und *Montipora*-Arten

Beleuchtung: Ensprechend ihrem natürlichen Standort im Meer brauchen die *Acropora*-Korallen sehr viel Licht. Es ist zwar möglich, die zwei oben genannten Arten *A. formosa* und *A. pulchra* unter Leuchtstoffröhrenlicht zu halten, doch unter dem kräftigen Licht einer Halogenmetalldampf-Lampe gedeihen sie deutlich besser. Diese *Acropora*-Arten ernähren sich hauptsächlich von den Produkten ihrer Symbiosealgen, zu einem weitaus geringeren Teil von planktonischem Beutefang. Allerdings sind hervorragend dazu in der Lage, das Hauptgewicht ihrer Ernährung von der Photosynthese auf den Beutefang zu verlagern, etwa wenn ein Ast dieser Art im natürlichen Lebensraum durch Wellenschlag abbricht und in erheblich tiefere Riffbereiche hinabsinkt, wo er weniger Licht erhält. Der Biologe spricht hier vom Alternieren zwischen autotropher und heterotropher Ernährung. Nur wenige Korallenarten entwikkeln hier so große Flexibilität wie die *Acropora*-Arten aus dem Flachwasser. Darum können diese Korallen auch unter schwächerer Beleuchtung gehalten werden, wenn sie das Nahrungsdefizit durch reicheren Beutefang (gelöste Substanzen, feines Frostfutter, feinzerriebenes Trockenfutter) ausgleichen können. Doch für kräftiges Wachstum benötigen sie starkes HQI-Licht.

Wasserbewegung: Ähnlich, wie in ihrem natürlichen Lebensraum auf dem sonnenlichtdurchfluteten Riffdach, brauchen die schnellwüchsigen *Acropora*-Arten auch im Aquarium kräftige Wasserbewegung. Die Dauerströmung sollte mittelstark sein, und um so kräftiger, je verzweigter die Kolonien sind und je dichter die einzelnen Äste stehen, damit sich zwischen diesen Ästen keine strömungsarmen Zonen entwickeln. Jeder einzelne Polyp einer solchen Steinkoralle braucht die Wasserbewegung, um Sekrete fortzutransportieren sowie Nahrung und Sauerstoff herbeizuschaffen. Im Gegensatz zu den flexiblen Weichkorallen, die auch in seichter Wasserströmung hin- und herwiegen und dadurch fast jeden Teil der Kolonie zeitweise der Wasserströmung aussetzen, sind Steinkorallen unbeweglich und bei zu schwacher Wasserströmung befinden sich einige der Polypen schnell im Strömungsschatten, wo sie verkümmern. Im ungünstigen Falle können sich hier Protozoen oder andere Krankheitskeime vermehren, die sich nach und nach auf die gesamte Kolonie ausbreiten und sie vernichten.

Diese *Acropora valenciennesi*, die bei Moalboal (Philippinen) vor der Küste in rund acht Metern Tiefe aufgenommen wurde, gehört ebenfalls zu den relativ schnell wachsenden und im Aquarium gut haltbaren *Acropora*-Arten. Zahlreiche ähnliche Arten werden im Fachhandel angeboten.

Wasserqualität: Im Vergleich zu vielen Weichkorallen und manchen Steinkorallenarten, die auf schlammigem oder sandigen Grund in Strandnähe siedeln, benötigen die Korallen auf dem Riffdach erheblich reineres Wasser. Vor allem ein hoher Nitrat- oder Phosphatgehalt des Wassers hemmt schnell ihr Wachstum. Leicht siedeln sich auf abgestorbenen Skelettbereichen dann jene Algen an, die Phosphate und Nitrate lieben. Diese Algen drängen dann das lebende Gewebe der Korallen weiter zurück und die Koralle geht zugrunde. Ein regelmäßiger Wasserwechsel ist also wichtig, um den Gehalt an Nitrat und Phosphat zu begrenzen. Dieser regelmäßige Wasserwechsel hilft auch dabei, die Korallen mit Kalzium und den nötigen Karbonaten zu versorgen, die sie zum Aufbau des Kalkskelettes benötigen. Wer zahlreiche Steinkorallen und andere Kalkbildner pflegt, sollte regelmäßig Kalziumhydroxid einsetzen oder einen Kalkreaktor installieren, um das Wasser mit Kalzium und Hydrogencarbonaten anzureichern, doch für wenige, kleine *Acropora*-Stöcke wird dies kaum nötig sein. In bezug auf Temperaturveränderungen oder pH-Schwankungen sind die Steinkorallen generell etwas empfindlicher, als Weichkorallen, weil sie meist aus einem stabileren Lebensraum stammen, doch die oben beschriebenen *Acropora*-Arten gehören unter den Steinkorallen zu den robustesten und anpassungsfähigsten Arten, die auch solche Veränderungen nicht allzu übel nehmen.

Fütterung: Steinkorallen der Gattung *Acropora* benötigen keine zusätzliche Fütterung. Zwar nehmen viele Arten dieser Gattung auch planktonische Nahrung auf, doch eine gezielte Fütterung wäre sinnlos und würde eher schaden, weil sich Futterpartikel in den Kolonien absetzen und dort verderben könnten. Wer im gleichen Aquarium Fische hält, die regelmäßig gefüttert werden, der stellt durch eine abwechslungsreiche und gehaltvolle Fütterung dieser Fische auch den Korallen genügend organische Substanzen bereit.

Von einer gesunden Steinkoralle werden mit einer Zange kleine Fragmente abgebrochen...

...um ihren Stamm mit Unterwasser-Epoxydharz zu ummanteln...

... und sie in eine Vertiefung eines Steinsubstrates zu kleben.

Auf diese Weise können kleinpolypige Steinkorallen leicht vermehrt werden, und bei systematischer Vorgehensweise kann man große Mengen an Korallen produzieren.

Ein spezielles Aufzuchtbecken macht die vegetative Korallenvermehrung effektiver.

Nach einigen Monaten haben alle Korallen eine Basalscheibe ausgebildet und sind kräftig gewachsen.

Vergesellschaftung mit Fischen: Doktorfische, Zwergriffbarsche, Grundeln und viele andere sind zur Vergesellschaftung mit *Acropora*-Arten. geeignet. Kleine gelbe Grundeln der Gattung *Gobiodon* sitzen gern auf den Kolonien und beobachten die Umgebung. Wenn sie die Polypen anfressen, was gelegentlich beobachtet wurde (R. Hebbinghaus, pers. Hinw.), dann sollten die mit möglichst großen Kolonien gehalten werden, weil diese sich besser regenerieren können. Probleme machen aber oft Kaiserfische und Falterfische, in einigen Fällen auch Zwergkaiserfische. Sehr viel Vorsicht ist jedoch bei Fischen wie dem Feilenfisch *Oxymonacanthus longirostris* geboten, die sich in der Natur ausschließlich von *Acropora*-Polypen ernähren.

Vergesellschaftung mit Wirbellosen: Die oben beschriebenen *Acropora*-Arten gedeihen mit den meisten sessilen Wirbellosen, die üblicherweise im Aquarium gepflegt werden. Entgegen der weit verbreiteten Ansicht können diese Steinkorallen durchaus sehr erfolgreich zusammen mit Weichkorallen gepflegt werden und benötigen durchaus kein reines Steinkorallenaquarium. Bei normaler Abschäumung und Aktivkohlefilterung wird es kaum durch Nesselgifte der Weichkorallen im freien Wasser zu einer Hemmung der *Acropora*-Arten kommen. Lediglich direkten Kontakt der Korallen untereinander sollte man vermeiden.

Haltungsprobleme: Mangel an Kalzium, Hydrogenkarbonaten, hohe Phosphat- und Nitratwerte und Fadenalgen gehören zu den größten Problemen in der Haltung von *Acropora* spp. und anderen kleinpolypigen Steinkorallen. Bei unzureichender Wasserströmung (oder dichter werdenden *Acropora*-Stökken) entwickeln sich in strömungsarmen Zonen aber bisweilen Gewebsinfektionen der Korallenpolypen, die sich schnell im Aquarium ausbreiten und auch gesundes Korallengewebe in Mitleidenschaft ziehen. Bei solchen Infektionen sind in den letzten Jahren einige unterschiedliche Ausbreitungsmuster beobachtet worden, so dass man annehmen muß, es handle sich um verschiedene Erreger. In vielen Fällen konnten Protozoen nachgewiesen werden. Manch ein Aquarianer, der sich auf kleinpolypige Steinkorallen spezialisiert hatte, hat durch solche Infektionen innerhalb weniger Tage oder sogar Stunden den gesamten Korallenbestand verloren. Die einzige bisher bekannte Behandlungsweise ist die von Dr. Craig Bingman entwickelte kombinierte Therapie mit Jod und einem Antibiotikum außerhalb des Aquariums (Knop 2002).

Künstliche Vermehrung: Die künstliche Vermehrung von *Acropora*-Steinkorallen ist recht einfach, vorausgesetzt, die Korallen sind gesund und leben in einem passenden Aquarienmilieu. Hierzu werden einfach Aststücke von der Mutterkolonie abgebrochen und mit geeigneten Mitteln auf einem neuen Substrat befestigt. Hierzu eignen sich Schmelzkleber (Heißklebepistole aus dem Baumarkt) oder Epoxydharze, die unter Wasser aushärten.

Pocillopora damicornis, im Bild unten links, kann im Aquarium zu großen Kolonien heranwachsen. Hier eine Aufnahme aus dem Loebbecke Museum & Aquazoo.

Steinkorallen der Familie Pocilloporidae

Die Gattungsfamilie Pocilloporidae enthält eine große Zahl wunderschöner Steinkorallen, die buschförmig wachsen und unterschiedliche Färbungen entwickeln. Viele dieser Gattungen sind schnellwüchsig und entwickeln sich im Aquarium hervorragend, zum Beispiel die Gattung *Seriatopora*, allen voran die Art *Seriatopora hystrix*, die sich gut für den Riffaquaristik-Einsteiger eignet. Auch die Korallen der Gattung *Pocillopora* gehören zu den schnellwüchsigen Steinkorallen, die außerordentlich anpassungsfähig sind und in der Natur in sehr unterschiedlichen Lebensräumen siedeln. Die häufigste und widerstandsfähigste Art dieser Gattung ist zweifellos *Pocillopora damicornis*, die im Aquarium bisweilen zu großen Kolonien heranwächst. Auch diese Art eignet sich hervorragend für den wenig erfahrenen Riffaquarianer.

Natürlicher Lebensraum

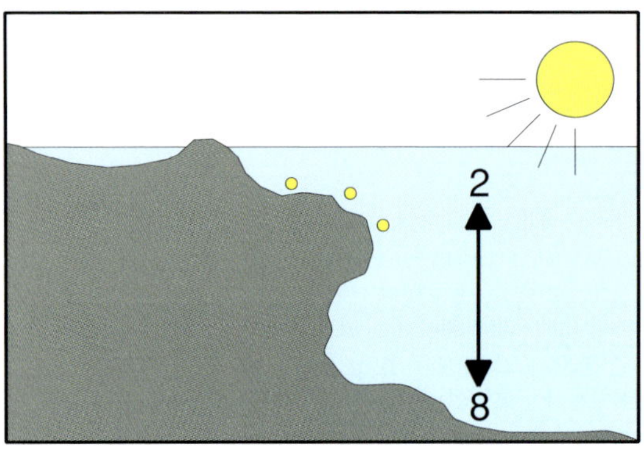

Beide Arten leben im gesamten Indopazifischen Ozean und besiedeln dort zahlreiche unterschiedliche Lebensräume.

Seriatopora hystrix kommt im Riff häufig vor und lebt meist in kleineren Kolonien zwischen anderen Steinkorallen. Sie gilt als die anpassungsfähigste und schnellwüchsigste Art in der Gattung Seriatopora.

Pocillopora damicornis gehört im Riff zu den häufigsten Steinkorallen und ist in vielen unterschiedlichen Lebensräumen anzutreffen. Inmitten von Seegrasfeldern, einem Lebensraum, in dem sich die meisten Steinkorallen nicht halten können, gedeiht sie oft prächtig, meist als einzige

Steinkoralle weit und breit. Auch in Mangrovengebieten ist sie eine von wenigen Steinkorallengattungen.

Pocillopora damicornis siedelt vom Flachwasser, beispielsweise in einem Seegrasfeld in 1 bis 2 Metern Wassertiefe, bis in recht große Tiefen. Die Tiefe hat auch Einfluß auf ihre Wuchsform. Wächst sie in flachem, sehr strömungsreichem, stark beleuchtetem Flachwasser, so bildet sie eine kompakte Wuchsform mit relativ dicht aneinanderliegenden, einigermaßen stabilen Ästen aus. Lebt die Koralle dagegen in größerer Meerestiefe, wo sie weniger Licht und meist auch schwächere Wasserströmung erhält, so ist die Wuchsform offener, die Äste sind weiter voneinander entfernt, deutlich dünner und sehr zerbrechlich.

Die Wasserqualität im Lebensraum von *Pocillopora damicornis* ist ebenso unterschiedlich, wie die einzelnen Meeresbereiche, in denen sie vorkommt. Im Riff zwischen den anderen Steinkorallen lebt sie in meist klarem und recht schwebstoffarmem Wasser, im Mangrovenwald dagegen enthält das Wasser so viele Trübstoffe, dass die meisten anderen Steinkorallen-Arten dort nicht existieren können.

Pocillopora damicornis lebt im Riff mit zahlreichen anderen Korallenarten in enger Nachbarschaft. Im Gegensatz zu einigen schnellwüchsigen *Acropora*-Arten, die gewaltige Felder mit einer einzigen Art ausbilden und im Riff bisweilen eine gigantische Fläche überwachsen, bildet *Pocillopora damicornis* nur mittelgroße Kolonien aus, die einzeln zwischen anderen Steinkorallenarten leben und meist verstreut über das ganze Riff zu finden sind.

Beschreibung

Wie viele Steinkorallen können auch die zwei folgenden Arten nach dem Einsetzen in das Aquarium ihre Färbung verändern, und durch nachwachsende Kolonieteile verändert sich meist die Wuchsform. Das bedeutet natürlich, dass die Koralle nach einiger Zeit im Aquarium anders aussehen kann, als zuvor im Verkaufsaquarium des Händlers. Der Gattungsname *Pocillopora* geht auf die becherförmigen Vertiefungen im Skelett zurück (lateinisch *pocillum* = Becher, griechisch *poros* = Öffnung).

Steinkoralle *Seriatopora hystrix*

Seriatopora hystrix wächst zu buschförmigen Kolonien heran und hat am Ende jedes Zweiges eine typische Spitze. Diese zahlreichen Spitzen und die Gesamtwirkung der Kolonie haben ihr auch den Artnamen "hystrix" gegeben (griechisch *hystrix* = Stachelschwein). Zu erkennen ist die Art *Seriatopora hystrix* sehr leicht an den reihenförmig angeordneten Polypen, die auf den einzelnen Ästen regelrechte Polypenstreifen bilden (lateinisch *series* = Reihe).

Steinkoralle *Pocillopora damicornis*
Die haltbarste und anpassungsfähigste Art der Gattung *Pocillopora* ist sicher *Pocillopora damicornis*. Sie besteht aus porösen, wenige Millimeter dünnen Ästen und wächst meist buschförmig. *Pocillopora damicornis* entwickelt eine vielfältige Kolonieform, je nach Umgebungsbedingungen, und ist dadurch für den Ungeübten bisweilen schwer zu erkennen oder von ähnlichen Korallen zu unterscheiden.
Foto aufgenommen im Löbbecke Aquazoo.

In einer *Pocillopora damicornis*-Kolonie findet sich oft eine kleine Symbiosekrabbe der Familie Xanthidae, die von Schleimsekreten der Koralle lebt. Ob es sich dabei tatsächlich um eine Symbiose handelt, ist allerdings noch nicht sicher, denn man weiß noch nicht, ob die Koralle davon einen Vorteil hat. Zumindest aber sind die Krabben völlig harmlos, und es ist interessant, diese Lebensgemeinschaft im Aquarium zu beobachten.

Die Fortpflanzung der beiden Arten im Meer erfolgt hauptsächlich geschlechtlich. Auch im Aquarium wurde die Abgabe von Larven schon mehrfach berichtet, bei denen es sich aber höchstwahrscheinlich um ungeschlechtlich gebildete Larven handelt.

Aquarienhaltung von Steinkorallen Familie Pocilloporidae

Beleuchtung: Beide Arten brauchen im Aquarium starke Beleuchtung und entwickeln sich unter HQI-Licht besonders gut.

Wasserbewegung: Die zwei oben beschriebenen Steinkorallen benötigen im Aquarium kräftige Wasserströmung. Zeitweise kann diese mild sein, doch eine mittelstarke Dauerströmung ist erforderlich. Die ist vor allem dann wichtig, wenn die Kolonien wachsen und dichter werden. Sobald im Inneren einer buschförmigen Kolonie die Wasserströmung zu schwach ist, sterben die Polypen dort ab.

Wasserqualität: Wassertrübungen sind für *Pocillopora damicornis* und *Seriatopora hystrix* kein Problem, doch hohe Phosphat- und Nitratgehalte mit daraus resultierendem Fadenalgenwachstum mögen sie gar nicht.

Fütterung: Da beide Arten hauptsächlich von den Produkten ihrer Symbiosealgen leben, müssen sie im Aquarium nicht zusätzlich gefüttert werden.

Vergesellschaftung mit Fischen: Die beiden Arten können mit allen Fischarten gehalten werden, die sich für ein Riffaquarium eignen. Kleine gelbe Grundeln der Gattung *Gobiodon* sitzen gern auf den Stöcken und beobachten die Umgebung.

Vergesellschaftung mit Wirbellosen: Beide Arten entwickeln sich gut in einem Aquarium, das mit zahlreichen unterschiedlichen Korallenarten besetzt ist. Probleme gibt es gewöhnlich nur bei direktem Kontakt mit anderen Korallen.

Haltungsprobleme: Einer der größten Feinde beider Arten sind Fadenalgen. Hohe Phosphat- und Nitratkonzentrationen sollten darum vermieden werden. Probleme gibt es auch bei plötzlichem Einsatz von zu viel Aktivkohle, weil diese gelöste Substanzen rasch an sich bindet und dadurch das Aquarienmilieu sehr plötzlich verändert. Dadurch bleichen beide Arten leicht aus. Darum sollte nicht zu viel frische Aktivkohle auf einmal eingesetzt werden.

Wenn die Stöcke dichter werden, beginnen sie bald, ihre eigene Basis abzuschatten. Die unbeleuchteten Polypen sterben dann ab. Das ist zwar für den Fortbestand der Kolonie nicht unbedingt problematisch, weil die Kolonie im oberen Bereich weiterwächst, aber es kann vermieden werden, indem man Kolonien durch das Abbrechen von Ästen klein und vor allem flach hält.

Künstliche Vermehrung: Die künstliche Vermehrung der beiden Arten ist sehr leicht. Man bricht einzelne Äste ab und befestigt diese mit einem Unterwasser-Epoxydharz oder mit Schmelzkleber (Heißklebepistole, Baumarkt) auf einem neuen Steinsubstrat. Allerdings sollte man nur Kolonieteile abtrennen, wenn die Korallen in gesundem Milieu leben, gut wachsen und sich sichtlich wohl fühlen.

Steinkorallen der Gattung *Pavona*

Einige Steinkorallen der Gattung *Pavona* sind für das Riffaquarium besonders interessant, weil sie nicht nur sehr haltbar und schnellwüchsig sind, sondern auch eine recht ungewöhnliche Wuchsform entwickeln. Sie bilden blattförmige Elemente aus, die bisweilen Ähnlichkeit mit einem Feigenkaktus haben. Im Riffaquarium kann vor allem die häufigste Art, *Pavona cactus*, zu wunderschönen und großen Kolonien heranwachsen.

Natürlicher Lebensraum

Pavona-Arten sind im gesamten Indopazifik verbreitet und siedeln von der afrikanischen Westküste bis zur Ostküste Mittelamerikas. Am häufigsten trifft man auf *Pavona cactus*, die am anpassungsfähigsten zu sein scheint.

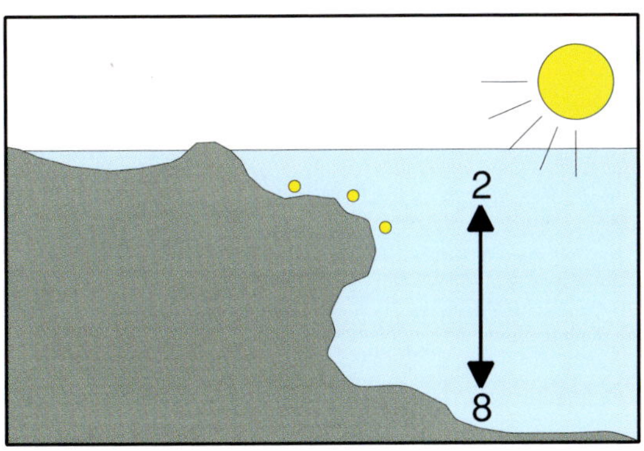

Steinkoralle *Pavona cactus*

Diese Art siedelt vom Flachwasser in wenigen Metern Wassertiefe bis in größere Tiefen des Riffes in hellen und strömungsreichen Zonen, die aber vor scharfem Wellenschlag geschützt sind. *Pavona cactus* wächst bei guten Umgebungsbedingungen gelegentlich zu regelrechten Feldern mit 10 und mehr Metern Durchmesser heran, ist aber auch in kleinen Kolonien zwischen anderen Steinkorallenarten im Riff zu finden.

Steinkoralle *Pavona decussata*

Eine weitere *Pavona-Art* existiert im gleichen Lebensraum wie die oben beschriebene *P. cactus*: *Pavona decussata*. Sie ist jedoch erheblich seltener anzutreffen, und ihre Kolonien bleiben meist kleiner. *P. decussata* ist etwas weniger anpassungsfähig, aber im Aquarium auch ausgezeichnet haltbar und wuchsfreudig.

Beschreibung

Der Artname "cactus" weist auf die Wuchsform der Koralle hin. Typisch für die zwei genannten Arten ist die Form, die aus einzelnen Blättern besteht. *Pavona cactus* und die seltenere, aber ebenso haltbare *Pavona decussata* besitzen beide dünne, blattförmige Zweige, die leicht abbrechen. Vor allem mit der erstgenannten Art sollte man vorsichtig hantieren, damit der Stock nicht zerbricht. Bei einem kleinen Bruchstück ist es bisweilen schwierig, die Art von anderen blattförmig wachsenden Steinkorallengattungen zu unterscheiden. Hier hilft ein Charakteristikum, das sich nur bei *Pavona* findet; die Blätter besitzen auf beiden Seiten die winzigen, hellbraunen Korallenpolypen, während ähnliche Arten diese nur auf der Oberseite aufweisen.

Aquarienhaltung von Steinkorallen der Gattung *Pavona*

Beleuchtung: *Pavona*-Arten lieben hohe Beleuchtungsstärken. Zu ihrer Pflege sollte das Aquarium unbedingt mit HQI-Lampen beleuchtet werden.

Wasserbewegung: Die Wasserströmung muß kräftig sein, damit sie auch im Inneren der Kolonie einen guten Wasseraustausch ermöglicht. Ein scharfer Pumpenstrahl kann jedoch die dünnen Zweige der Koralle abbrechen.

Wasserqualität: Trübungen durch Schwebstoffe stören die zwei genannten *Pavona*-Arten nicht sehr, doch hohe Phosphat- und Nitratwerte im Aquarienwasser hemmen das Wachstum und fördern zugleich den Wuchs von Fadenalgen.

Fütterung: Korallen der Gattung *Pavona* leben von den Produkten ihrer Symbiosealgen und müssen nicht zusätzlich gefüttert werden.

Vergesellschaftung mit Fischen: *Pavona*-Arten können mit allen Fischen gehalten werden, die sich für das Riffaquarium eignen.

Vergesellschaftung mit Wirbellosen: Korallen der Gattung *Pavona* entwickeln sich auch in Gegenwart zahlreicher anderer Korallen prächtig. Probleme sind nur bei Kontakt mit kräftig nesselnden Arten zu erwarten.

Haltungsprobleme: *Pavona*-Arten sind sehr ausdauernd und wuchsfreudig, fallen aber wuchernden Fadenalgen leicht zum Opfer. Meist liegt dies aber nicht nur an den Fadenalgen selbst, sondern auch an der Wachstumshemmung der Korallen durch Nitrate und vor allem Phosphate, die im Aquarienwasser vorhanden sind und den Fadenalgenwuchs ermöglicht haben. Wenn die Bedingungen im Aquarium nicht gut sind, beginnt an manchen Stellen der Korallenkolonie das lebende Gewebe abzusterben. Auf einer solchen Stelle können sich Fadenalgen mühelos ansiedeln und dann fortlaufend das lebende Korallengewebe verdrängen. In einem solchen Fall reicht es nicht, die Fadenalgen zu bekämpfen. Zusätzlich muß das gesamte Milieu verbessert werden (Abschäumung, Kohlefilterung, Wasserwechsel).

Pavona cactus bekommt im nitratreichen Wasser leicht Probleme mit Fadenalgen, die sich auf dem Skelett ausbreiten und das gesunde Korallengewebe zurückdrängen.

Künstliche Vermehrung: Die beiden genannten *Pavona*-Arten lassen sich problemlos künstlich vermehren. Meist geschieht dies sogar ohne Absicht, wenn man mit den Korallen hantiert, zum Beispiel beim Einsetzen in das Aquarium oder beim Umsetzen an eine andere Stelle. Bei der besonders dünnblättrigen *Pavona cactus* kann auch ein ruppiger Doktorfisch gelegentlich einen Zweig abbrechen. Solche Fragmente können sehr leicht mit einem Unterwasser-Epoxydharz oder Schmelzkleber (Heißklebepistole, Baumarkt) auf ein neues Kalksteinsubstrat geklebt werden. Hierbei sollte man das Korallenstück aber senkrecht einkleben, weil sich auf beiden Sei-ten lebendes Polypengewebe befindet.

Scheibenanemonen der Gattung *Discosoma* können zahlreiche verschiedene Farbmusterungen besitzen

Scheibenanemonen

Scheibenanemonen gehören zu den anspruchslosesten Pfleglingen im Riffaquarium. Als Aquarientiere sind sie seit den Anfängen der Riffaquaristik bekannt und wegen ihrer ungewöhnlichen Form und den zahlreichen verschiedenen Farben, die sie entwickeln, auch sehr populär. Die Wissenschaft weiß bisher nur wenig über diese ungewöhnlichen Lebewesen und die wissenschaftlichen Bezeichnungen, mit denen die Tiere im Handel auftauchen, sind oft nicht richtig. Viele dieser Exemplare in den Verkaufsaquarien der Händler oder in privaten Riffaquarien sind sogar wissenschaftlich noch nicht beschrieben. Scheibenanemonen sind außerordentlich haltbar, vermehrungsfreudig und ernähren sich hauptsächlich durch die Symbiose mit den Algen, die sie in ihrem Körpergewebe beherbergen. Beste Voraussetzungen für das Einsteiger-Riffaquarium.

Natürlicher Lebensraum

Scheibenanemonen besiedeln weltweit gemäßigte und tropische Meere und siedeln vom Flachwasser bis in größere Tiefen. Viele Arten haben sich an das sonnenlichtdurchflutete Flachwasser angepaßt und sind an die starken Milieuveränderungen gewöhnt, die dort fortwährend zu finden sind. Dadurch sind diese Scheibenanemonen-Arten sehr zäh und ausdauernd.

Andere Arten siedeln im Meer in etwas größeren Tiefen, in denen sie erheblich weniger Sonnenlicht erhalten. Diese meist viel größeren Tiere leben normalerweise einzeln oder mit zwei oder drei Artgenossen. Sie besitzen Symbiosealgen, nehmen jedoch zusätzliche Nahrung auf, die sie auf ebenso raffinierte wie ungewöhnliche Weise fangen. Die große, flache Mundscheibe wird zu einer "Schüssel" geformt, indem sich der äußere Rand dieser Mundscheibe anhebt und zusammenzieht. Diese schüsselförmige Scheibe scheint bei einer ganzen Reihe von Fischen besonderes Interesse auszulösen, denn oft findet man dann neugierige Fische dicht oberhalb dieser Scheibenanemonen schwimmen. Sehr wahrscheinlich werden die Fische durch einen chemischen Reizstoff angelockt, doch bisher weiß die Wissenschaft noch nichts genaues darüber. Immer tiefer zieht es die neugierigen Fische in diese "Schüssel" hinein, bis sie schließlich ganz benommen am Boden dieses sonderbaren Gefäßes taumeln; direkt auf der Mundöffnung ihres Freßfeindes. Die Scheibenanemone schließt sich daraufhin vollständig, indem sie ihren Außenrand weiter zusammenzieht und dadurch eine Kugel bildet. Aus dieser Kugel gibt es für den gefangenen Fisch kein Entrinnen mehr und nach Stunden oder Tagen werden die schleimigen Überreste des verdauten Tieres wieder ausgeschieden. Glücklicherweise entwickeln nur wenige Scheibenanemonen-Arten diese Form des Nahrungserwerbs, die erst vor einigen Jahren im Aquarium beobachtet werden konnte. Die weitaus meisten Scheibenanemonen-Arten leben ausschließlich von den Syntheseprodukten ihrer Algen und von den Partikeln, die an ihrer schleimigen Körperoberfläche haften bleiben und sind dadurch völlig harmlos.

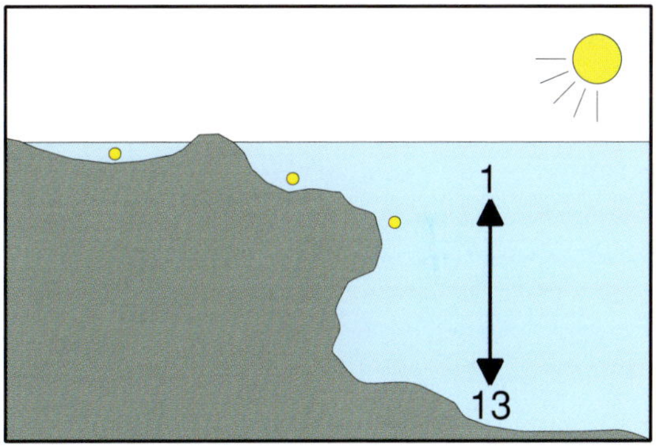

Darüber hinaus gibt es regelrechte Tiefenformen, die sich an größere Meerestiefen angepaßt haben und keine Symbiosealgen besitzen. Diese Scheibenanemonen leben normalerweise als Einzeltiere und ernähren sich nur vom Nahrungsfang, sind für den Aquarianer also kaum interessant, weil ihre Ernährung sehr schwierig wäre. Darum tauchen sie im Aquarienhandel praktisch niemals auf.

Interessanterweise findet man im Riff nur selten große Ansammlungen von Scheibenanemonen. Gigantische Kolonien, wie man sie bei bestimmten Steinkorallen oder Weichkorallen oft sieht, sind bei Scheibenanemonen außerordentlich selten. Die Flachwasserformen, die Symbiosealgen besitzen, leben zwar fast immer in Gruppen, doch meist siedeln diese Gruppen zwischen anderen Korallen.

Scheibenanemonen lieben in ihrem natürlichem Lebensraum keine allzu starke Wasserströmung. Die meisten Arten leben an Stellen, wo sie vor starken Wasserturbulenzen geschützt sind. Nur selten sieht man eine Kolonie, die im Flachwasser auf einem hervorstehenden Stein der starken Wasserströmung ausgesetzt ist. Wassertrübungen oder organische Belastungen allerdings können den meisten Scheibenanemonen-Arten nichts anhaben, denn sie gedeihen auch in stark belastetem Wasser in der Nähe dicht besiedelter Küsten. Oft können sie sich sogar trotz ausbreitender Algen halten und ihren Siedlungsort verteidigen, während Steinkorallen oder Weichkorallen von solchen wuchernden Algen leicht verdrängt werden. Mit den meisten Korallenarten leben sie in friedlicher Nachbarschaft. Gelegentlich besiedeln sie auch die Skelette abgestorbener Steinkorallen oder das Kalkgeröll am Rande größerer Korallenformationen. Interessanterweise findet man Scheibenanemonen aber selten dort, wo sich bäumchenförmige Weichkorallen der Gattung *Nephthea* gut vermehren. Zwischen diesen Weichkorallen und den Scheibenanemonen scheint es Unverträglichkeiten zu geben, die wahrscheinlich im Aquarium durch das geringe Wasservolumen noch deutlicher zu Tage treten.

Beschreibung

Scheibenanemonen bestehen, wie schon der Name vermuten läßt, hauptsächlich aus einer Scheibe. Darunter verbirgt sich der säulenförmige Stamm des Tieres und die Fußscheibe, mit der die Scheibenanemonen in der Regel an dem festen Bodensubstrat haften. Sie können sich bei ungünstigen Umgebungsbedingungen von dieser Stelle lösen, was sie im Aquarium auch gelegentlich tun, doch im Normalfall bleiben Scheibenanemonen stets an einer Stelle. Sie vermehren sich hauptsächlich ungeschlechtlich, meist durch Abtrennung eines Gewebestückes an der Fußscheibe (Fußscheiben-Lazeration) oder durch eine Einschnürung in der Mitte der Mundscheibe, die weiter fortschreitet und schließlich die Mundscheibe in zwei Hälften teilt (Longitudinalfission). Dadurch bilden sich neue Scheibenanemonen, die meist in direkter Nachbarschaft zum Muttertier siedeln, so dass recht große Kolonien geklonter Polypen entstehen. Oft sind diese Kolonien so dicht besiedelt, dass die Ränder der einzelnen Scheibenanemonen sich nicht nur berühren, sondern sich gegenseitig überlappen oder die Einzeltiere trichterähnlich nebeneinander stehen, ohne sich ganz entfalten zu können.

Scheibenanemonen

Die Färbungen der Scheibenanemonen aus der Gattung *Discosoma* sind höchst unterschiedlich und reichen von einfachem Braun über Grün bis hin zu blauen oder roten Farbtönen, und gelegentlich sieht man auch kräftig grün irisierende Tiere. Auch die Musterungen sind sehr unterschiedlich; die Polypen können gestreift oder gescheckt sein, gepunktet oder auf andere Weise gemustert. Dabei läßt aber weder die Färbung noch die Musterung einen sicheren Rückschluß auf die Art zu.

Überhaupt gibt es in der Artbestimmung der Scheibenanemonen noch viele Schwierigkeiten, die auch von der Wissenschaft noch nicht gemeistert wurden. Es sind in den letzten Jahrzehnten einfach sehr viele neue wirbellose Meerestiere entdeckt worden und fortwährend tauchen neue Arten auf, die noch nicht beschrieben sind, so dass die Taxonomen mit ihrer Arbeit kaum nachkommen. Zwar sind in den Gattungsfamilien Ricordeidae und Discosomatidae viele Gattungen und Arten bekannt, aber je mehr neue Arten auftauchen, um so unsicher werden meist die bisherigen Artzuordnungen. Für den Aquarianer ist dies jedoch recht belanglos, weil die meisten Scheibenanemonen aus der lichtdurchfluteten Flachwasserzone stammen und sich untereinander sehr gut vertragen.

„Riesen-Elefantenohr"
Amplexidiscus fenestrafer

Besondere Erwähnung verdient das sogenannte "Riesen-Elefantenohr", *A. fenestrafer*. Diese Scheibenanemone unterscheidet sich in einem wesentlichen Punkt von den anderen Arten. Man findet sie im Riff meist in einigen Metern Tiefe, oft an der Riffwand, in etwas schwächerer Sonnenstrahlung. Sie lebt in der Regel einzeln oder in Gruppen zu zwei oder drei Tieren. Den schwächeren Lichteinfall in dieser Tiefe gleichen diese Scheibenanemonen durch einen erheblich größeren Scheibendurchmesser aus und durch den raffinierten Beutefang, der oben erwähnt wurde. Dieses Exemplar führt den typischen Beutefang vor.

Auch der Körperbau der einzelnen Scheibenanemonen-Gattungen oder -Arten ist sehr ähnlich, selbst wenn sie sich auf den ersten Blick durch eine andere Form oder Anordnung der Tentakel voneinander unterscheiden mögen. In der Mitte der Mundscheibe befindet sich die Mundöffnung, der Eingang zum Schlund, der in den Verdauungskanal führt. Hier wird gefangene Beute eingeführt, verdaut und durch die gleiche Öffnung wieder ausgestoßen. Im Inneren der Körpersäule befinden sich weiße, bandförmige Strukturen, die meist wie ein weißes Fadenknäuel wirken. Hierbei handelt es sich um die sogenannten Mesenterialfilamente, die bei der Verdauung von Nahrung eine wichtige Funktion haben. Wegen ihrer Nesselfähigkeit können sie auch zur Anwehr von Angreifern eingesetzt werden können. Zu diesem Zweck kann die Scheibenanemone dieses weiße Knäuel von Mesenterialfilamenten durch die Mundöffnung hindurch ausstrecken oder es durch die Körperwand hindurchschieben, so dass es seitlich unterhalb der Mundscheibe am Stamm austritt. Dies ist oft schon nach einer etwas unsanften Berührung der Scheibenanemone zu beobachten. Gelegentlich sieht man es sogar nach einer Veränderung der Umgebungsbedingungen, etwa nach dem Umsetzen in ein anderes Aquarium, ohne dass dieses Tier mechanisch gereizt worden wäre. Das ist allerdings normalerweise kein Grund zur Sorge, denn wenn die Scheibenanemone unverletzt ist, wird sie die Filamente bald wieder zurückziehen.

Die Fortpflanzung dieser einfach gebauten Tiere erfolgt hauptsächlich ungeschlechtlich durch Teilung. Meist wird hierzu an der Fußscheibe ein Teil des Gewebes abgeschnürt, der sich zu einer ganzen Scheibenanemone vervollständigen kann. Bei einigen Arten kommt es auch auf anderem Wege zu einer Teilung, zum Beispiel zu einer Abtrennung der tellerförmigen Mundscheibe vom Stamm. Die Mundscheibe siedelt sich an anderer Stelle neu an und bildet einen neuen Fuß aus, während der an Ort und Stelle zurückgebliebene Stamm eine neue Mundscheibe ausbildet. Zwar ist anzunehmen, dass die Scheibenanemonen sich in der Natur auch regelmäßig geschlechtlich vermehren, denn man hat bereits männliche Keimdrüsen in Scheibenanemonen finden können. Über Spermien- und Eizellabgaben von Scheibenanemonen in freier Natur oder im Aquarium gibt es jedoch nur wenige Berichte.

Scheibenanemonen der Gattung *Discosoma* können durchaus zu einer Plage werden und sich massiv gegen *Acropora*-Arten und andere Steinkorallen durchsetzen.

Aquarienhaltung von Scheibenanemonen

Beleuchtung: Die Anspruchslosigkeit dieser einfach gebauten Tiere ist sprichwörtlich. Sie mögen zwar gut an das Leben im sonnendurchfluteten Flachwasser angepaßt sein, doch hier siedeln sie meist an Stellen, an denen sie keine direkten Sonnenstrahlen erhalten, sondern reflektiertes, also indirektes Licht. Viele Scheibenanemonen-Arten können unter starkem HQI-Licht gehalten werden, wenn man sie vorsichtig daran gewöhnt, doch eigentlich ist ihnen das gedämpfte Licht von Leuchtstoffröhren lieber. Sie gehören zum idealen Besatz für ein technisch einfach ausgestattetes, kleines Einsteiger-Riffaquarium. Durch ihre unterschiedlichen Farben läßt sich das Aquarium mit ihnen auch sehr reizvoll gestalten. Wenn Scheibenanemonen zu wenig Licht erhalten, können sie dies bis zu einem gewissen Grade kompensieren, indem sie ihre Mundscheibe etwas weiter mit Wasser aufpumpen und sie dadurch vergrößern, so dass mehr Platz für Symbiosealgen vorhanden ist, die ihnen die Nahrung liefern. Nimmt die Lichtmenge noch weiter ab, so formen sie die Mundscheibe zu einem Trichter um, damit sie auch seitlich einfallendes Licht aufnehmen zu können. Einige Arten der Gattung *Discosoma* haben sich sogar auf die tieferen Zonen spezialisiert, obgleich die Symbiosealgen in ihrem Körpergewebe mit dem blauen Licht in dieser Tiefe eigentlich nicht viel anfangen können. Das Geheimnis liegt in den roten oder blauen Substanzen, die in das Gewebe dieser Scheibenanemonen eingelagert sind. Diese Substanzen besitzen die Fähigkeit, die blaue Lichtstrahlung so umzuwandeln, dass sie für die Symbiosealgen verwertbar wird.

Solche Scheibenanemonen, die an der roten oder blauen Farbe zu erkennen sind, sollten im Aquarium natürlich nicht starker Beleuchtung ausgesetzt werden, sondern Leuchtstoffröhren-Licht oder indirektes HQI-Licht erhalten.

Wasserbewegung: Auch bei der Wasserbewegung sind Scheibenanemonen eher bescheiden. Zwar brauchen sie - wie alle sessilen Wirbellosen - eine gewisse Mindestströmung, weil sie mit Hilfe der Wasserbewegung Gase, Körpersekrete und Verdauungsrückstände forttransportieren und Sauerstoff herbeischaffen, doch eine zu starke Wasserbewegung würde die zarte Mundscheibe dieser Polypen umklappen und dadurch mehr stören als nützen. Darum reicht den Scheibenanemonen eine schwache bis mittelstarke Wasserbewegung, was sie einmal mehr zu idealen Tieren für ein sehr einfach ausgestattetes Aquarium macht.

Gelegentlich kommt es bei Scheibenanemonen zur Bildung blasenförmiger Auftreibungen, deren Ursache noch unbekannt ist. Möglicherweise handelt es sich um die Folgen einer zu starken UV-Strahlung.

Wasserqualität: Im Gegensatz zu vielen anderen Korallentieren nehmen Scheibenanemonen auch zweitklassige Wasserqualität nicht besonders übel. Selbst Fadenalgen, die sich bei stärkerer Nitrat- und Phosphatanreicherung oft im Aquarium ausbreiten und Röhrenkorallen oder Krustenanemonen rasch den Garaus machen können, haben kaum eine Chance, die Scheibenanemonen zu vertreiben oder sie dauerhaft zu schädigen. Selbst unpassende Wasserwerte, etwa ein Abweichen von Temperatur oder Salzgehalt oder einen ausgeprägten Lichtmangel, können viele Scheibenanemonen überleben. Sie degenerieren zunächst, schrumpfen etwas zusammen und bleichen aus, doch sobald die Bedingungen sich verbessern, beginnen sie langsam, sich wieder zu erholen und nach einigen Monaten haben sie sich wieder zu ihrer vollen Schönheit entwickelt und beginnen, sich wieder zu vermehren. Dies soll natürlich keinesfalls dazu ermuntern, Scheibenanemonen unter ungünstigen Aquarienbedingungen zu halten. Es soll aber deutlich machen, dass Scheibenanemonen, die wohl zu den zähesten aller Wirbellosen im Riff gehören, gerade für den Riffaquaristik-Einsteiger besonders geeignet sind, weil sie manch einen kleineren Fehler nicht allzu übel nehmen.

Fütterung: Eine Fütterung ist bei den meisten Scheibenanemonenarten nicht nötig. Der überwiegende Teil der im Aquarium gepflegten Arten nimmt überhaupt keine Nahrung an. Man kann dies leicht selbst herausfinden, indem man ein wenig Futter - zum Beispiel tiefgefrorenes Fischfutter oder einfaches Flockenfutter - auf die Mundscheibe rieseln läßt. Wenn die Scheibenanemone sich daraufhin zu einer Kugel formt und das Futter umschließt, dann hat sie offensichtlich Interesse daran. Dies ist vor allem bei den etwas größeren Arten zu beobachten, die ausgeprägtere Tentakel auf der Mundscheibe besitzen. Die glatten Arten, die anstelle von Tentakel auf der Mundscheibe nur mehr oder weniger gut erkennbare Noppen aufweisen, nehmen normalerweise gar kein Futter an, sondern verdauen wahrscheinlich nur Substanzen, die auf ihren schleimigen Körpersekreten haften bleiben, etwa Bakterien oder organische Zerfallsprodukte, die als sogenannter Detritus im Wasser umhertreiben. Dies ist allerdings noch nicht sicher nachgewiesen.

Die große Scheibenanemone *Amplexidiscus fenestrafer,* die wegen einer gewissen Ähnlichkeit mit den Ohren der afrikanischen Dickhäuter allgemein als "Riesen-Elefantenohr" bezeichnet wird, spielt hier eine Sonderrolle, denn sie nimmt gern eine Zusatzfütterung. Sobald man einen Futterbrocken auf ihre Mundscheibe legt, schließt sie sich rasch und formt eine Kugel um ihre Beute, um sie vor dem Zugriff anderer hungriger Mäuler zu sichern. Dies ist hübsch anzusehen und trägt zur raschen Größenzunahme dieser Scheibenanemonen-Art bei.

Diese braunen Scheibenanemonen aus der Gattung *Rhodactis*, die auf der ganzen Mundscheibe verzweigte Tentakel tragen, nehmen gern Futter an.

Vergesellschaftung mit Fischen: Die Scheiben anemonen können allgemein mit allen Fischen vergesellschaftet werden, die sich für ein Riffaquarium eignen. Nur allzu hektische Schwimmer sollten es möglichst nicht sein. Kleinere revierbildende Fische wie Demoisellen und ruhige Grundeln, die den größten Teil des Tages damit verbringen, von einem etwas erhöhten "Sitzplatz" die Umgebung zu beobachten, eignen sich ganz besonders gut für ein Aquarium mit vielen Scheibenanemonen.

Vergesellschaftung mit Wirbellosen: Allgemein gibt es selten Probleme mit der Vergesellschaftung von Scheibenanemonen und anderen Wirbellosen. Gelegentlich wird von Massenvermehrungen der Scheibenanemonen im Aquarium berichtet, die dann andere Wirbellose zurückdrängen, doch dies kommt ebenso bei anderen Korallentieren vor. Jede gepflegte Tierart - versucht auf ihre Weise, den gesamten Lebensraum für sich zu vereinnahmen, und nicht immer gelingt es dem Aquarianer, ein Gleichgewicht zwischen unterschiedlichen Arten aufrecht zu erhalten. Auch ist dies nicht immer Ziel des Aquarianers, denn ein kleines Artenbecken, in dem eine bestimmte Gattung von Korallentieren die Oberhand gewonnen hat, kann auch sehr reizvoll sein. Hier liegt es am Pfleger, durch kleinere Eingriffe die Vermehrung der Scheibenanemonen so zu steuern, dass sich das Aquarienbiotop in die gewünschte Richtung entwickelt. Haben sie sich zu stark vermehrt, werden einige Dekorationssteine mit Scheibenanemonen aus dem Aquarium genommen und gegebenenfalls bei befreundeten Aquarianern gegen andere Wirbellose eingetauscht.

Haltungsprobleme: Allgemein gibt es keinerlei Probleme mit der Haltung von Scheibenanemonen, sofern die Wasserwerte einigermaßen im Normalbereich sind. Eine Ausnahme kann die große Scheibenanemone *Amplexidiscus fenestrafer* darstellen, das "Riesen-Elefantenohr". Der Grund ist die oben erwähnte Eigenschaft, gelegentlich Fische zu fressen. Dies geschieht in der Regel unbemerkt, so dass es in der Vergangenheit den Haltern dieser Scheibenanemone über viele Jahre hinweg ein Rätsel blieb, warum der Fischbestand ihres Aquariums im Laufe der Zeit fortwährend abnahm.

Nachdem man schließlich herausgefunden hatte, dass diese – eigentlich sehr interessanten – Scheibenanemonen Fische anlocken und fressen, war man der Überzeugung, dass sie wenigstens Anemonenfische verschonten. Diese Anemonenfische nehmen gern eine solche Riesen-Scheibenanemone als Ersatz für eine Seeanemone, in der sie normalerweise zu wohnen pflegen. Aber auch das hat sich bald als Irrtum erwiesen. Die Anemonenfische fühlen sich in der Scheibenanemone sicher vor Freßfeinden und kuscheln sich zwischen die kurzen Tentakel, ohne zu wissen, dass sie gerade im Begriff sind, ihrem Freßfeind zum Opfer zu fallen. Bei einer näheren Untersuchung solcher Scheibenanemonen im Aquarium, die sich zu einer Kugel umgeformt hatten, konnte ich bis zu vier Anemonenfische der Art *Amphiprion ocellaris* auf einmal entdecken. Diese Fische, die völlig benommen waren und nur taumelnde Bewegungen zustande brachten, wurden augenblicklich aus der Scheibenanemone befreit, doch nur etwa jeder zweite Fisch konnte sich aus diesem tranceähnlichen Zustand erholen.

In manchen Aquarien werden die Scheibenanemonen allerdings von Plattwürmern belästigt. Diese Plattwürmer, die zur Klasse Turbellaria (Strudelwürmer) zählen, tauchten in den Aquarien in den 80er Jahren auf und wurden damals fälschlich als "Planarien" bezeichnet. Obgleich Planarien nur im Süßwasser vorkommen und dort auch recht selten sind, hat es sich in der Meeresaquaristik eingebürgert, diese Plattwürmer als "Planarien" zu bezeichnen.

Diese Plattwürmer, die auf der Mundscheibe der Scheibenanemonen sitzen, gehören meist zur Gattung *Waminoa*. Es ist nicht sicher, dass sie parasitär leben und das Wirtstier schädigen. Man vermutet, dass sie reine "Kostgänger" sind, die sich von den schleimigen Körpersekreten der Scheibenanemonen ernähren. Grundsätzlich sind sie eher lästig als schädlich. Vermehren sie sich zu stark, so können sie mit einem dünnen Schlauch abgesaugt oder mit dem Wurmmittel Concurat-L aus der Tiermedizin beseitigt werden (7,5 g je 1000 l Aquarienwasser).

Auf Scheibenanemonen siedeln sich gern Plattwürmer an, die diesen ähnlich sehen, die wir in Cabilao (Philippinen) auf einer kleinen Blasenkoralle fanden.

Künstliche Vermehrung: Viele Scheibenanemonenarten lassen sich künstlich vermehren, zum Beispiel durch das Abtrennen der Mundscheibe. Da auf diese Weise aber Wundflächen geschaffen werden, die unter Umständen schlecht verheilen und die Vermehrung von Mikroorganismen nach sich ziehen, die dann schließlich auch das Gewebe gesunder, unverletzter Scheibenanemonen befallen können, sollte der unerfahrene Aquarianer davon absehen. Auch das Ablösen einzelner Polypen vom Substrat ist nicht ratsam, weil es fast immer zur Verletzung der Fußscheibe führt. Die Scheibenanemonen vermehren sich unter guten Aquarienbedingungen ohnehin ziemlich rasch, so dass der Aquarianer neue Kolonien erzeugen kann, indem er einfach einen Substratstein zwischen die Scheibenanemonen legt. Schon bald wird dieser Stein von ungeschlechtlich erzeugten Polypen besiedelt sein, die sich dann auf dem neuen Substrat weiter vermehren und eine neue Kolonie bilden.

Die Mundöffnung besitzt oft eine kräftig grüne Färbung, die mit der übrigen Mundscheibe stark kontrastiert.

Krustenanemonen

Krustenanemonen bilden dicke, teppichförmige Kolonien, die aus einzelnen Polypen bestehen. Sind die Mundscheiben der einzelnen Polypen geöffnet, so berühren sie sich meist gegenseitig am Rand und die Kolonie wirkt wie ein Meer von Blumen. Oft besitzen Krustenanemonen zwei unterschiedliche Farben, was die Kolonien noch farbenprächtiger macht. Krustenanemonen vermehren sich durch Sprossung, also ungeschlechtlich, und können dadurch recht schnell große Teile der Dekoration überziehen. Durch die Lebensgemeinschaft mit einzelligen Algen, die sie in ihrem Körpergewebe beherbergen, versorgen sie sich selbst mit der nötigen Nahrung und sind auf eine Zusatzfütterung nicht angewiesen. Trotzdem nehmen viele Arten jedoch Futter an und wachsen dadurch kräftiger. Durch ihre Anspruchslosigkeit und die interessant zu beobachtende Futterannahme sind Krustenanemonen ideale Aquarientiere für den Seewasser-Einsteiger.

Natürlicher Lebensraum

Die meisten aquaristisch interessanten Krustenanemonen stammen aus tropischen Meeren, wenngleich viele Arten auch in kühleren Meeren zu finden sind, einige sogar im Mittelmeer und der Nordsee. Die tropischen Arten besiedeln im Riff verschiedene Zonen wie Lagunen, die Riffkante oder das Riffdach. An felsigen Küstenstreifen findet man sie ebenfalls, oft sogar in der Gezeitenzone, in der sie bei Ebbe trockenfallen.

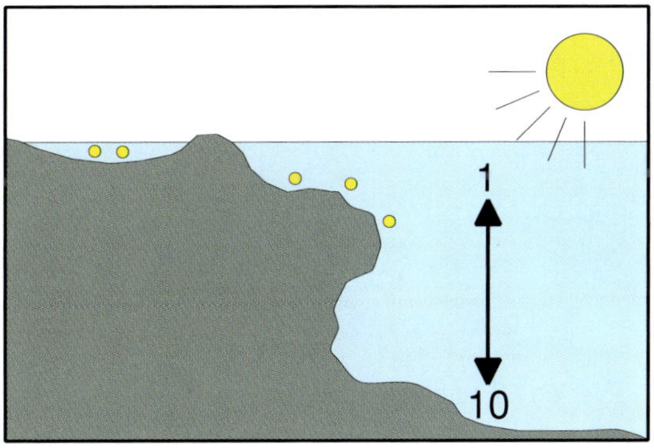

Einige Arten stammen aus größeren Tiefen und leben ohne Symbiosealgen, oft mit anderen Organismen wie Schwämmen zusammen. Die aquaristisch interessanten Krustenanemonenarten leben jedoch ausnahmslos in geringen Meerestiefen, in denen das Wasser von kräftigem Sonnenlicht durchflutet und stark bewegt wird. Sie vertragen allgemein sehr kräftige Wasserströmung und die Zwischenräume der einzelnen Polypen werden durch starke Wasserturbulenzen von Ablagerungen befreit und dadurch sauber gehalten. Krustenanemonen, die in sehr flachem Wasser leben, vertragen in der Regel auch starke Milieuveränderungen. Dort, wo sie im felsigen Küstenbereich leben und bei Ebbe trockenfallen, sind sie dann zeitweise direkter Sonneneinstrahlung oder dem Gewitterregen ausgesetzt, so dass sie drastische Veränderungen des Salzgehaltes oder der Temperatur ertragen müssen.

Beschreibung

Krustenanemonen überziehen das Substrat mit einer dicken, fleischigen Polypenkruste, was wahrscheinlich auch zu der Populärbezeichnung dieser hübschen Polypenkolonien geführt hat. Grundsätzlich unterscheidet man drei Wuchsformen; die Polypen können einzeln ohne Verbindung nebeneinander auf dem Substrat stehen (solitäre Wuchsform), sie können durch eine millimeterdünne Bodenkruste verbunden sein, die das Substrat vollständig überzieht (offene Wuchsform), oder sie können vollständig in eine dicke Bodenkruste eingebettet sein, aus der nur die Mundscheibe herausragt (massive Wuchsform). Die jeweilige Wuchsform erkennt man oft erst, wenn die Polypen sich schließen, weil die großen Mundscheiben der Polypen in geöffnetem Zustand eine geschlossene Decke bilden, die alle Polypenkörper und die Bodenkruste unter sich verbirgt.

Die Mundscheibe der Krustenanemonen besitzt im Zentrum immer die Mundöffnung, die meist spaltförmig ist. Am Rand der Mundscheibe befinden sich die Tentakel, die bei den einzelnen Arten unterschiedlich lang sind und entweder spitz oder rund enden. Die Form und Länge dieser Tentakel hilft bei der Gattungs-Zuordnung. Fällt ein Beutestück auf diese Mundscheibe, so schließt sich der Polyp rasch und umfaßt diese Beute. Bei einigen Arten erinnert dieses Bild an die fleischfressende Pflanze, die als "Venus-Fliegenfalle" bekannt ist. Im Aquarium macht dies die Fütterung zu einer reizvollen Angelegenheit. Im Aquarienhandel sind am häufigsten Krustenanemonen der Gattungen *Protopalythoa* und *Zoanthus* anzutreffen.

Krustenanemonen der Gattung *Protopalythoa*

Polypen der Gattung *Protopalythoa* sind relativ groß (Durchmesser der Mundscheibe 20 bis 25 mm) und bräunlich oder grünlich gefärbt. Diese Farbe weist allerdings nicht auf eine bestimmte Art hin, sondern auf die Lichtmenge am früheren Standort, vor allem die Menge der UV-Strahlung, der die Kolonie ausgesetzt war. Je dichter die Kolonie im natürlichen Lebensraum an der Wasseroberfläche steht, um so kräftiger ist die Grünfärbung der Mundscheibe. Direkt um die Mundöffnung herum sieht man meist eine besonders kräftige Grünfärbung. Die Wuchsform ist "offen" (Gattung *Protopalythoa*) oder "massiv" (*Palythoa*) und die Tentakel-Enden sind spitz.

Krustenanemonen der Gattung *Zoanthus*

Polypen der Gattung *Zoanthus* hingegen sind etwas kleiner (Durchmesser der Mundscheibe 10 bis 15 mm) und recht unterschiedlich gefärbt. Auffallend hierbei ist, daß die Region um die Mundscheibe herum meist eine andere Farbe besitzt, als die übrige Mundscheibe. Dadurch entsteht sehr oft ein hübscher Farbkontrast. Zwar herrschen auch hier meist bräunliche oder grünliche Farbtöne vor, doch gelegentlich sieht man auch kräftiges Rot, Gelb, Orange oder sogar Blau. Mit solchen Kolonien läßt sich im Aquarium eine farbenprächtige "Blumenwiese" zusammenstellen. Im Gegensatz zu den vorgenannten Gattungen enden die Tentakel der Polypen bei *Zoanthus*-Arten rund. Die Wuchsform ist immer "offen".

Gelbe Krustenanemone

Eine weitere Krustenanemone, die häufig im Handel auftaucht und sich in der Pflege als recht anspruchslos gezeigt hat, ist die hübsche, gelbe Art, die normalerweise unter dem Namen *Parazoanthus gracilis* oder *P. axinellae* angeboten wird. Diese Bezeichnungen sind allerdings falsch. Diese beiden Arten existieren zwar, doch sie unterscheiden sich von der gelben Krustenanemone erheblich. Diese gelbe Krustenanemonen-Art ist wissenschaftlich noch nicht beschrieben und wird wahrscheinlich der Gattung *Parazoanthus* oder einer neuen Gattung zugeordnet werden.

Interessant an der gelben Krustenanemone ist das besonders weiche Körpergewebe der Polypen. Reizt man diese durch Berührung, so ziehen sie sich zu winzigen und ganz unscheinbaren, gelben "Knöpfchen" zusammen und sind dann kaum noch zu entdecken. Will man eine Kolonie dieser Krustenanemonen, die man gerade beim Aquarienhändler erworben hat, in das Aquarium einsetzen, so wird man im Transportbeutel wahrscheinlich nicht viel mehr finden, als den Substratstein. Erst nach Tagen öffnen diese unscheinbaren, gelben "Knöpfchen" sich meist wieder zur ihrer vollen Schönheit. Die Wuchsform dieser Art ist immer "solitär", die Polypen stehen also einzeln oder in winzigen Gruppen von zwei oder drei Exemplaren, die durch eine dünne Bodenkruste miteinander verbunden sind.

Die Krustenanemonen vermehren sich vor allem ungeschlechtlich durch Sprossung. Auf diese Weise erzeugt jeder Polyp geklonte Nachkommen und eine Kolonie kann sich dadurch im Laufe der Zeit auf zehntausende von Individuen vergrößern. All diese Polypen besitzen das gleiche Erbgut, sind also genetisch identisch. Bisweilen mischen sich aber auch Populationen, die von verschiedenen Polypen stammen und dann auch unterschiedliche Färbungen besitzen, sodass eine Kolonie von Krustenanemonen dann gefleckt oder "gepunktet" sein kann. Dies ist vor allem bei Polypen der Gattung *Zoanthus* oft zu finden.

Aquarienhaltung von Krustenanemonen

Beleuchtung: Krustenanemonen, die aus der Lichtzone stammen, brauchen viel Licht. Am besten eignet sich hierzu ein HQI-Strahler. In einem flachen Aquarium (bis zu 40 cm Beckenhöhe) können die Krustenanemonen aber auch problemlos unter Leuchtstoffröhren gehalten werden. Dies gilt mit wenigen Ausnahmen für alle im Aquarienhandel erhältlichen Krustenanemonen-Arten. Polypen der Gattungen *Palythoa* und *Protopalythoa* verraten dem Aquarianer durch ihre Farbe, an welche Lichtintensität sie gewöhnt sind. Je kräftiger und leuchtender ihre Grünfärbung ist, um so mehr Sonnenlicht (und UV-Licht) haben sie an ihrem früheren Standort erhalten. Sind sie hingegen beigefarben oder braun, dann besitzen sie wenig Schutzpigmente. Würde man diese braunen Polypen plötzlich stärkstem Licht aussetzen, erginge es ihnen wie einem Menschen, der zu lange der Sonne ausgesetzt ist. Diese braunen Krustenanemonen müssen im Aquarium so plaziert werden, dass sie weniger intensives Licht erhalten. Allerdings kann die Lichtintensität dann allmählich gesteigert werden, so dass die Polypen nach und nach die kräftige Grünfärbung ihrer Vettern aus dem Flachwasser entwickeln. Durch zusätzliche Blaubeleuchtung wird der Grünton erheblich kräftiger sichtbar. Das Gleiche gilt auch für Orange- oder Gelbfärbungen und einige andere Farbtöne, die bei den kleinerbleibenden *Zoanthus*-Polypen zu finden sind. Sie "leuchten" bei zusätzlicher Blaustrahlung wie winzige Lämpchen.

Wasserbewegung: Krustenanemonen aus dem Flachwasserbereich lieben kräftige Wasserbewegung und vertragen auch stärkste Turbulenzen. Sie können bedenkenlos für kurze Zeit mit dem Strahl einer Tauchpumpe angeblasen werden, um sie von Auflagerungen zu befreien. Langfristig sollte die Wasserbewegung mittelstark sein.

Wasserqualität: Die meisten Krustenanemonen, die im Handel erhältlich sind, haben mit organisch belastetem Wasser keine Schwierigkeiten und "verdauen" auch Milieuveränderungen problemlos. Schwankungen im Salzgehalt machen ihnen ebenso wenig aus wie Veränderungen der Wassertemperatur. Lediglich für Tiefenbewohner ohne Symbiosealgen gilt dies nicht, denn in größerer Meerestiefe sind die Wasserbedingungen stabiler, sodass die Tiere sich nicht an fortwährende Veränderungen anpassen mußten. Darum reagieren diese Krustenanemonen auf Milieuveränderungen erheblich empfindlicher. Da diese Arten aber in der Ernährung problematisch sind, ist ihre Aquarienhaltung für den Einsteiger ohnehin nicht zu empfehlen.

Fütterung: Die symbiosealgenhaltigen Krustenanemonen ernähren sich in der Hauptsache von den Produkten ihrer Symbionten. Viele Arten nehmen zusätzlich Nahrung auf, indem sie vorbeitreibende Beute ergreifen und durch die Mundöffnung in ihren Schlund transportieren. Bei den meisten Arten ist jedoch unbekannt, welche Bedeutung dieser Nahrungsfang für den einzelnen Polypen hat. Manche Krustenanemonenarten wachsen bei zusätzlicher Fütterung erheblich besser. Dies gilt zum Beispiel für die oben beschriebenen *Palythoa-* und *Protopalythoa*-Arten, die jeden gereichten Futterbrocken gierig ergreifen und auch nicht davor zurückschrecken, eine große Mysisgarnele zu verschlingen. Auch die noch unbeschriebene, gelbe Krustenanemone nimmt gierig jeden Futterhappen an und wächst bei zusätzlicher Fütterung erheblich schneller. Andere Gattungen hingegen nehmen die Zusatznahrung kaum an und zeigen bei einer Fütterung nur geringes Interesse. Dies gilt vor allem für die etwas kleiner bleibenden, bunt gefärbten *Zoanthus*-Arten. Wahrscheinlich ernähren sie sich ausschließlich von den Produkten ihrer Symbiosealgen und von gelösten Stoffen, die mit dem Wasser aufgenommen werden.

Vorsicht, manche Krustenanemonen-Arten wachsen zwischen den Korallen und sind dort nur schwer zu kontrollieren.

Krustenanemonen können sich stark und bisweilen unkontrollierbar vermehren, wie dieser Blick in das Riffaquarium des Loebbecke Museum & Aquazoo zeigt.

Vergesellschaftung mit Fischen: Kaiserfische zupfen gern an Krustenanemonen herum. Das gleiche gilt für viele Falterfische, doch diese farbenprächtigen Gesellen sind im Riffaquarium ohnehin fehlplaziert, weil sie sich in der Natur von Korallenpolypen ernähren und auch im Aquarium zahlreiche Korallen anfressen. Alle Fische, die im Riffaquarium üblicherweise gehalten werden, vertragen sich auch mit Krustenanemonen.

Vergesellschaftung mit Wirbellosen: Krustenanemonen siedeln in freier Natur mit zahlreichen anderen Korallentieren in enger Gemeinschaft und sind im allgemeinen sehr verträglich. Gegen direkte Vernesselungen durch andere Korallen setzen sie sich recht gut zur Wehr. *Zoanthus*-Arten sind im Riff sehr oft auf dem Substrat von großen, bäumchenförmigen *Nephthea*-Weichkorallen zu finden und werden auch oft gemeinsam mit diesen importiert. Möglicherweise ergänzen sie sich durch die völlig verschiedene Kolonieform und schützen sich dadurch gegenseitig vor Raumkonkurrenten. Die flach wachsende Krustenanemonenkolonie bedeckt das Substrat, verhindert die Ansiedlung anderer Korallen, und die bäumchenförmigen Weichkorallen hindern flächig wachsende Korallen in der Nachbarschaft daran, die Krustenanemonen zu überwachsen und abzuschatten.

Haltungsprobleme: Fadenalgen gehören zu den ärgsten Feinden der Krustenanemonen. Darum sollte man sie in ein Aquarium nur einsetzen, wenn es frei von diesen fädigen Grünalgen ist und bei einer einsetzenden Fadenalgenplage möglichst vorübergehend in einem anderen Aquarium unterbringen, bis die Fadenalgenplage beherrscht ist. Die Ansiedlung von Fadenalgen innerhalb der Krustenanemonenkolonie ist besonders dann zu beobachten, wenn sich zwischen den einzelnen Polypen Mulm und andere Sedimente angesammelt haben. Auf dem Gewebe der Polypen können sich die Fadenalgen nur schwer ansiedeln, weil die Polypen sich dagegen zur Wehr setzen, doch auf der Oberfläche solcher Mulmansammlungen haben es die Algen sehr leicht. Darum ist die regelmäßige Reinigung einer solchen Krustenanemonenkolonie durch kräftige Wasserströmung sehr wichtig.

Weitere Probleme entstehen durch bestimmte Gehäuseschnecken und Nacktschnecken. Beide Plagegeister sind in der Regel auf diese Krustenanemonen spezialisiert und ernähren sich von ihnen, indem sie die einzelnen Polypen aussaugen. Da diese Schnecken sich im Aquarium hervorragend vermehren können, sind sie dazu in der Lage, ganze Kolonien zu vernichten. Darum sollte vor dem Kauf einer Krustenanemonenkolonie schon gezielt auf Nacktschnecken oder Gehäuseschnecken geachtet werden. Da viele dieser Schädlinge nachtaktiv sind, empfiehlt es sich, eine neue Kolonie während der ersten zwei oder drei Tage in der Nähe der Frontscheibe des Aquariums auf den Bodengrund zu stellen und sie nachts aufmerksam zu beobachten, möglichst einige Stunden nach dem Abschalten der Beleuchtung im Schein einer roten Taschenlampe.

Die Haltung der Krustenanemonen ist so einfach und problemlos, weil sie sehr anpassungsfähig und anspruchslos sind. Kurioserweise aber wird gerade dies bisweilen zu einem Problem. In einigen Aquarien, unter anderem auch im großen Riffaquarium im Loebbecke-Aquazoo in Düsseldorf, haben die Krustenanemonen sich zu einer regelrechten Plage entwickelt, weil sie durch ihr kräftiges Wachstum zahlreiche andere Aquarienbewohner zurückdrängen. Da die Polypen beim mechanischen Entfernen vom Substrat aber leicht zerreißen und dabei Substanzen freisetzen, die für andere Aquarienbewohner gefährlich werden können, sind sie nicht ohne weiteres zu dezimieren.

Allerdings sollte man beim Berühren von Krustenanemonen etwas vorsichtig sein und vor allem mit einer Hautwunde niemals die Polypen berühren. Der Grund dafür ist eine Substanz, die von den Polypen der Gattung *Palythoa* produziert wird und außerordentlich giftig ist. Neben dem Botulinustoxin und dem Tetanus-Toxin ist dieses „Palytoxin" eine der giftigsten Substanzen in der Natur und es wurden bei meeresbiologischen Felduntersuchungen nach dem Berühren von *Palythoa*-Kolonien mit einer Hautwunde bereits Vergiftungserscheinungen beobachtet.

Künstliche Vermehrung: Krustenanemonen können einfach durch das vorsichtige Abtrennen einer kleinen Polypengruppe vermehrt werden. Dabei sollte möglichst keiner der Polypen verletzt werden. Das regelmäßige Füttern der einzelnen Polypen kann dann das Wachstum der Mini-Kolonie deutlich steigern. Dabei sollte man aber möglichst keine fest verankerten Dekorationsteile besiedeln, sonder nur lose Steinsubstrate, weil diese später problemlos aus dem Aquarium genommen werden können, wenn die Polypen zu zahlreich werden.

Bild rechts: Riffaquarium von D. Burghardt und L. Fritthum (Rückseite), Foto: D Burghardt

Weitere pflegeleichte Wirbellose für das Meeresaquarium

Feuerkorallen Gattung *Millepora*

Trotz der Ähnlichkeit handelt es sich bei den Feuerkorallen der Gattung *Millepora* nicht um Steinkorallen. Sie bilden ein kalkhaltiges Skelett aus, das dem einiger Steinkorallen ähnelt und besitzen auch Symbiosealgen, leben also hauptsächlich vom Licht, doch ihre Entwicklungsgeschichte unterscheidet sich ganz wesentlich von jener der Steinkorallen. Im Aquarium entwickeln sie sich meist prächtig. Wenn ihre aggressiven Nesselgifte für andere Aquarienbewohner nicht zum Problem werden, sind sie gute Einsteigertiere, die in recht kurzer Zeit zu wunderschönen Stöcken heranwachsen können.

Feuerkorallen wie diese *Millepora*-Art sind im flachen Riff oft zu finden. Hier ein Exemplar mit zwei Haarsternen am Oberrand einer Riffwand bei Cabilao (Philippinen) in rund 5 Meter Tiefe.

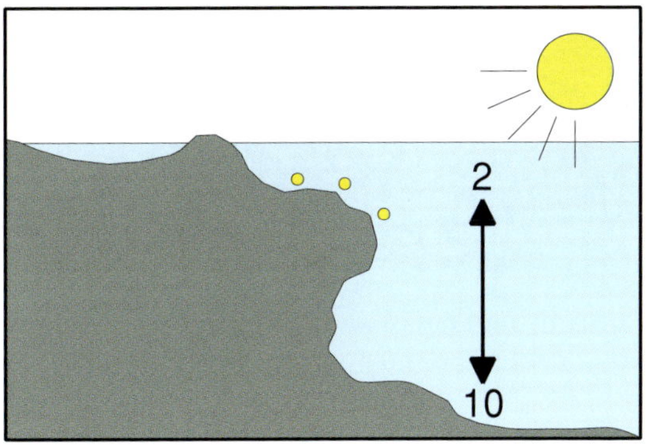

Natürlicher Lebensraum

Feuerkorallen der Gattung *Millepora* sind vor allem in der Karibik häufig anzutreffen, leben aber auch im gesamten Indopazifik sehr zahlreich. Sie leben dort hauptsächlich im Flachwasserbereich, in der strömungsreichen und stark beleuchteten Flachwasserzone.

Bild links oben: Die Knallkrebse der Gattung *Alpheus* leben in einer Symbiose mit der Grundel *Cryptocentrus cyanotaenia*.

Bild links unten: Diese beiden karibischen Knallkrebse *Alpheus armatus* leben in einer Symbiose mit der Seeanemone *Bartholomea annulata*.

Beschreibung

Der Gattungsname *Millepora* geht auf die zahlreichen, winzigen Öffnungen zurück, die das Skelett dieser Feuerkorallengattung besitzt (lateinisch *mille* = tausend, griechisch *poros* = Öffnung). In diesen Vertiefungen sitzen hochspezialisierte Polypen, die bestimmte Aufgaben verrichten. Im Zentrum einer Pore sitzt beispielsweise ein Nahrungspolyp, der von fünf bis sieben Wehrpolypen umgeben ist und geschützt wird. Zur Vermehrung werden von speziellen Fortpflanzungspolypen freischwimmende Medusenlarven gebildet.

Wie diese Korallen zu dem Namen "Feuerkoralle" gekommen sind, findet jeder Taucher oder Aquarianer mühelos selbst heraus, indem er die Kolonie mit einer empfindlichen Hautstelle berührt. Sofort spürt man dort ein kräftiges Brennen, das dem von Brennesseln ähnelt. Bisweilen wird die obere Hautschicht auch stärker geschädigt. Besonders der unerfahrene Schnorchler sollte sich im Meer vorsehen, weil diese Feuerkorallen bei einer unbedachten Bewegung vor allem Arme oder Beine vernesseln können. Bei allergischer Veranlagung kann eine solche Vernesselung auch zu einer gefährlichen, anaphylaktischen Reaktion führen, was allerdings sehr selten geschieht.

Die Form der Feuerkorallen ist nicht nur von der Art abhängig, sondern auch von den Umgebungsbedingungen. Meist überziehen die Feuerkorallen ein flaches Substrat mit einer dünnen Kruste, doch aus dieser Kruste wächst meist zum Licht hin ein Stamm, der seitlich Äste ausbildet und sich zunehmend weiter verzweigt. Bisweilen wachsen sie auch am Skelett einer lebenden Gorgonie hoch, überziehen das Gewebe dieser Hornkoralle und besitzen dann die Form dieser Gorgonie.

Feuerkorallen Gattung *Millepora*

Für die Aquaristik sind mehrere Arten interessant, doch sie tauchen sehr selten im Handel auf. Vielleicht wird sich dies ändern, wenn mehr wirbellose Aquarientiere aus Korallenfarmen zu uns kommen, denn dort können die Korallen sehr gezielt für den Bedarf in der Aquaristik ausgewählt und nachgezogen werden. Am häufigsten ist in der Aquaristik die Art *Millepora alcicornis* anzutreffen. Die anderen aquariengeeigneten Arten unterscheiden sich von dieser jedoch nur in der Wuchsform. Sie besitzen die gleiche, typische Färbung und Oberflächenstruktur und kommen auch aus dem gleichen Lebensraum, so daß der Aquarianer nicht die Art bestimmen muß, um sie im Aquarium richtig zu plazieren.

Aquarienhaltung von Feuerkorallen

Beleuchtung: Feuerkorallen der Gattung *Millepora* benötigen sehr kräftige Beleuchtung. Zur Haltung sollte das Aquarium unbedingt mit einer HQI-Lampe beleuchtet sein.

Wasserbewegung: Feuerkorallen lieben kräftige Wasserbewegung. Die Dauerströmung sollte mittelstark sein, kurzzeitig aber auch stärker.

Wasserqualität: Feuerkorallen sind nicht allzu empfindlich gegen organische Verunreinigungen des Wassers.

Fütterung: Da Feuerkorallen der Gattung *Millepora* Symbiosealgen besitzen, benötigen sie keine zusätzliche Fütterung. Allerdings ist es wahrscheinlich, dass sie über die Produkte ihrer Symbiosealgen hinaus noch gelöste Substanzen und feinstes Plankton aus dem Wasser aufzunehmen.

Vergesellschaftung mit Fischen: Feuerkorallen der Gattung *Millepora* können mit allen Fischen vergesellschaftet werden, die sich für das Riffaquarium eignen. Ob empfindliche Fische bei der Pflege sehr großer Feuerkorallen in einem kleinen Aquarium Probleme mit Nesselzellen haben, die im freien Wasser treiben, ist nicht bekannt, doch es wäre zumindest denkbar. Bei der Pflege von Zylinderrosen ist dies schon beobachtet worden.

Vergesellschaftung mit Wirbellosen: Grundsätzlich können Feuerkorallen der Gattung *Millepora* mit allen anderen Wirbellosen vergesellschaftet werden, doch man sollte wissen, dass ihre Nesselzellen einige Korallen schädigen können. Ist die Feuerkoralle klein, dann wird sich dies kaum bemerkbar machen, wenn sie nicht direkt vor einer Strömungspumpe plaziert ist, so dass ihre Nesselzellen sich im Aquarium verteilen. Lediglich bei direktem Kontakt könnte eine kleine Feuerkoralle ihre Nachbarkorallen schädigen. Wächst diese Feuerkoralle aber im Laufe der Zeit zu einem prächtigen, großen Stock heran, dann kann es durchaus sein, dass andere Korallen irgendwann beginnen, sich schlechter zu entwickeln. Hier muß dann der Aquarianer gegebenenfalls eingreifen, entweder einen Teil der Feuerkoralle aus dem Aquarium entfernen, oder die übrigen Korallenarten herausnehmen, die sich nicht mehr gut entwickeln, so dass die Feuerkoralle in einem Artenbecken gehalten wird und sich ungehemmt entwickeln kann. Dies wäre sicher auch sehr reizvoll. Bei der Pflege größerer Feuerkorallen sollte immer auf eine gute Abschäumung und eine ausreichende Kohlefilterung geachtet werden, weil durch diese Maßnahmen auch die Zahl der Nesselzellen im freien Wasser reduziert wird.

Haltungsprobleme: Feuerkorallen entwickeln sich nicht gut, wenn das Aquarienmilieu von anderen Korallen dominiert wird. Am besten eignen sie sich für ein Artenbecken, in dem sie allein gepflegt werden, oder für ein Riffaquarium mit einem bunt gemischten Besatz aus vielen unterschiedlichen Gattungen. Feuerkorallen niemals vor einer Strömungspumpe plazieren, weil dadurch die Nesselzellen im Aquarium verteilt werden könnten.

Künstliche Vermehrung: Die künstliche Vermehrung der Feuerkorallen ist problemlos. Man bricht einen Zweig von der Kolonie ab und befestigt ihn mit Unterwasser-Epoxydharz (z.B. KORALfix oder AquaStick, Aquarienfachhandel) oder mit Schmelzkleber (Heißklebepistole, Baumarkt) auf einem neuen Kalksubstrat.

Melanie zeigt die fossile Schale einer *Tridacna gigas*, die vor dem Marine Laboratory der San Carlos-Universität in Cebu (Philippinen) liegt.

Riesenmuscheln

Sie gehören zu den "Perlen" des Korallenriffs und es fällt schwer, der Faszination ihrer farbigen Mantellappen nicht zu erliegen: die Riesenmuscheln. Mit einer Maximalgröße von weit mehr als einem Meter bei der Art *Tridacna gigas* sind diese Tiere die größten aller bekannten Muscheln. Unglücklicherweise interessieren sich aber nicht nur Aquarianer, Taucher und Biologen für diese zauberhaften Mollusken, sondern auch Gourmets. Das hat diese inzwischen seltenen Weichtiere an den Rand der Ausrottung gebracht. Einzige Lösung des Problems scheint die künstliche Nachzucht zu sein, die aber vielerorts an behördlichen Hürden scheitert. Einige Riesenmuschelfarmen aber dürfen ihre Nachzuchttiere ungehindert verkaufen und damit den aquaristischen Handel beliefern. Im Aquarium sind diese friedlichen Mollusken außerordentlich dankbare, anspruchslose und langlebige Pfleglinge.

Natürlicher Lebensraum

Riesenmuscheln leben im oberen, lichtdurchfluteten Teil der Korallenriffe. Einige Arten bilden dort dichte Kolonien, andere leben einzeln. Allerdings kommen nicht alle Arten in den gleichen Riffzonen vor. Die kleiner bleibenden Arten leben im sonnenlichtdurchfluteten Flachwasser, während die größer werdenden Arten sich auf das Leben in größerer Tiefe spezialisiert haben. Die kleinbleibende Art *T. crocea* zum Beispiel, die ausgewachsen höchstens 15 cm Schalenlänge erreicht, lebt fast regelmäßig auf dem Riffdach oder in anderen Riffbereichen, die dicht an der Wasseroberfläche liegen. Entsprechend hat sie sich auch an die Bedingungen angepaßt. Der starken Wasserbewegung trotzt sie durch eine besonders kräftige Verankerung mit Byssusfäden – die stärkste unter allen Riesenmuscheln. Zudem bohren sich fast alle Muscheln dieser Art langsam in das weiche Kalksubstrat hinein, indem sie nahe

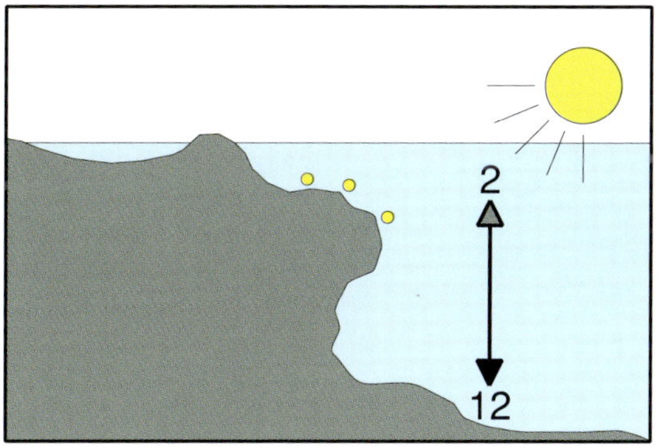

der Byssusdrüse saure Sekrete produzieren, die den Kalkstein langsam mürbe machen, so dass sich die Muscheln durch ruckartige Bewegung ihrer Schalen langsam in den Stein hineinfeilen können. Oft sind dann nur noch die Mantellappen der Muscheln zu sehen, die aus dem Stein herausschauen. Das schafft nicht nur Sicherheit vor Freßfeinden, sondern schützt auch vor allzustarker Strömung und hilft, eine Überhitzung zu vermeiden, wenn die Muschel bei Tiefstebbe einmal trockenfällt. Auch die meist grünlich irisierende Färbung der Mantellappen, die offenbar UV-Licht reflektieren soll, ist eine Anpassung an das Leben in diesem hellbeleuchteten Flachwasserbereich.

Ganz anders ist dies bei den größerwerdenden Arten, vor allem bei der „eigentlichen" Riesenmuschel *T. gigas*. Diese Art hat sich an das Leben in größerer Tiefe angepaßt. Möglicherweise ist die Größe selbst auch ein Teil dieser Anpassung. Sehr starke Wasserströmung kann sie nicht vertragen, ebenso Veränderungen von Temperatur, Salzgehalt oder pH-Wert, denn in größerer Wassertiefe sind die Wasserbedingungen stabiler und die Tiere haben sich daran gewöhnt.

Beschreibung

Die oft verwendete Bezeichnung „Mördermuschel" ist irreführend und geht auf die Erzählungen Rum-benebelter Schiffskapitäne in den Hafenkneipen des vergangenen Jahrhunderts zurück, die von „taucherfressenden Seeungeheuern" berichteten. Tatsächlich aber handelt es sich bei diesen Muscheln um nichts anderes, als eine völlig harmlose Gattungsfamilie, deren Vertreter eben nur etwas größer werden, als andere Muschelarten, weil sie mit den Symbiosealgen in ihrem Körper eine perfekte Nahrungsquelle gefunden haben. Seltsam, dass noch im Jahre 1997 in einer Sendung des

Die größte Riesenmuschelart *T. gigas* erreicht im Meer Schalenlängen von mehr als 120 cm.

deutschen Fernsehens "Mördermuscheln" den Zuschauern zwischen Haien und Piranhas als "gefräßige Schalentiere" vorgestellt wurden, die "im Riff Taucher festhalten" können.

Riesenmuscheln besitzen, wie alle übrigen Muscheln, zwei Schalen. Die zwei Atemröhren, die wir bei einer normalen Muschel finden, sind jedoch bei den Riesenmuscheln zu einem mächtigen Lappen vergrößert, den die Muschel dem Sonnenlicht entgegenstreckt. Der Grund dafür ist eine Art Gemüsegarten, den diese hübschen Tiere im Mantellappen angelegt haben, eine sehr raffinierte Ernährungsstrategie, die ihnen letztlich auch zu dem enormen Größenwachstum verholfen hat. Während herkömmliche Muscheln als Filtrierer leben und sich von den kleinen Schwebeteilchen ernähren, die sie fortwährend aus dem Wasser herausfiltern, haben die Riesenmuscheln im Laufe der Entwicklungsgeschichte die Fähigkeit entwickelt, in ihrer Haut Symbiosealgen zu züchten, die ihnen eine schier endlose Nahrungsquelle bieten. Sie müssen dazu nichts anderes tun, als ihren großen, farbigen Mantellappen, der Sonne entgegenzustrecken, gleich den farbenprächtigen Blüten einer Blume. Im Inneren dieses Mantellappens leben Millionen kleinster, einzelliger "Pflanzen", die Symbiose-Algen, die sich dort vermehren und dem Geschäft der Photosynthese nachgehen, wie herkömmliche Pflanzen. Auf diese Weise wird das Sonnenlicht dazu genutzt, organische Substanzen herzustellen, die schließlich dem Wirtstier - der Riesenmuschel - zur Verfügung gestellt werden. Die Muscheln zeigen sich dafür erkenntlich, indem sie ihre Stoffwechsel-Abfallprodukte den Symbiose-Algen überlassen. Die nehmen das dankbar an, denn es handelt sich dabei um einen hervorragenden Pflanzendünger, der Voraussetzung für ihre Stoffwechselprozesse ist. Auf diese Weise wird in den Riesenmuscheln ein Stoffkreislauf geschlossen, in dem zwei verschiedenartige Lebewesen ihre Abfallprodukte gegenseitig austauschen und verwerten.

Damit sind die Riesenmuscheln beinahe autark, denn sie können sich selbst mit Nahrung und Sauerstoff versorgen. Auf diese Weise konnten sie auch jene Lebensräume im Meer besiedeln, in denen das Wasser sehr klar und sauber ist, zu sauber für andere Muschelarten, die sich als Filtrierer ausschließlich von Schwebestoffen ernähren.

Für die Aquarienhaltung sind eigentlich alle Arten geeignet, wenn auch nicht alle gleicht gut. Für den wenig erfahrenen Aquarianer sind die folgenden vier Arten besonders zu empfehlen:

Riesenmuschel *T. crocea*

Die kleinste und meist farbenprächtigste Art *Tridacna crocea* ist im Handel am häufigsten erhältlich, weil ihre Farmzucht am leichtesten ist. Diese Art ist an den sehr glatten Schalen zu erkennen, die höchstens am oberen Schalenrand einige Schuppen zeigen. Im Aquarium benötigt sie sehr viel Licht. Kräftige Wasserströmung stört sie wenig, ebenso Temperaturschwankungen.

Riesenmuschel *T. maxima*

Eine weitere, sehr robuste Art ist die etwas größer werdende *Tridacna maxima*. Sie erreicht eine Maximalgröße von 40 cm, bleibt aber meist kleiner und hat ebenfalls eine hübsche Farbzeichnung auf dem Mantellappen. Sie besitzt an der ganzen Schale schuppenähnliche Fortsätze, die fast rechtwinklig abstehen. Auch sie liebt kräftiges Licht. *Tridacna maxima* ist von allen Riesenmuschelarten wahrscheinlich die anpassungsfähigste, die sich für den unerfahrenen Aquarianer auch am besten eignet.

Riesenmuschel *T. squamosa*

Die nächstgrößere Riesenmuschelart heißt *Tridacna squamosa* und kann ebenfalls 40 cm groß werden. Sie besitzt ebensolche Schuppen, wie die zuvor beschriebene Art *Tridacna maxima*, doch sind bei ihr diese Schuppen länger und die Abstände zwischen den einzelnen Schuppenreihen deutlich größer. Da sie im Meer in etwas größerer Tiefe lebt, mag sie kein allzu helles Licht und verlangt auch etwas stabilere Wasserbedingungen. Bei kräftiger HQI-Beleuchtung fühlt sie sich auf dem Aquarienboden wohler, als direkt unter der Lampe. Soll sie weiter oben plaziert werden, muß sie langsam an das stärkere Licht gewöhnt werden.

Riesenmuschel *T. derasa*

Die größte dieser vier Riesenmuschelarten ist *Tridacna derasa*. Sie erreicht eine Maximalgröße von 60 cm und ist an der sehr typischen, meist gestreiften Musterung des Mantellappens und an den sehr glatten Schalen zu erkennen, die keinerlei Schuppen besitzen. *Tridacna derasa* lebt ebenfalls in etwas größerer Tiefe und verlangt etwas stabilere Umgebungsbedingungen, als die drei oben beschriebenen Arten. Wassertrübungen durch Schwebestoffe mag sie gar nicht; ihre Kiemen "verstopfen" leicht, wenn im Aquarium der Bodengrund aufgewühlt wird. Auch reagiert diese Art empfindlicher auf Veränderungen im Salzgehalt, besonders, wenn dieser abnimmt. Das sollte man beim Nachfüllen des verdunsteten Wassers beachten und lieber öfter kleinere Portionen in das Aquarium schütten, am besten einmal täglich. In ihrem Lichtbedarf ist diese Art jedoch anpassungsfähiger, als viele andere Arten. Sie braucht nicht ganz so viel Licht wie die kleinbleibende Art *Tridacna crocea*, kann aber auch vorsichtig an stärkeres Licht gewöhnt werden.

Aquarienhaltung von Riesenmuscheln

Beleuchtung: Grundsätzlich brauchen Riesenmuscheln viel Licht. HQI- oder T5-Röhrenlicht ist ideal; die kleine Art *Tridacna crocea* ist langfristig nur unter diesem starken Licht gesund zu erhalten. Von den vier oben beschriebenen Arten können lediglich die zwei größer werdenden, *Tridacna squamosa* und *Tridacna derasa*, unter herkömmlichen Leuchtstoffröhren (26 mm) gehalten werden, wenn das Becken nicht zu hoch ist (bis 50 cm) und wenigstens vier Leuchtstoffröhren über dem Aquarium angebracht sind. Diese Haltung ist jedoch nicht ideal. Da diese Muscheln hauptsächlich vom Licht leben und nur zu einem relativ geringen Teil ihre Nahrung ergänzen, indem sie gelöste Stoffe und feinstes Plankton aus dem Wasser filtern, sollte man ihnen möglichst optimale Beleuchtungsbedingungen schaffen und eine HQI-Lampe installieren.

Der unerfahrene Aquarianer wird in die Irre geführt, wenn die Muschel auf einen Lichtmangel reagiert. Diese Reaktion besteht unter anderem darin, den Mantellappen weiter auszustrecken, damit mehr Licht aufgenommen werden kann. Gleichzeitig versucht die Muschel, die Zahl ihrer Symbiosealgen zu erhöhen, was die bräunliche Färbung dieses Mantellappens verstärkt. Der Aquarianer vermutet, die Muschel gedeihe prächtig, denn er hat den Eindruck, dass sie wachse. Eines Tages ist die Muschel dann aber plötzlich tot und die Enttäuschung ist groß. Anstatt aber den Fehler in der zu schwachen Beleuchtung zu suchen, gibt man dann meist den Borstenwürmern die Schuld, die als Resteverwerter sofort in der Schale der toten Muschel auftauchen und beginnen, die Weichteile zu fressen.

T. derasa entwickelt in seltenen Fällen auch eine ungewöhnliche, blaue Farbzeichnung. Hier ist die Einströmöffnung der Muschel zu sehen.

Wasserbewegung: Grundsätzlich mögen Riesenmuscheln lieber seichte Strömung. Die kleinbleibende Art *Tridacna crocea* verträgt kräftige Strömung noch am besten, wenn diese nur zeitweise auftritt. Allerdings sollte der Mantellappen der hübschen Mollusken von der Wasserbewegung nicht nach oben geklappt werden.

Wasserqualität: Riesenmuscheln mögen starke organische Wasserbelastungen nicht sonderlich. Für sie ist ein gut abgeschäumtes und mit Aktivkohle gefiltertes Wasser wichtig. Auch Trübstoffe, die in das freie Wasser gelangen, wenn der Bodengrund aufgerührt wird, sind für die vier oben beschriebenen Arten lästig, bisweilen sogar gefährlich, denn sie können die Kiemen zusetzen, mit denen die Tiere atmen. Am gefährlichsten ist dies für die Art *Tridacna derasa*.

Fütterung: Riesenmuscheln leben hauptsächlich vom Licht. Zwar nehmen sie zusätzlich über die Kiemen auch gelöste Substanzen und sehr feines Plankton auf, doch wenn im Aquarium Fische leben, die normal gefüttert werden, dann sollte durch die Futterreste und Exkremente der Fische im Wasser immer genug Nahrung zur Verfügung stehen. Eine direkte Fütterung der Muscheln mit Schwebefutter stört die Tiere.

Vergesellschaftung mit Fischen: Alle Riesenmuschel-Arten können mit allen Fischen vergesellschaftet werden, die sich für das Riffaquarium eignen. Die einzige Ausnahme bilden Putzerfische, vor allem die Art *Labroides dimidiatus*. Diese Putzerfische suchen auf der Haut der Fische nach Parasiten, um diese zu fressen. Der Grund für die Probleme bei der Haltung von Muscheln ist ein Irrtum seitens der Putzerfische. Sie nehmen ihre Aufgabe so ernst, dass sie auch den Mantellappen der Muscheln nach Parasiten absuchen. In bestimmten Musterungen auf diesem Mantellappen glauben sie, Parasiten zu erkennen und bemühen sich sehr tatkräftig um deren Beseitigung, indem sie den vermeintlichen Parasiten mit ihrem Maul ergreifen und versuchen, ihn abzureißen. Die Muscheln sind davon verständlicherweise gar nicht sehr angetan. Geschieht das nur gelegentlich, so ist es kein Problem, doch viele dieser Musterzeichnungen auf Riesenmuscheln üben offenbar einen so starken Schlüsselreiz auf den Fisch aus, dass er fortwährend am Mantellappen der Muschel herumzupft. Diese wird sich bald nicht mehr vollständig öffnen und an Nahrungsmangel oder Gewebsinfektionen zugrunde gehen.

Ein weiterer Fisch, den ich bei massiven Belästigungen der Riesenmuscheln beobachten konnte, ist der Glasrosenfresser *Chelmon rostratus*. Diesem Fisch kann man allerdings kaum einen Irrtum zugute halten, denn seine Angriffe sind pure Absicht und können eine Muschel innerhalb von wenigen Stunden töten. Einen Fisch dieser Art habe ich gar dabei beobachtet, wie er innerhalb eines Tages sechs Muscheln der Art *Tridacna crocea* tötete. Interessanterweise wird dieses Verhalten meist dadurch ausgelöst, dass man eine neue Riesenmuschel in das Aquarium einbringt. Zuvor verträgt er sich mit den Muscheln und nimmt von ihnen kaum Notiz, doch unmittelbar nach dem Einsetzen der neuen Muschel beginnt er plötzlich, den Neuankömmling - und bald auch die übrigen Muscheln - heftig zu belästigen und zu beißen. Auslöser dafür sind wahrscheinlich schleimige Sekrete, die bei den

Riesenmuscheln werden inzwischen von zahlreichen Zuchtfarmen als Nachzuchten angeboten.

neu eingesetzten Riesenmuscheln von den Weichteilen am oberen Schalenrand gebildet werden, wenn sie durch das neue Aquarienmilieu irritiert sind.

Vergesellschaftung mit Wirbellosen: Die Aquarienhaltung von Riesenmuscheln ist mit allen anderen Wirbellosen unproblematisch, wenn es sich dabei nicht um Tiere handelt, auf deren Speiseplan auch Muscheln stehen, was zum Beispiel bei bestimmten Krebsen der Fall ist. Allgemein sind Riesenmuscheln sehr verträgliche Tiere, die auch bei direktem Kontakt ihres Mantellappens mit Korallen kaum Schaden nehmen und selbst auch niemanden schädigen.

Haltungsprobleme: Riesenmuscheln brauchen für ihr Wachstum Kalk, um ihre Schalen zu vergrößern. Diesen Kalk entziehen sie dem Wasser. Wer kalkreiches Leitungswasser verwendet, um damit das verdunstete Aquarienwasser zu ersetzen, der wird im Aquarium genug Kalzium-Ionen haben, um damit die Bedürfnisse einiger kleiner Riesenmuscheln zufrieden zu stellen. Wer aber sehr weiches, kalkarmes Wasser verwendet oder besonders große Riesenmuscheln pflegt, muß den Kalk unter Umständen auf anderem Wege zuführen. Am Schluß des Buches wird dies ausführlich behandelt.

Probleme gibt es gelegentlich auch mit anderen Fischen, die durch Schleimabsonderungen an der Mantelfalte am oberen Schalenrand angelockt werden. Diese Schleimsubstanzen werden von den Muscheln in Streßsituationen abgesondert. Dies ist zum Beispiel der Fall, wenn sie neu in ein Aquarium eingesetzt wurden. Verschiedene Doktorfische interessieren sich sehr für diese Substanzen und weiden sie gern ab. Bei dem gelben Hawaii-Seebader *Zebrasoma flavescens* habe ich dies öfter beobachten können, ebenfalls bei dem "Fuchsgesicht" *Siganus vulpinus*. Das irritiert die Muscheln noch mehr, und die Schleimsekretion wird gesteigert. Beide Einflüsse verstärken sich wechselseitig und nach einigen Tagen können die Muscheln ernsthaft geschädigt werden. In diesem Falle ist es sinnvoll, die Muscheln im gleichen Aquarienwasser für einige Tage von den Fischen abzutrennen, bis sie sich an das neue Milieu gewöhnt haben und die übermäßige Schleimproduktion einstellen. Dies kann durch einen mechanischen Schutz geschehen (Gitter) oder durch das Herausfangen der Fische.

Künstliche Vermehrung: Die Nachzucht der Riesenmuscheln gelingt in Zuchtfarmen schon seit vielen Jahren. Theoretisch wäre es auch dem Aquarianer möglich, die Riesenmuscheln künstlich nachzuziehen, doch dies würde viel Sachkenntnis und spezielle Hälterungsbecken voraussetzen. Zwar geben die Muscheln im Aquarium recht häufig Eizellen und Spermien ab, doch es ist sehr unwahrscheinlich, dass auf diesem Wege im normalen Riffaquarium auch Jungmuscheln aufgezogen werden könnten. Kapitel 9 meines Buches „Riesenmuscheln" beschreibt die künstliche Nachzucht im Detail.

Schwämme

Schwämme sind eine außerordentlich alte Tiergruppe. Ihre Entwicklung begann vor rund 700 Millionen Jahren, als es noch keinerlei Korallenriffe gab. Bei ihnen handelt es sich um sehr einfach konstruierte, unbewegliche Tiere, die aus einzelnen Zellen bestehen, aber keinerlei Organsysteme besitzen. Wegen ihrer primitiven Körperstruktur können sie sich kaum an veränderte Umgebungsbedingungen anpassen und darum sterben die meisten Schwammarten ab, wenn sie in ein Aquarium gesetzt werden. Oft aber gelangen winzige Stücke mit Meeresgestein in das Aquarium, und wenn die Bedingungen ihnen zusagen, dann wachsen sie zu prächtigen Exemplaren heran. Unglücklicherweise führen die meisten Schwämme ein sehr verborgenes Dasein, weil sie lichtscheu sind. Einige Schwämme leben allerdings auch mit Algen oder Bakterien in einer Symbiose. Diese Arten sind dann auch im Aquarium sehr anpassungsfähig, wuchsfreudig und lieben das Licht.

Ein *Xestospongia*-Schwamm in Nahaufnahme. Die Aktivität der kleinen Seegurken ist unübersehbar.

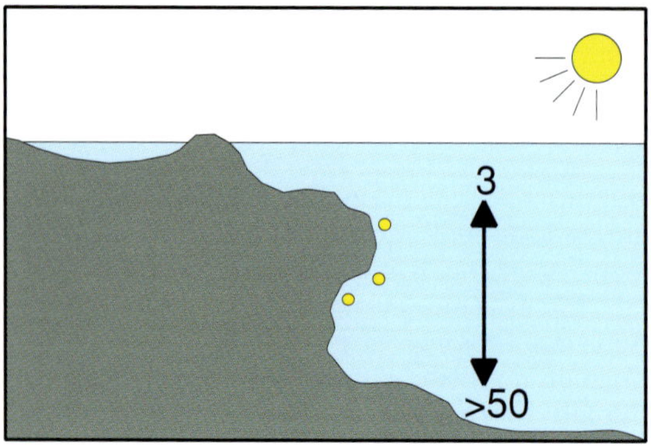

Natürlicher Lebensraum

Schwämme leben in allen Weltmeeren. Sie haben sich hauptsächlich auf die lichtarmen, dunklen Zonen spezialisiert, leben aber auch im Flachwasser an abgeschatteten, lichtgeschützten Stellen, zum Beispiel auf der Unterseite von Steinvorsprüngen oder unter der Mundscheibe einer Scheibenanemone. An tiefere Meeresbereiche haben sich Schwämme ausgezeichnet angepaßt. Noch in einer Tiefe von 5637 Metern konnten Schwämme gefunden werden. Die wenigen symbiontisch lebenden Schwammarten, die mit Algen oder Bakterien zusammenleben, siedeln im Riff auch in der oberen, von starkem Sonnenlicht durchfluteten Zone, meist zwischen 10 und 25 Metern, gelegentlich auch im Flachwasser.

Starke Strömung mögen Schwämme nicht, denn sie stellen die nötige Wasserbewegung in ihrem Inneren selbst her. Ihnen ist eine seichte Wasserströmung am liebsten. Zu sauber sollte das Wasser nicht sein, denn schließlich leben die Schwämme von den Schwebestoffen, die sie im Wasser finden. Allerdings sind zu große Schwebestoffe und Mulm sehr schädlich für die Schwämme, denn sie verstopfen ihre Poren. In einem Riff bei der philippinischen Insel Pescador Island konnte ich aber eine interessante Symbiose beobachten, die dieses Problem perfekt löste. Zahlreiche verschiedene Schwämme, die in dem sehr trüben Wasser lebten und reichlich mit Schwebestoffen bedeckt waren, besaßen jeweils eine große Schar von "Putzfrauen"; winzige Seegurken der Gattung *Synaptula* lebten auf den Schwämmen und reinigten diese fortwährend, indem sie die angesammelten Schwebestoffe mit ihren klebrigen Tentakel aufnahmen, um sie zu fressen und zu verwerten. In der Literatur fand ich bisher kaum Hinweise auf diese Symbiose.

Beschreibung

Schwämme sind ausgesprochen fleißige Filtrierer. Ein Badeschwamm (*Eusponaia officinalis*) mit einem Körpervolumen von einem halben Liter kann pro Minute bis zu 2 Liter Wasser filtern. In sehr flachen Meeresbuchten, in denen diese Schwammart massenhaft vorkommt, kann durch ihre Filtertätigkeit die ganze Wasseroberfläche in quellende Bewegung gebracht werden. Dabei stellen die Schwämme die Wasserströmung selbst her und pumpen das Wasser durch die winzigen Poren in ihrer Oberfläche hindurch ins Innere der Schwammkolonie. Durch große Ausströmöffnungen tritt das gefilterte Wasser anschließend wieder aus. Die von den Schwämmen hergestellte Wasserströmung läßt sich auch im Aquarium sichtbar machen. Trübt man etwas Wasser mit einem Krümelchen Bäckerhefe (für Aquarienbewohner ungefährlich) und bringt diese Lösung bei abgeschalteten Strömungspumpen mit einer Injektionsspritze in die Nähe des Schwammes, so wird der Wasserstrahl sichtbar, der aus der Ausströmöffnung des Schwammes austritt.

Das filtrierte Wasser wird im Schwamm von Schwebestoffen aller Art befreit. Fast 100 % der im Wasser enthaltenen Bakterien werden dabei aufgenommen und verwertet. Allerdings leben Schwämme selbst auch oft mit Bakterien in Symbiose. Viele dieser Bakterien helfen den Schwämmen auch

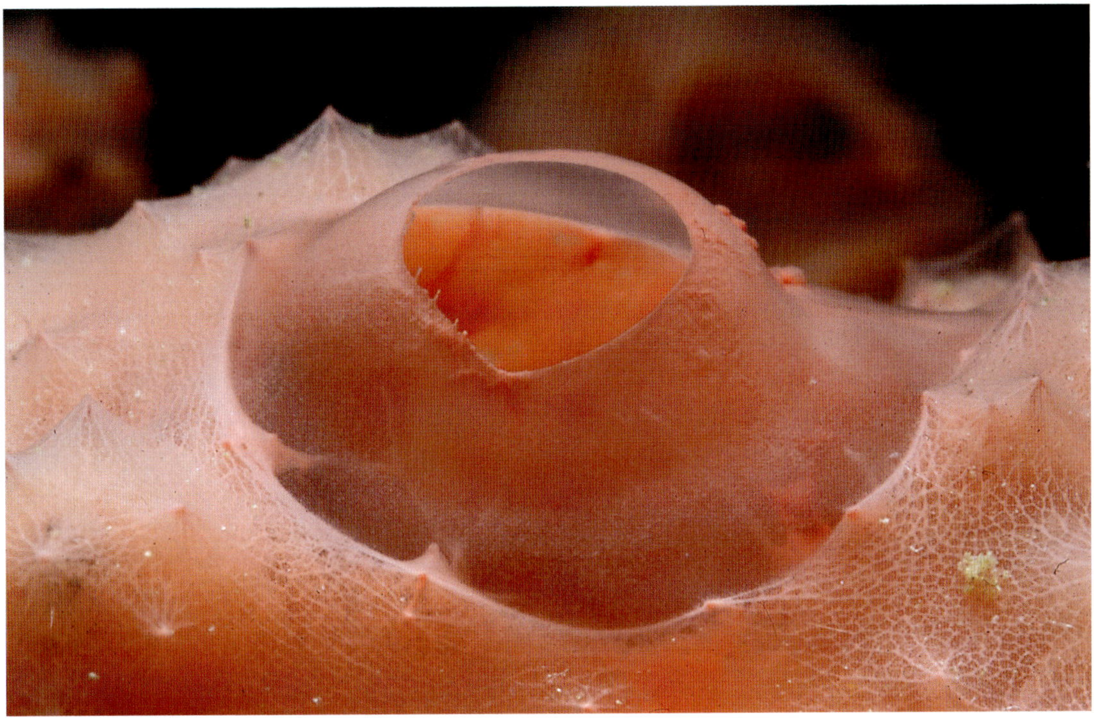

Schwämme zahlreicher Arten wachsen im Riffaquarium spontan.

dabei, Giftstoffe herzustellen, mit denen Freßfeinde in die Flucht geschlagen werden sollen. Meist handelt es sich hierbei um unangenehm schmekkende Substanzen. Auch gegen überwachsende Algen oder Wirbellose helfen solche chemischen Abwehrstoffe. Um diese hilfreichen Bakterien vor anderen Bakterienarten zu schützen, produzieren diese Schwämme ihrerseits eine Fülle verschiedener Substanzen, die alle störenden Bakterienarten abtöten. Diese bakterientötenden Substanzen, die in der Medizin heute zunehmendes Interesse finden, können im Aquarium gefährlich werden, wenn der Schwamm abstirbt und sich auflöst.

Die Schwämme sind wissenschaflich nur unzureichend erforscht, so dass zahlreiche Schwämme heute noch völlig unbekannt sind. Man unterscheidet sie nach ihrer Wuchsform und nach der Struktur des feinen Nadelskelettes, das sie besitzen. Sie bilden meist Röhren, Kugeln oder dünne Krusten aus, manchmal auch Formen, die kaum bestimmbar sind. Die kleinste Schwamm-Art mißt nur 3 mm, während die größte Art bis 3 Meter hoch werden kann.

Schwämme besitzen unter allen Lebewesen die größte Regenerationsfähigkeit. Sie können sich aus einer einzelner Zelle ihrer Kolonie vollständig reproduzieren. Würde man einen lebenden Schwamm durch ein feinmaschiges Netz pressen, dann würde jedes Teilstück ein unabhängiges Leben führen, zu einer neuen Kolonie heranwachsen und die arttypische Form ausbilden, vorausgesetzt, dieses Teilstück könnte sich an einem geeigneten Siedlungsort niederlassen.

Meist pflanzen Schwämme sich geschlechtlich fort, indem sie Spermien und Eizellen abgeben und dadurch Larven produzieren. Gelegentlich wurde dies sogar schon im Aquarium beobachtet, so dass plötzlich zahlreiche, winzige Schwämme auf dem Dekorationsgestein auftauchten. Einige Schwämme können allerdings auch durch Abschnürung einzelner Kolonieteile Nachkommen produzieren. Eine solche Art, einen Kugelschwamm aus der Gattung *Cinachyrella*, konnte ich im Aquarium bei der Abschnürung zahlreicher Kolonieteile beobachten. Im Verlaufe eines Jahres entwickelte sich aus diesem Kugelschwamm eine große Zahl von Nachkommen.

Ohrenschwamm *Collospongia auris*
Ein Schwamm, der sich im Aquarium hervorragend hält und in der Lichtzone wächst, ist der erst im Jahre 1990 wissenschaftlich beschriebene Ohrenschwamm *Collospongia auris*. Bei dieser Art, die ich seit 1987 im Aquarium pflege, handelt es sich um einen graublauen Schwamm, der eine lederähnliche, sehr reißfeste Kruste ausbildet und mit Cyanobakterien in Symbiose lebt. Diese Bakterien können unter Lichteinwirkung Nährstoffe herstellen und die Sauerstoffproduktion der Cyanobakterien ist etwa dreimal so groß, wie der Sauerstoffverbrauch des Schwammes, so daß auch Sauerstoff an das Wasser abgegeben wird.

Dieser Schwamm bildet interessante, flächige Kolonieformen aus und ist im Riffaquarium ausgesprochen gut haltbar. Leider aber neigt er zu unkontrollierbarem Wachstum und kann zu einer regelrechten Plage werden. Darum ist es wichtig, dass man ihn vor allem auf loses Dekorationsgestein wachsen läßt, so dass später einzelne Kolonieteile mühelos aus dem Aquarium genommen werden können.

Zahlreiche andere Schwammarten bilden sich im Riffaquarium von selbst, vor allem in strömungsarmen und dunklen Zonen. Oft sieht man solche Kolonien erst beim Ausräumen oder Umgestalten des Aquariums, wenn die tiefer liegenden Dekorationssteine umgedreht werden. Allerdings verlieren viele solcher Schwämme damit schon ihre Lebensgrundlage. Ich habe einen kindskopfgroßen Schwamm erlebt, der sich an der Unterseite eines Dekorationssteines gebildet hatte. Um diesen Schwamm besser sichtbar zu machen, drehte ich diesen Stein so, dass er zwar noch in der Dunkelzone blieb, aber von der Frontscheibe des Aquariums aus betrachtet werden konnten. Allein durch diese Maßnahme hatten sich die Umgebungsbedingungen für diesen Schwamm so stark verändert, dass er innerhalb weniger Wochen vollständig abstarb. Die Form eines solchen Schwammes ist oftmals so sehr an die speziellen Wasserströmungsbedingungen des jeweiligen Standortes angepaßt, dass eine geringfügige Veränderung schon sein Todesurteil bedeutet. Die Anpassungsfähigkeit vieler Schwämme ist ausgesprochen gering. Allerdings kommt es vor, dass bei dem Absterben und der Auflösung eines solchen Schwammes einzelne Teile mit der Wasserströmung fortgeschwemmt werden und sich anderswo im Aquarium ansiedeln. Bringt man beispielsweise einen lebenden Stein aus dem Meer in das Aquarium, dann kommt es häufig zum Absterben der Schwämme, die darauf leben. Mit etwas Glück kann man dann aber einige Zeit später durchaus in einem ganz anderen Winkel des Aquariums einem der Nachkommen dieses Schwammes begegnen, der aus einem Geweberest zu einem hübschen Exemplar herangewachsen ist.

Aquarienhaltung von Schwämmen

Dieser Schwamm einer unbekannten Gattung taucht oft an dunklen Stellen in Riffaquarien auf. Hier wuchs er in einem Filterbecken auf Strömungspumpen und der PVC-Verrohrung.

Beleuchtung: Schwämme, die reine Filtrierer sind, bevorzugen meist dunklen Siedlungsraum. Schwammarten, die lichtabhängige Symbiosepartner besitzen, brauchen Licht und sollten dann ähnlich wie Korallen unter einer kräftigen Lampe plaziert werden. Meist sind diese lichtliebenden Schwämme schon mit Leuchtstoffröhren zufriedenzustellen, zum Beispiel der oben erwähnte Ohrenschwamm *Collospongia auris*. Unter kräftigem HQI-Licht wachsen diese Arten jedoch stärker.

Wasserbewegung: Schwämme mögen in der Regel keine starke Wasserbewegung. Der oben beschriebene Ohrenschwamm wächst auch in starker Strömung, doch das ist für einen Schwamm relativ ungewöhnlich und wahrscheinlich auf die starke Abhängigkeit von den Symbiosebakterien zurückzuführen, so dass für ihn das Filtrieren weniger wichtig ist. Die weitaus meisten Schwämme können jedoch in starker Wasserströmung nicht existieren.

Wasserqualität: Zu sauberes Wasser läßt Schwämme verhungern, zumindest dann, wenn sie reine Filtrierer sind. Ein guter und kräftiger Aquarienfilter ist darum eine übermächtige Konkurrenz für filtrierende Schwämme. Zu große Schwebeteilchen verstopfen allerdings ihre Poren.

Fütterung: Eine direkte Fütterung von Schwämmen ist kaum möglich, weil sie sehr langsam Nahrung aufnehmen. Wer aber im Aquarium reichlich seine Fische füttert, möglicherweise auch den Korallen Schwebenahrung reicht, der wird zwischen den Dekorationssteinen im Aquarium auch bald kleine Schwämme finden, vorausgesetzt, er hat keine starken Filter installiert, die stets für kristallklares Wasser sorgen. Solche Schwämme können sich ohne Zusatzfütterung ernähren.

Vergesellschaftung mit Fischen: Schwämme werden nur von Fischen gefressen, die sich darauf spezialisiert haben. Dies sind vor allem verschiedene Kaiserfische (Gattungen *Holacanthus* und *Pomacanthus*), aber auch das "Fuchsgesicht" *Siganus vulpinus* wurde schon dabei beobachtet.

Vergesellschaftung mit Wirbellosen: Allgemein gibt es keine Probleme bei der Vergesellschaftung von Schwämmen mit anderen Wirbellosen. Eine Ausnahme bildet hier der Ohrenschwamm *Collospongia auris*, der Weich-

Dieser Röhrenschwamm *Theonella swinhoei* besitzt „Putzfrauen"; Seegurken der Gattung *Synaptula*, die ihn fortwährend von Sedimentauflagerungen befreien. Sehr wahrscheinlich handelt es sich hierbei um eine Symbiose.

korallen überwächst und abschattet und sogar in Steinkorallenkolonien hineinwächst und diese abtötet. Da dieser Schwamm von dem Skelett einer Steinkoralle kaum wieder vollständig abgelöst werden kann, sollte dies möglichst verhindert werden.

Hat sich dieser Ohrenschwamm im Aquarium zu sehr ausgebreitet, so hilft nach meiner Erfahrung nur noch ein Antibiotikum, das die symbiontischen Bakterien abtötet. Dies läßt den Schwamm innerhalb weniger Stunden seine Farbe verlieren und anschließend innerhalb einiger Wochen zerfallen. Da dieses Antibiotikum (Chloramphenicol) aber auch die Filterbakterien schädigen kann und zudem für den Menschen sehr giftig ist, rate ich in einem solchen Fall eher zum Austauschen einiger Dekorationssteine, die der Schwamm mit seinen Polstern überzogen hat.

Haltungsprobleme: Neben dem oben erwähnten Problem der starken Ausbreitung des Ohrenschwammes *Collospongia auris* im Aquarium gibt es mit Schwämmen meist nur dann Probleme, wenn sich eine größere Kolonie auflöst. Dies kann ein aquariengewachsener Schwamm sein, oder ein Exemplar, das mit einem neuen, lebenden Stein in das Aquarium gelangt, zum Beispiel dem Substratstein an einer Koralle. Einige Schwämme enthalten bakterientötende Substanzen. Löst sich ein solcher Schwamm auf, dann können diese Stoffe freigesetzt werden und unter den nützlichen Bakterien im Aquarium einigen Schaden anrichten.

Künstliche Vermehrung: Schwämme können leicht durch das Abtrennen eines Teilstückes vermehrt werden. Das Problem liegt hierbei in der Auswahl eines geeigneten Standortes für den neuen, kleinen Schwamm, denn wenn die Umgebungsbedingungen unpassend sind, beispielsweise die Wasserströmung zu stark ist, sind die Chancen gering, dass dieser Schwamm sich etablieren kann und zu einem großen Exemplar heranwächst.

Röhrenwürmer

Würmer sind bei den meisten Menschen nur wenig beliebt. Manch einer kann sich kaum vorstellen, dass Würmer ausgesprochen attraktive Lebewesen sein können, die eine faszinierende Schönheit besitzen. Auf Röhrenwürmer trifft das aber ohne Abstriche zu. Mit ihrer stammähnlichen Wohnröhre und der meist farbigen Tentakelkrone wirken viele Röhrenwürmer wie Blumen. Das ruckartige Zurückziehen der Tentakelkrone bei einer Belästigung und das langsame Entfalten der Tentakel beim Öffnen der Krone sind interessante Lebensäußerungen dieser kleinen Aquariengenossen, und eine kleine Kolonie von Röhrenwürmern im Aquarium kann ausgesprochen faszinierend sein.

Natürlicher Lebensraum

Die Röhrenwürmer, die für das Riffaquarium geeignet sind, kommen aus dem gesamten indopazifischen Ozean. Sie siedeln selten auf einer völlig ebe-

Röhrenwürmer wie diese *Bispira* sp. sind im Riff oft zu finden. Im Aquarium lieben sie strömungsschwache, dunkle Zonen

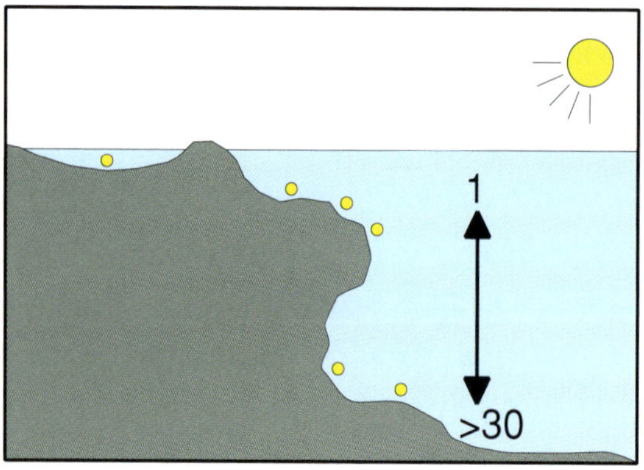

nen und freien Fläche. Meist findet man sie in Hohlräumen, Höhlen oder geschützt unter einem Steinvorsprung. Oft siedeln sie auch am Fuße einer größeren Steinformation, zwischen dem Stein und dem Bodengrund. Sie bervorzugen meist dunklere und strömungsarme Bereiche und man findet sie auch in größeren Meerestiefen.

Lediglich bestimmte Kalkröhrenwurm-Arten, die mit Steinkorallen zusammenleben, siedeln in direktem Sonnenlicht inmitten der Korallenpolypen. Sie haben in der Regel völlig anders geformte Tentakelkronen und vertragen auch kräftigere Wasserströmung, sind aber auf diejenigen Wassertiefen beschränkt, in denen ihre Wirtskorallen leben.

Beschreibung

Der Name "Röhrenwurm" mag beim ersten Betrachten des Tieres etwas unpassend wirken, denn das, was man von ihm zu sehen bekommt, hat mit einem Wurm eigentlich nicht viel gemein. Das liegt aber daran, dass Röhrenwürmer ihren gesamten Körper in der Wohnröhre verstecken, die sie aus Schleimsekret und Schlammteilchen herstellen. Sie sind verwandt mit Borstenwürmern und haben eine Gestalt, die einem Regenwurm ähnelt. Mit den kurzen, krummen Beinchen, die sie beiderseits an ihrem ganzen Körper haben, laufen sie in der Wohnröhre regelrecht vor und zurück. In dieser Wohnröhre verbringen ihr ganzes Leben; freiwillig würden sie diese Röhre niemals verlassen, solange die Lebensbedingungen für sie einigermaßen erträglich sind.

Das, was der Betrachter vom Wurm zu sehen bekommt, ist nichts anderes, als der Tentakelkranz, mit dem er das Wasser nach freßbaren Schwebeteilchen durchsiebt. Alle Nahrungspartikel, die in den federähnlichen Tentakel hängen bleiben, werden zur Mundöffnung in der Mitte des Tentakelkranzes transportiert und vom Wurm verschlungen.

Viele Röhrenwurmarten leben in Kolonien. Meist vermehren sie sich geschlechtlich, indem sie Larven produzieren. Einige Arten können jedoch auch auf ungeschlechtlichem Wege durch Knospung Nachkommen erzeugen.

Röhrenwürmer

Die am häufigsten anzutreffende und pflegeleichteste Röhrenwurm-Art dürfte *Sabellastarte indica* sein. Diese Würmer besitzen in ausgewachsenem Zustand eine Wohnröhre, die 15 bis 20 mm dick und wenigstens 20 cm lang ist. Um die Mundöffnung herum befinden sich bräunlich-weiß gemusterte, federähnliche Tentakel, die eine Krone bilden. Der Kronendurchmesser beträgt meist 5 bis 10 cm.

Bei den meisten Röhrenwürmern, die im Handel erhältlich sind, handelt es sich um die Gattung *Sabellastarte*. Bei der genauen Artbezeichnung der Röhrenwürmer herrscht jedoch auch in der Wissenschaft noch viel Verwirrung. Zahlreiche der gebräuchlichen Artbezeichnungen sind unzutreffend.

Diese Röhrenwürmer sind bei schwacher, aber kontinuierlicher Wasserströmung gut haltbar, vorausgesetzt, das Wasser ist nicht zu sauber und enthält genug Schwebestoffe, von denen die Würmer sich ernähren. Bei Nahrungsmangel sterben sie recht bald.

Eine weitere Röhrenwurmart, die sehr gut haltbar ist, gelangt meist als blinder Passagier auf lebendem Riffgestein in das Aquarium und vermehrt sich in manchen Becken so rasant, dass sich regelrechte Kolonien bilden. Meist findet dies jedoch geschützt unter Dekorationssteinen statt, so dass der Aquarianer davon nichts merkt. Gemeint ist der kleine Wurm *Bispira viola*, der einen Röhrendurchmesser von nur 1 bis 2 mm hat und eine Röhrenlänge von rund 20 mm erreicht. Die Krone, die aus weißlich-grauen Tentakel besteht, mißt etwa 20 mm im Durchmesser. Insgesamt wirkt dieser Röhrenwurm fast wie eine Miniaturausgabe der zuvor beschriebenen Gattung *Sabellastarte*. Diese winzigen Röhrenwürmer können sich ungeschlechtlich durch Ausknospung vermehren, was die dichten Kolonien erklärt, die sie gelegentlich bilden. Sie lieben organisch etwas stärker belastetes Wasser, schwache Strömung und dämmriges Licht.

Doch es geht auch noch kleiner. Posthornwürmer gehören zu den Kalkröhrenwürmern der Familie Serpulidae. Sie tauchen in zahlreichen Riffaquarien von selbst auf und gelangen zum Beispiel mit Lebensgestein in das Aquarium. Ihre Wohnröhre bauen sie aus Kalk und verlängern sie entsprechend ihrem Körperwachstum. Diese Wohnröhre hat eine typische, eng gewundene Form, die an ein Posthorn erinnert, und aus dem Eingang dieser Röhre hängt, ohne Vergrößerungsglas gerade eben noch erkennbar, ein kleines Büschel gefiederter Tentakel. Auch diese Würmchen vermehren sich unter günstigen Umständen im Aquarium rasant und bilden große Kolonien. Bisweilen habe ich Aquarien erlebt, in denen sie einzelne, günstig gelegen Dekorationssteine in mehreren Schichten überwuchsen. Ihre Lebensdauer liegt bei wenigen Monaten und sie lieben seichte Strömung und etwas höhere organische Belastung des Wassers.

Eine besonders hübsch gefärbte Röhrenwurmgattung, die sich auch ausgezeichnet hält, ist *Spirobranchus*. Hierbei handelt es sich um relativ kleine Würmchen, die meist mit einer Steinkoralle zusammenleben und sich zwischen ihren Polypen eine Wohnröhre aus Kalk bauen. Die Röhre wird entsprechend dem Wachstum des Wurmes verlängert. Meist ist diese Tentakelkrone paarig, spiralig gewunden und wirkt, wie zwei winzige Tannenbäume. Zieht der Wurm sich in die Wohnröhre zurück, dann wird diese mit einem speziellen Deckel verschlossen. Dieser Deckel, der als "Operculum" bezeichnet wird, ist ein umgebildeter Tentakel. Gelegentlich ziehen in die leeren Kalkröhren abgestorbener Röhrenwürmer winzige Einsiedlerkrebschen der Gattung *Paguritta* ein.

Die Kalkröhrenwürmern der Familie *Serpulidae*, bekannt als Posthornwürmer, vermehren sich in sehr vielen Riffaquarien.

Aquarienhaltung von Röhrenwürmern

Beleuchtung: Röhrenwürmer mögen kein Licht. Am liebsten leben sie dunkel oder zumindest dämmrig. Das sollt man beachten, wenn man Röhrenwürmer im Aquarium plaziert. Die einzige Ausnahme sind Kalkröhrenwürmer, die mit einer Steinkoralle zusammenleben. Meist handelt es sich dabei um *Porites*-Korallen, in denen einige bunt gefärbte Tentakelkronen sitzen. Sie werden im Aquarienhandel oft als "Multicolorsteine" angeboten. Diese Korallen brauchen helles Licht und die Röhrenwürmer stören sich nicht daran.

Tannenbaum-Röhrenwürmer der Gattung *Spirobranchus* leben in Steinkorallen.

Wasserbewegung: Röhrenwürmer haben Schwierigkeiten, in kräftiger Wasserströmung zu filtrieren. Die Wasserbewegung sollte seicht sein, nicht so, dass die Tentakelkrone in der Strömung "flattert".

Wasserqualität: Röhrenwürmer haben eine relativ große Körpermasse und darum einen großen Nahrungsbedarf. Sie müssen reichlich Schwebenahrung aus dem Wasser filtern können. Füttert man die Fische kräftig und reicht auch den Korallen regelmäßig Schwebefutter, dann haben die Röhrenwürmer meist ihr Auskommen, vorausgesetzt, man hat keine kräftigen Filter installiert, die das Wasser kristallklar und sauber halten.

Fütterung: Eine direkte Fütterung der Röhrenwürmer ist nicht möglich, weil sie sehr langsam Nahrung aufnehmen. Außerdem würden sie sich bei einer direkten Fütterung erschreckt zurückziehen.

Vergesellschaftung mit Fischen: Röhrenwürmer können mit allen Fischen zusammen gehalten werden, die sich für ein Wirbellosenaquarium eignen. Die einzige Ausnahme sind die kleinbleibenden Würmchenarten, die für Falterfische ein Leckerbissen sind. Der Glasrosenfresser *Chelmon rostratus* ist besonders an diesen kleinen Röhrenwürmern interessiert und kann eine recht große Kolonien in kurzer Zeit vernichten.

Vergesellschaftung mit Wirbellosen: Röhrenwürmer können allgemein mit allen Wirbellosen zusammen gehalten werden. Probleme gibt es lediglich mit Seepferdchen, denn diese an sich harmlosen Gesellen halten sich mit ihrem kräftigen Greifschwanz an jedem stabähnlichen Gegenstand fest und erwischen dabei auch oft einen Röhrenwurm. Dabei entwickeln sie außerordentlich viel Kraft, und es kommt vor, dass sie einen Röhrenwurm regelrecht erwürgen.

Haltungsprobleme: Wenn die oben beschriebenen Röhrenwürmer ausreichend Schwebenahrung finden und einen dunklen, strömungsschwachen Standort haben, dann sind sie haltbar. Plaziert man sie dort, wo häufig schwimmfreudige Fische auftauchen, dann erschrecken sie sich fortwäh-

Diese sehr seltenen, winzigen Einsiedlerkrebse, die wahrscheinlich zur Gattung *Paguritta* gehören, leben manchmal in den leeren Kalkröhren der Röhrenwürmer auf einer solchen Steinkoralle.

rend und ziehen sich zurück. Das Gleiche geschieht, wenn ihre Röhren im Licht stehen und von Algen überwachsen werden, denn dann werden sie meist von algenfressenden Fischen abgeweidet, was die Würmer ebenfalls erschreckt. Kommt es nur gelegentlich zu solchen Störungen, dann tragen sie das mit Fassung, doch wenn ein Röhrenwurm über Tage oder gar Wochen fortwährend gestört wird, kann er sich nicht gut entwickeln und wird bald zugrunde gehen.

Ein weiteres Problem bei der Haltung von Röhrenwürmern sind Veränderungen der Wasserwerte. Röhrenwürmer mögen keine raschen Wasserveränderungen. Temperatur, Salzgehalt oder Säurewert sollten nur langsam verändert werden, wenn man Röhrenwürmer pflegt. Wird ein Röhrenwurm durch Wasserveränderungen zu sehr irritiert, dann wirft er oft seine Tentakelkrone ab. Zwar kann er diese unter günstigen Bedingungen wieder neu ausbilden, doch der Aquarianer sollte dies als ernstes Zeichen mangelnden Wohlbefindens werten und nach der Ursache suchen.

Seesterne und Schlangensterne

Für viele Menschen symbolisieren Seesterne das Meer und seine Bewohner. Es sind ungewöhnliche Tiere, die mit der Form, der Farbe und dem ungewöhnlichen Verhalten begeistern. Im Aquarium sind viele Seestern-Arten aber nicht sehr haltbar, zahlreiche Arten sogar räuberisch. Einige Arten können sich aber gut ernähren und sind im Aquarium sehr langlebig und ausdauernd.

Schlangensterne sind allgemein leichter zu halten, als die Seesterne, und durch die raschen Bewegungen und die interessante Futteraufnahme sind sie in vielen Aquarien eine Attraktion. Darüber hinaus spielen die Schlangensterne eine wichtige Rolle als Resteverwerter. Darum sind Schlangensterne eine ebenso wertvolle wie interessante Bereicherung für das Riffaquarium.

Diese zwei Harlekingarnelen gehören zu einer Art, die sich ausschließlich von Seesternen ernährt. Die Aufnahme stammt aus einer Seegraswiese in Bolinao (Philippinen) in nur zwei Metern Tiefe.

Natürlicher Lebensraum

Seesterne und Schlangensterne kommen in allen Weltmeeren vor. Sie haben sich nahezu alle Meerestiefen erobert. Man findet sie oft im Flachwasser und in jeder Tiefe des Korallenriffs, doch sie beschränken sich nicht nur auf die Riffe. Sogar in einer Tiefe von 7584 Metern wurde im Marianengraben (Westpazifik) noch ein lebender Seestern gefunden (*Porcellanaster ivanovi*). Viele Arten von Seesternen oder Schlangensternen leben im Verborgenen und bevorzugen die Dunkelheit, sind also nachtaktiv. Nur recht wenige Arten sind tagsüber aktiv und suchen auch in hellem Sonnenlicht nach Nahrung. Sie bewohnen ganz unterschiedliche Riffzonen und haben sich meist auf bestimmte Nahrung spezialisiert.

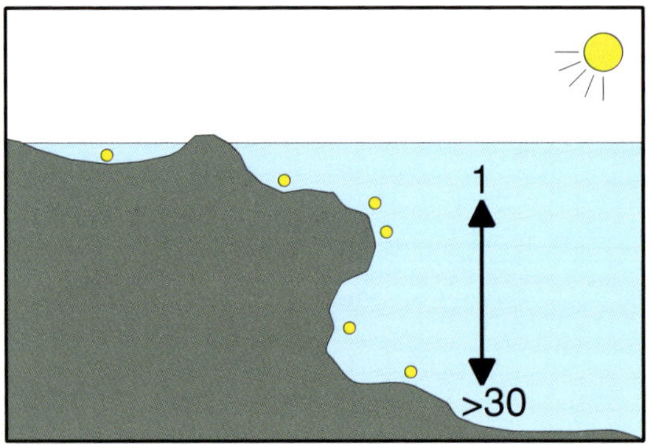

Zahlreiche Seesternarten leben räuberisch und ernähren sich von Muscheln oder anderen Tieren. Nur relativ wenige haben sich im Riff auf jene Nahrung spezialisiert, die sie auch im Aquarium finden können. Schlangensterne dagegen leben weitaus häufiger als Restevertilger, oft in schlammigen Zonen im Bodengrund. Schlechte Wasserverhältnisse können diese Schlangensterne kaum beeindrucken.

Beschreibung

Seesterne und Schlangensterne haben eine meist fünfstrahlige Symmetrie. Diese interessante Symmetrieform findet sich bei allen Stachelhäutern, zu denen auch die im Aquarium meist nicht sehr haltbaren Seeigel, Haarsterne und Seegurken gehören. Die wissenschaftliche Zuordnung der einzelnen Seesternarten und -gattungen ist noch recht umstritten, was vor allem an den lückenhaften Kenntnissen über ihre Entwicklung liegt. Sie alle haben einen recht ähnlichen Körperbau mit fünf Armen, einige Seesternarten besitzen allerdings 6 bis 7 Arme, andere sogar bis zu 50. Gelegentlich sieht man im Korallenriff auch ungewöhnliche Körperformen bei Seesternen. So wächst beispielsweise das Gewebe bei einigen Arten zwischen den Armen bis an deren Spitze, so dass ein fünfeckiges "Kissen" entsteht. Doch all diese Seesterne sind für ein Riffaquarium völlig ungeeignet.

Das wichtigste und für den Aquarianer wohl interessanteste Organsystem der Seesterne und Schlangensterne ist das sogenannte Ambulacral-Gefäßsystem. Dieses System besteht aus zahlreichen beweglichen Füßchen, die an der Unterseite der Arme in einer Furche liegen. Diese Füßchen sind außerordentlich beweglich und dienen dem Tier zur Fortbewegung, Atmung, Reizaufnahme und schließlich auch zur Nahrungsaufnahme. Das Herz dieses Systemes ist ein Ringkanal, der um die Mundöffnung herumzieht und Verbindung mit dem Meerwasser hat. Füßchen, die ausgestreckt werden sollen, werden mit der Flüssigkeit aufgepumpt, die sich in diesem Kanalsystem befindet. Am Ende der Füßchen sind bei den meisten Arten Saugnäpfe, mit denen auch glatte Oberflächen fest gegriffen werden können.

Viele Seesternarten und Schlangensterne greifen ihre Nahrung mit diesen Füßchen und reichen sie entlang der Rinne zur Mundöffnung in Körpermitte. Vor allem bei Schlangensternen sieht man dies häufig, besonders im Flachwasserbereich am Meer. Der Körper wird meist unter einem flachen Stein versteckt, während die Arme in der Strömung hängen und versuchen, etwas Nahrhaftes zu erhaschen. Auch im Aquarium sieht man die Arme eines Schlangensternes bisweilen auf diese Weise zwischen den Steinen hervorragen. Reicht man den Aquarienfischen dann Futter, das sich im Aquarium verteilt, dann kommen viele dieser Schlangensterne eilig unter den Steinen hervor, fuchteln mit den Armen und versuchen aufgeregt, einige der Beutestücke einzusammeln.

Seesterne sind erheblich gemächlicher und ruhiger. Während ein Schlangenstern auf seine Schnelligkeit vertraut – meist auch zurecht – setzen die Seesterne mehr auf ihre Tarnung und die Unbeweglichkeit. Der Seestern verändert seine Körperhaltung kaum, während er sich fortbewegt oder Nahrung aufnimmt. Fast unbemerkt gleitet er langsam über das Substrat, getragen von den winzigen Ambulacralfüßchen.

Leider sind sehr viele Seesterne im Aquarium langfristig nicht zu ernähren, weil sie Nahrungsspezialisten sind. Die Nahrung, die wir ihnen reichen können, angefangen von Fischfutter über Algen bis zu Speisefisch oder Garnelenfleisch, steht bei vielen von ihnen nicht auf dem Speisezettel. Lediglich räuberische Arten wären damit zufriedenzustellen, doch diese würden sich zuerst an unseren Aquarienpfleglingen vergreifen. Viele zauberhaft gefärbte Seesterne tauchen oft im Handel auf, doch die meisten von ihnen verhungern über kurz oder lang im Aquarium. Der blaue Seestern *Linckia laevigata* beispielsweise, der recht oft im Handel zu finden ist, ernährt sich von dünnen Algenteppichen auf dem Gestein. Meist sind die angebotenen Exemplare schon recht groß, so dass sie viel Nahrung brauchen. In einem kleinen Aquarium wird ein solcher Seestern sehr schnell an seine Nahrungsgrenze kommen, und künstliche Nahrung nimmt diese Art kaum an. Ähnliches gilt meist für die wunderschönen, leuchtend roten *Fromia*-Arten. An ihrer Aquarienhaltung haben weder Aquarienbesitzer noch Seestern lange Freude.

Seesterne der Gattung *Nardoa*

Ein Seestern, die sich im Riffaquarium ausgesprochen gut hält, ist *Nardoa galatheae*. Es handelt sich bei dieser etwa 7 cm groß werdenden Art um einen harmlosen Aufwuchsfresser, der sich nicht füttern läßt. Er ist tagaktiv und daher auch während der Lichtphase fortwährend unterwegs, um nach Freßbarem zu suchen. Selten einmal ist er unter Steinen versteckt. Da er sich aber selbst ernähren muß, sollte man ihm möglichst keinen Nahrungskonkurrenten hinzugesellen und ihn als einzigen Seestern im Aquarium halten.

Sicher sieht er weitaus weniger spektakulär aus, als manch ein prächtig gefärbter Seestern der Gattung *Fromia*, doch dafür ist er im Aquarium sehr ausdauernd. Das im Bild gezeigte Tier lebte zum Zeitpunkt der Aufnahme bei uns schon seit sechs Jahren und war bei Drucklegung noch immer bei bester Gesundheit. Ebenfalls im Aquarium sehr haltbar ist die ähnliche Art *Nardoa variolata*, möglicherweise auch andere, sehr ähnlich aussehende Arten der Gattung *Nardoa*, etwa *N. tuberculata* oder *N. novaecaledoniae*, die jedoch sehr selten im Aquarienhandel angeboten werden.

Seesterne der Gattung *Asterina*

Verschiedene Kleine Seestern-Arten halten sich im Aquarium hervorragend und vermehren sich sogar kräftig durch Teilung. Es handelt sich dabei um die Gattungen *Asterina, Diasterina und Nepanthia*. Von einigen Arten dieser Gattungen wird zwar berichtet, sie würden Korallen anfressen, doch ich konnte das nicht beobachten. Sie vermehrten sich in einem großen Riffaquarium und brachten eine Population von vielen hundert Exemplaren zustande.

Diese winzigen Kerlchen mit einem Durchmesser von rund 10 mm wandern fortwährend über das Riffgestein. Was sie dabei aufnehmen, um sich zu ernähren, ist noch nicht ganz klar. Es kann sich dabei um Algen handeln, doch nach meiner Beobachtung vermehren sie sich in einem abgedunkelten Filterbecken ohne jeden Algenwuchs bisweilen sogar noch besser. Wahrscheinlich fressen sie auch Bakterienrasen. Oft habe ich sie in einem solchen Filterbecken sogar an der Wasseroberfläche schwimmend gesehen, wo sie wahrscheinlich Ansammlungen proteinhaltiger Substanzen fressen.

Schlangensterne halten sich im Riffaquarium in der Regel erheblich besser, als die meisten Seesterne. Hier ist es für den Aquarianer nicht einmal wichtig, die einzelnen Arten zu unterscheiden, denn die im Handel angebotenen, tropischen Schlangensterne der Klasse Ophiuroidea eignen sich

Schlangensterne leben in der Gezeitenzone im Strandbereich oft in großen Mengen und sind im Aquarium gute Restevertilger.

alle recht gut für das Riffaquarium. Lediglich bei den sehr häufig anzutreffenden grünen Schlangensternen *Ophioarachna incrassata* ist etwas Vorsicht geboten, denn sie wurden nachts bereits mehrfach beim Fangen kleiner Fische beobachtet und auch an Weichkorallen habe ich sie schon zupfen sehen. Zwar ist es möglich, dass diese Exemplare einfach nur besonders hungrig waren und bei regelmäßiger Fütterung mit einem Stück Speisefisch die Aquarienbewohner in Ruhe gelassen hätten. Trotzdem handelt es sich bei diesem Schlangenstern aber offenbar um einen Allesfresser, der im Riffaquarium bisweilen Unheil anrichten kann.

Das ist eigentlich schade, denn er gehört zu den wenigen tagaktiven Schlangensternen, die im Aquarium fortwährend zu sehen sind und bei jeder Futtergabe hastig herbeieilen. Das ist durchaus nicht bei allen Schlangensternen so. Ich erinnere mich an einen schwarzen Schlangenstern aus dem Mittelmeer, der in ein tropisches Riffaquarium eingesetzt wurde und dort mehr als zehn Jahre verbrachte, ohne sich auch nur ein einziges Mal sehen zu lassen. Als schließlich das zwischenzeitlich altersschwach gewordene Aquarium nach fast elf Jahren wieder ausgeräumt wurde, kam der Geselle wieder zum Vorschein, quicklebendig und kerngesund.

Aquarienhaltung von Seesternen und Schlangensternen

Wasserqualität: Seesterne stellen keine besonderen Anforderungen an die Wasserqualität. Besonders Schlangensterne, von denen viele Arten in der Natur Schlammzonen bewohnen, sind sehr anspruchslos.

Fütterung: Nur wenige Seesterne lassen sich füttern. Die meisten Arten suchen selbsttätig nach der Nahrung, auf die sie sich spezialisiert haben, zum Beispiel Aufwüchse niederer Algen. Hier ist es wichtig, ihnen eine Art ökologischer Nische zu erhalten, damit sie sich ernähren können. Der begrenzte Lebensraum im Aquarium kann vielleicht einen Seestern ernähren, der als Aufwuchsfresser lebt. Für zwei ist die Nahrungsgrundlage aber möglicherweise schon nicht mehr ausreichend. Darum sollte man sich in der Zahl der Seesterne beschränken. Schlangensterne leben meist als Restevertilger, so dass sie auch Futterreste verwerten. Darum können sie sich in einem Aquarium meist auch in etwas größerer Zahl gut halten.

Vergesellschaftung mit Fischen: Schlangensterne leben friedlich mit all jenen Fischen zusammen, die sich für ein Riffaquarium eignen. Die einzige Ausnahme ist der oben erwähnte grüne Schlangenstern, der nachts bisweilen kleinere Fische fängt und verzehrt.

Vergesellschaftung mit Wirbellosen: Schlangensterne gehören zum Idealbesatz für ein Riffaquarium und stören die Wirbellosen in der Regel überhaupt nicht. Auch hier ist der grüne Schlangenstern wieder eine Ausnahme. Mehrfach habe ich ihn dabei ertappt, wie er *Xenia*- und *Anthelia*-Weichkorallen von dem Substrat abzupfte und vertilgte.

Haltungsprobleme: Seesterne und Schlangensterne müssen sehr langsam und vorsichtig an einen veränderten Salzgehalt gewöhnt werden. Zu schnelles Einsetzen in das Aquarium kann sie schwer schädigen.

Garnelen und andere Krebse

Was wäre ein Riffaquarium ohne die zauberhaft rot-weiß gefärbten Putzergarnelen. Sie haben sich unter allen Garnelen, die im tropischen Riffaquarium gehalten werden können, den vordersten Platz in den Herzen der Aquarianer erworben. Das liegt zum Teil daran, dass sie gegenüber anderen Aquarienbewohnern ausgesprochen friedfertig sind, während viele der anderen Arten sich gelegentlich an einer Koralle gütlich tun oder nachts einen kleinen, schlafenden Fisch überfallen. Hinzu kommt aber vor allem ihre Eigenschaft, die Fische emsig von Hautparasiten zu befreien, eine echte Symbiose, von der beide Partner einen Vorteil haben. Das Putzverhalten dieser zauberhaften, kleinen Aquarienbewohner gehört vor allem für den Einsteiger zu den faszinierendsten Beobachtungen im Korallenriffaquarium.

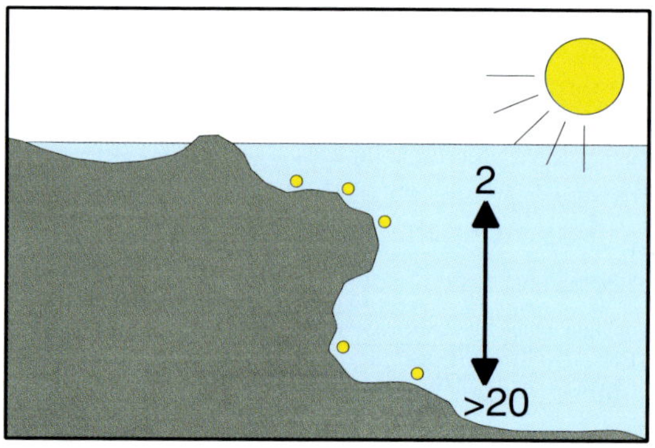

Natürlicher Lebensraum

Putzergarnelen kommen nicht nur im gesamten Indopazifik vor, sondern auch in weiten Teilen des Mittelmeeres. Sie bewohnen meist etwas größere Tiefen zwischen 10 und 20 Metern, in denen sich viele Fische aufhalten. Darum sind sie in der flachen Uferzone selten anzutreffen.

Während viele Garnelen nur gelegentlich dem Putzgeschäft nachgehen, verstehen die zwei Arten *Lysmata amboinensis* und *Lysmata grabhami* dies als Hauptaufgabe, der sie sich mit großer Hingabe widmen. Meist sieht man sie wenigstens paarweise auf einem Steinvorsprung sitzen. Am liebsten hängen sie kopfüber am Dach einer kleinen Höhle im Riffgestein und lassen ihre weißen Antennen herausschauen. Sobald ein Fisch in der Nähe auftaucht, beginnen die kurzsichtigen Garnelen aufgeregt, die tastempfindlichen Tentakel kreisen zu lassen, um den Fisch genau zu lokalisieren. Sobald sie ihn gefunden haben, signalisieren sie ihre Putzbereitschaft durch langsames Seitwärtswippen des Körpers und schaukeln ihre zwei strahlend weißen Arbeitsscheren hin und her. Wird der Fisch von juckenden Hautparasiten geplagt und ist bereit zur Körperpflege, dann verharrt er unbeweglich und spreizt Flossen und Kiemen. Die Garnele springt dann auf seinen Körper und sucht ihn hastig nach den Plagegeistern ab.

Putzergarnelen *Lysmata grabhami* und *Lysmata amboinensis*

Eine der bekanntesten und im Aquarium haltbarsten Putzergarnelen ist *Lysmata grabhami*, die "Weißband-Putzergarnele". Sie ist leicht zu erkennen am roten Rücken und an dem strahlend weißen Längsband in Rückenmitte, das vom Kopf bis zum Schwanzende reicht. Diese Garnele lebt häufig als Paar. Interessanterweise handelt es sich dabei aber in der Regel um zwei Weibchen, denn diese Garnelen sind Geschlechtswechsler; als kleines Tier sind sie männlich und später wandeln sie sich zu einem Weibchen um. Warum aber jeweils mehrere Weibchen zusammen leben, ist noch nicht bekannt. Eine weitere, sehr haltbare Art aus der gleichen Gattung ist *Lysmata amboinensis*. Sie gleicht in Verhalten und Aquarienpflege der vorgenannten Art und unterscheidet sich von ihr nur dadurch, daß das weiße Rückenband nicht bis zum Schwanzende reicht, sondern nur bis zum Beginn des Schwanzes.

Beschreibung

Diese Putzergarnelen, die zu den Zehnfußkrebsen gehören, eignen sich ganz ausgezeichnet für die Haltung im Riffaquarium.

Interessanterweise entwickeln die Fische während des Putzvorganges eine Freßhemmung, denn selbst große Fische, die sich von Garnelen ernähren, lassen diese fleißigen Heinzelmännchen in ihrem Maul putzen, ohne sie zu verschlingen. Hält der Fisch die Pflege für ausreichend, so macht er eine ruckartige Bewegung und gibt der Garnele die Gelegenheit, abzuspringen und sich in Sicherheit zu bringen.

Diese Putztätigkeit ist weit mehr, als ein Zeitvertreib. Für die Garnelen ist sie Nahrungserwerb, so dass diese Garnelen im Riff regelrechte Putzstationen unterhalten. Doch auch für die Fische scheint diese Hautpflege außerordentlich wichtig zu sein. Versuche im Riff, in denen alle putzenden Garnelen und Fische aus einem bestimmten Territorium entfernt wurden, haben gezeigt, dass die übrigen Fische recht bald in andere Gegenden abwandern, in denen sie sich putzen und von Parasiten befreien lassen können.

Aquarienhaltung von Putzergarnelen und anderen Krebsen

Wasserqualität: Putzergarnelen brauchen klares, sauberes und vor allem sauerstoffreiches Wasser. Darum sollte ein Aquarium, in dem sich Garnelen befinden, einen guten Abschäumer besitzen und regelmäßig mit Aktivkohle gefiltert werden.

Fütterung: Die Hautparasiten der Fische dienen den Putzergarnelen zwar als Nahrung, doch allein davon können die Garnelen – zumindest im Aquarium – nicht leben. Putzergarnelen sind Allesfresser, die Fischfutter jeglicher Art und Futterreste gierig verwerten. Sie nehmen auch gern das Futter direkt aus der Hand des Pflegers.

Vergesellschaftung mit Fischen: Putzergarnelen können mit allen Fischen vergesellschaftet werden, die sich für das Riffaquarium eignen, sofern es sich dabei nicht um ausgesprochene Garnelenfresser handelt. Mirakelbarsche oder Zackenbarsche beispielsweise sollten sich in einem solchen Aquarium nicht befinden.

Vergesellschaftung mit Wirbellosen: Die zwei beschriebenen Putzergarnelen können in der Regel bedenkenlos mit allen Wirbellosen zusammen gehalten werden. Für andere Putzergarnelen, die recht häufig im Handel angeboten werden, gilt dies aber nicht immer.

Haltungsprobleme: Probleme treten manchmal auf, wenn eine Putzergarnele im Aquarium nur einen einzigen großen Fisch putzen kann. Ihr Drang zum Putzen ist so stark entwickelt, dass sie auch den frisch gereinigten Fisch immer wieder nach Parasiten absuchen will und ihn darum fortwährend belästigt. Pflegt man gar nur einen einzigen großen Fisch mit drei oder vier Putzergarnelen zusammen, dann tut man diesem bedauernswerten Fisch damit sicher keinen Gefallen. Darum sollten jeder Putzergarnele mehrere größere Fische (z. B. Doktorfische) zur Verfügung stehen.

Wie alle Krustentiere haben Garnelen einen festen Panzer, der nicht wachsen kann. Darum müssen sie diesen regelmäßig abwerfen und durch einen neuen Panzer ersetzen. Dieser neue Panzer ist in den ersten Tagen noch weich und dehnbar, und nur während dieser Phase können sie wachsen. In dieser Zeit sind sie jedoch ungeschützt und halten sich versteckt. Gelegentlich wird berichtet, dass eine Putzergarnele in dieser Häutungsphase von Artgenossen überfallen und gefressen wurde. Es kann durchaus sein, dass diesem Vorgang in Wirklichkeit nicht Kannibalismus zugrunde liegt, sondern die Garnele tatsächlich Probleme bei der Häutung hatte und dadurch verendet ist. Eine tote Garnele wird von anderen Garnelen nicht als Artgenosse erkannt und gefressen. Trotzdem sollte man aber dafür sorgen, dass diese Garnelen nicht allzu hungrig werden, um das Risiko möglichst gering zu halten.

Garnelen können bei einem zu geringen Jodgehalt im Meerwasser Probleme bei der Häutung bekommen. Dem sollte man mit einer guten Spurenelementlösung vorbeugen.

Vermehrung: Die zwei genannten Putzergarnelen-Arten produzieren auch im Aquarium fleißig Nachwuchs. Hält man zwei größere Exemplare, so tragen beide fast fortwährend ein Eigelege mit sich herum. Diese Eier reifen zu Larven heran und je nach Wassertemperatur kann man nach 10 bis 14 Tagen durch den fast transparenten Hinterleib des Muttertieres die Augen dieser Larven als winzige schwarze Punkte erkennen. Wenige Tage später werden die Larven dann abgeworfen, meist etwa eine Stunde nach dem Abschalten der Aquarienbeleuchtung. Für viele Korallen ist dies eine willkommene Bereicherung ihres Speiseplanes, denn dabei handelt es sich um wertvolles, tierisches Plankton.

Damit diese jungen Garnelen nicht im Filter oder Abschäumer landen oder zum Futter für Fische und Korallen werden, kann man sie aus dem Aquarium herausfangen. Im unbeleuchteten Aquarium ist das mit Hilfe einer Taschenlampe sehr leicht, weil die kleinen Garnelen fortwährend versuchen, zum Licht hinzuschwimmen. Setzt man sie in einen separaten Behälter, kann man die künstliche Aufzucht versuchen. Das ist schwieriger, als es zunächst aussieht, aber es sind schon Erfolge vermeldet worden.

Porzellankrabben

Diese kleinen Krabben der Familie Porcellanidae leben als Kommensalen (Tischgenossen) auf verschiedenen sessilen Wirbellosen. Sie sind leicht zu halten, müssen aber wenigstens zweimal täglich gefüttert werden.

Knallkrebse

Diese kleinen Garnelen leben in Symbiose mit Grundeln. Der hier gezeigte *Alpheus bellulus* lässt sich leichter mit unterschiedlichsten Symbiosegrundeln vergesellschaften als andere Knallkrebsarten.

Pflegeleichte und haltbare Fische für das Riffaquarium

Normalerweise sind die Fische in einem Aquarium die Hauptakteure. Sie stehen im Mittelpunkt, denn zu ihrer Haltung wird das Aquarium ja meist eingerichtet. In einem Riffaquarium ist das aber etwas anders, denn es ist dicht mit Korallen besiedelt. Hier sind die festsitzenden, wirbellosen Tiere wichtiger. Trotzdem gehören natürlich auch einige Fische dazu, weil sie ja auch in der Natur ein fester Bestandteil der Lebensgemeinschaft Korallenriff sind. Viele Fische erfüllen im Riffbiotop auch bestimmte Aufgaben, zum Beispiel als Algenfresser. Darum sollten sie im Riffaquarium nicht fehlen. Trotzdem sollte man aber immer daran denken, dass sie bei diesem Aquarien-typ nicht im Mittelpunkt stehen.

Wer sein Aquarium sehr dicht mit Fischen besetzt, der wird es stark mit organischen Substanzen belasten. Erinnern wir uns an das Einleitungskapitel dieses Buches, in dem wir die Riffbewohner in die drei Gruppen Produzenten, Konsumenten und Destruenten einteilten. Eine Koralle ist ein Konsument, der aber mit den Symbiosealgen im Gewebe auch Produzenten mitbringt, und auf dem kalkhaltigen Siedlungssubstrat auch Bakterien besitzt, also Destruenten. Mit jeder Koralle fügen wir dem Aquarium also eine Lebensgemeinschaft verschiedener Organismen zu, in der alle drei Gruppen vertreten sind. Bei Fischen ist das anders. Sie belasten das Wasser fortwährend durch Stoffwechelprodukte. Selbst wenn sie keinen Darminhalt ausscheiden, sondern sie über die Kiemen Ammonium ab und belasten dadurch das Wasser. Je größer die organische Belastung des Aquarienwassers, um so stärker ist die Krankheitsanfälligkeit der Fische, denn das körpereigene System zur Abwehr der überall vorhandenen Krankheitserreger wird geschwächt. Wer sein Aquarium also mit sehr wenigen Fischen besetzt, der wird kaum jemals Probleme mit Fischkrankheiten haben.

Das entscheidende Argument für den Kauf eines bestimmten Fisches sollte möglichst nicht die Frage sein, ob man ihn gerne haben möchte, sondern die, ob er mit seiner Lebensweise in das Aquarienbiotop hineinpaßt. Hier ist es sehr hilfreich, wenn der Aquarianer seinen Fischbesatz von vornherein plant und sich gut überlegt, welche Fischgattungen er in das Aquarium einsetzen möchte, anstatt solche Entscheidungen im Aquariengeschäft spontan zu treffen oder sie gar von einem Sonderangebot abhängig zu machen.

Für den Einsteiger ist es ganz besonders wichtig, Fische auszuwählen, die nicht nur hübsch aussehen, sondern auch unempfindlich sind und kleinere Fehler nicht allzu übel nehmen. Entgleitet zum Beispiel der Salzgehalt und steigt ungewollt an, zum Beispiel durch eine ungenaue Messung, dann sind sehr empfindliche Fische unter Umständen schon am kommenden Tag mit Hautparasiten übersät. Diese Parasiten, die sich in jedem Aquarium befinden, vermehren sich und können dann in der großen Zahl auch gesunde Fische befallen, so dass innerhalb weniger Tage der gesamte Fischbesatz er-

Bilder links: Ein Blick in das Rundbecken aus Acryglas von Pieter van Suylekom. Fotos: P. van Suylekom

kranken kann. Pflegt man als Einsteiger nur unempfindliche, belastbare und anpassungsfähige Fische, dann sind diese Gefahren weitaus geringer, und wenn man sein Aquarium nur mit wenigen Fischen besetzt, dann stehen die Chancen gut, dass das Thema Fischkrankheiten auch ohne ein Quarantäneaquarium ein Fremdwort bleiben wird. Ähnlich wie bei den Wirbellosen in den vorangegangenen Kapiteln werden hier von den vielen Gattungsfamilien, die der Handel anbietet, nur diejenigen Arten vorgestellt, bei deren Haltung auch der Einsteiger keine Probleme zu erwarten hat. Natürlich kommen auch für den unerfahrenen Riffaquarianer zahlreiche weitere Arten in Frage, doch hier sollte man sich vor einem Kauf vom verantwortungsbewußten Fachhändler über ihre Empfindlichkeit informieren lassen.

Fischfütterung

Sehr sinnvoll ist es auch, Fische einer bestimmten Art nicht als Einzelexemplar zu halten, sondern wenigstens paarweise. Selbst viele Arten, die als aggressiv gegen Artgenossen gelten, lassen sich oft in zwei oder mehr Exemplaren halten, selbst dann, wenn das Aquarium relativ klein ist. Voraussetzung dafür ist jedoch, dass sie reichlich Nahrung bekommen und keine Angst vor Nahrungskonkurrenz haben müssen. Hält man hingegen die Nahrung knapp, dann steigt die Aggressivität der meisten Fischarten deutlich an, weil sie Nahrungskonkurrenten vertreiben wollen. Jeder, der schon einmal im Korallenriff getaucht hat oder geschnorchelt ist, weiß, dass zahlreiche Fischarten dort in Gruppen leben. Die gleichen Fische bekämpfen sich im Aquarium oft massiv. Schaut man aber genauer hin, dann sieht man, dass

Prächtig wachsende Steinkorallen und fette Fische schließen einander nicht aus, wie hier zu sehen.
Foto: D. Burghardt

die kampflustigen Fische im Aquarium eingefallene Hungerbäuche haben, während die Fische im Riff prall und fett sind. Im Meer gibt es keine hungernden Fische. Hat ein Fisch nicht genug Nahrung, dann wird er bei der Nahrungssuche unvorsichtig und fällt seinem Freßfeind zum Opfer. Das ganze Leben eines Fisches besteht hauptsächlich aus zwei Fragen: "*Wer* kann *mich* fressen?" und "*Wen* kann *ich* fressen?". Die gesamte Nahrungssuche eines Fisches im Riff ist eine Art Balanceakt zwischen Angst und Hunger. Stets lauert der Freßfeind, und sobald der Hunger größer ist als die Vorsicht, schlägt dieser unerbittlich zu.

Natürlich soll der Aquarianer nicht dazu verleitet werden, seinen Fischen mehr Futter zu geben, als das Aquarium verkraften kann. Jedes Aquarium kann nur mit einer bestimmten Maximalmenge an Futter belastet werden. Das rechtfertigt aber nicht, einen Fisch so sparsam zu füttern, dass er dünner ist, als seine Artgenossen in freier Natur. Wer um die Wasserqualität bangt, soll weniger füttern, aber auch weniger Fische einsetzen, damit alle satt werden. Auch reicht eine Fütterung pro Tag für die wenigsten Fische aus. Manch ein Aquarianer begründet die sparsame Fütterung mit dem Argument, in der Natur müßten die Fische schließlich auch fortwährend nach Nahrung suchen; diese Aktivität sei auch im Aquarium wichtig. Das trifft zwar zu, ist aber nur vordergründig richtig. Natürlich sind die meisten Fische im Riff fortwährend auf Nahrungssuche. Doch es wird übersehen, dass diese Fische den ganzen Tag hindurch die Nahrung nicht nur suchen, sondern auch finden und fressen. Zahlreiche Arten haben darum winzige Mägen, die fortwährend gefüllt werden müssen. Fütterte man diese Fische nur einmal am Tag, dann käme dies einem Menschen gleich, der nur einmal pro Woche etwas zu essen bekäme. Dieser würde wahrscheinlich auch fortwährend nach Nahrung suchen und jeden Nahrungskonkurrenten aggressiv vertreiben. Ein Riffaquarium wird nicht dadurch schön und interessant, dass eine möglichst große Zahl prächtig gefärbter, dünnbäuchiger "Zier"-Fische nervös und aggressiv nach Nahrung sucht. Ein Riffaquarium ist nur dann reizvoll, wenn die darin lebenden Fische gesund ernährt sind und sich natürlich verhalten, selbst wenn dies im Extremfall bedeutet, dass man nur zwei oder drei kleine Fische halten kann.

Riffbarsche Pomacentridae

Riffbarsche sind die bedeutendste Gruppe von Aquarienfischen. Sie sind sehr farbig, stark revierbildend und darum aggressiv. Man sollte sie möglichst gleichzeitig einsetzen. Jeder Fisch muß ein Revier bilden und verteidigen können. Fische, die kein eigenes Revier bilden können, werden gejagt und fortwährend attackiert, sodass sie zugrunde gehen. Zu den Riffbarschen gehören die Anemonenfische und die Zwergriffbarsche.

Anemonenfische ("Clownfische")

Anemonenfische sind gegen andere Anemonenfischarten sehr aggressiv. Dies liegt allerdings an den engen Raumverhältnissen im Aquarium, denn das Revier, das ein Anemonenfischpaar beansprucht, ist in der Regel größer, als das Aquarium. Am besten setzt man nur ein Anemonenfisch-Paar in das Aquarium ein, das in einer Anemone (oder einer anemonenähnlichen Koralle) wohnen kann. Nur in einem sehr großen Aquarium kann man später weitere Anemonenfische hinzusetzen.

Besonders pflegeleicht sind die folgenden Arten:

***Amphiprion ocellaris* (Clownfisch, Anemonenfisch, "Percula")**
Größe: 8 cm
Beschreibung: Orange mit weißen Binden, die schwarz umrandet sind.
Fütterung: Trockenfutter, Frostfutter
Vergesellschaftung mit Fischen: aggressiv gegen Artgenossen und andere Anemonenfische, mit anderen Arten verträglich
Vergesellschaftung mit Wirbellosen: problemlos; nimmt Wirbellose als Ersatzanemone
Aquarienhaltung: Robust, neigt bei der Eingewöhnung zu Krankheiten. Paarweise mit einer Anemone einsetzen.

***Amphiprion chrysopterus* (Clownfisch, Anemonenfisch)**
Größe: 13 cm
Beschreibung: Dunkelbraun bis schwarz, Flossen und Kopf goldgelb, weiße Querbinden
Fütterung: Trockenfutter, Frostfutter
Vergesellschaftung mit Fischen: aggressiv gegen Artgenossen und andere Anemonenfische, mit anderen Arten meist verträglich
Vergesellschaftung mit Wirbellosen: problemlos; nimmt Wirbellose als Ersatzanemone, wenn keine Anemone vorhanden.
Aquarienhaltung: leicht zu pflegen

Foto: E. Thaler

***Premnas biaculeatus* (Samtanemonenfisch)**
Größe: 13 cm
Beschreibung: Tomatenrote Grundfarbe, weiße oder gelbe Querbänder, unterhalb des Auges ein nach hinten gerichteter Stachel
Fütterung: Trockenfutter, Frostfutter
Vergesellschaftung mit Fischen: sehr aggressiv gegen Artgenossen und andere Anemonenfische, mit anderen Arten meist verträglich
Vergesellschaftung mit Wirbellosen: problemlos; nimmt Wirbellose als Ersatzanemone, wenn keine Anemone vorhanden.
Aquarienhaltung: leicht zu pflegen, ist allerdings der aggressivste aller Anemonenfische

Zwergriffbarsche ("Demoisellen")

Zwergriffbarsche gehören im Seewasseraquarium zu den unempfindlichsten aller Fische. Das macht sie zu idealen Anfängerfischen. Leider ist ihre Aggressivität in einem kleinen Aquarium sehr ausgeprägt, weil sie ein Revier mit einem Durchmesser von rund 50 bis 60 cm beanspruchen. Dieses Revier wird sogar mit großer Vehemenz gegen die Hand des Pflegers verteidigt. Darum sollte man keinesfalls zu viele dieser hübsch gefärbten Fische einsetzen, weil die überzähligen Tiere recht schnell zugrunde gehen würden. Zwergriffbarsche sind sehr ortstreu und verlassen ihr Revier meist nur während der Fütterung.

Besonders pflegeleicht sind die folgenden Arten:

Chrysiptera parasema (Gelbschwanzdemoiselle, Goldschwanz-Riffbarsch)

Größe: 5 cm
Beschreibung: Körper kräftig blau, Schwanz gelb
Fütterung: Trockenfutter, Frostfutter
Vergesellschaftung mit Fischen: aggressiv gegen Artgenossen und andere Zwergriffbarsche, mit anderen, größeren Arten meist verträglich
Vergesellschaftung mit Wirbellosen: problemlos
Aquarienhaltung: leicht zu pflegen; laicht bei paarweiser Haltung oft im Aquarium ab und ist dann besonders aggressiv

Chrysiptera cyanea (Blaue Demoiselle, Blauer Riffbarsch)

Größe: 6 cm
Beschreibung: Körper blau, Schwanzflosse bei einigen Fangorten gelb oder orange, sonst auch blau, wird oft unter anderem Namen angeboten
Fütterung: Trockenfutter, Frostfutter
Vergesellschaftung mit Fischen: sollte in einer Gruppe gehalten werden
Vergesellschaftung mit Wirbellosen: problemlos
Aquarienhaltung: leicht zu pflegen

Schleimfische Blenniidae

Schleimfische sind kleinbleibende, bodenlebende Fische, die nur kurzzeitig im Freiwasser schwimmen. Ihre Schuppen sind stark reduziert und die nackte Haut ist von einer schützenden Schleimschicht bedeckt. In kleinen Aquarien sind sie gegen Artgenossen sehr aggressiv und sollten darum einzeln gehalten werden, können aber mit anderen Fischen vergesellschaftet werden.

Besonders pflegeleicht und interessant ist die folgende Art:

Ecsenius bicolor **(Bicolor-Blenny)**
Größe: 10 cm
Beschreibung: vordere Hälfte blauschwarz, hintere Hälfte orange, zwei kleine Tentakel am Kopf
Fütterung: Trockenfutter, Frostfutter
Vergesellschaftung mit Fischen: paarweise gut haltbar, aggressiv gegen Artgenossen und andere Blenniden
Vergesellschaftung mit Wirbellosen: problemlos
Aquarienhaltung: leicht zu pflegen; lebt in röhrenförmiger Höhle, in die er rückwärts hineinschwimmt

Grundeln Gobiidae

Grundeln sind kleinbleibende, bodenlebende Fische, die nur kurzzeitig im Freiwasser schwimmen. Sie sitzen meist auf einer erhabenen Stelle - mit Vorliebe auf einer Koralle - und beobachten die Umgebung. Sie sind wenig aggressiv und sollten nicht mit allzu hektischen Fischen vergesellschaftet werden.

Besonders pflegeleicht sind die folgenden Arten:

Gobiodon okinawae **(Zitronengrundel)**
Größe: 4 cm
Beschreibung: ganzer Körper gelb, keine blauen Querbänder
Fütterung: Trockenfutter, Frostfutter
Vergesellschaftung mit Fischen: problemlos, soll als Paar gepflegt werden
Vergesellschaftung mit Wirbellosen: problemlos, frißt gelegentlich Acropora-Polypen
Aquarienhaltung: leicht zu pflegen, braucht ein ruhiges Aquarium

***Gobiodon citrinus* (Zitronengrundel)**
Größe: 7 cm
Beschreibung: Grundfarbe gelb, neonblaue Querbänder am Kopf
Fütterung: Trockenfutter, Frostfutter
Vergesellschaftung mit Fischen: problemlos, soll als Paar gepflegt werden
Vergesellschaftung mit Wirbellosen: problemlos
Aquarienhaltung: leicht zu pflegen, braucht ein ruhiges Aquarium

Feenbarsche Grammatidae

Feenbarsche leben in Bodennähe, schwimmen aber im freien Wasser. Sie bilden im Meer bisweilen große Gruppen, leben aber innerhalb dieser Gruppen als Einzelindividuen, sind also nicht schwarmbildend. Sie entfernen sich meist nur wenig von ihrem festen Versteckplatz und ernähren sich von winzigen Krebstieren.

Besonders pflegeleicht ist die folgenden Art:

***Gramma loreto* (Königsgramma)**
Größe: In der Karibik 8 cm, in Brasilien 12 cm
Beschreibung: Vordere Körperhälfte violett, hintere Körperhälfte gelb
Fütterung: Trockenfutter, Frostfutter
Vergesellschaftung mit Fischen: problemlos, kann in nicht zu kleinen Aquarien auch in Gruppen gehalten werden.
Vergesellschaftung mit Wirbellosen: problemlos
Aquarienhaltung: leicht zu pflegen, braucht ein ruhiges Aquarium, weil er sonst scheu bleibt und versteckt lebt.

Leierfische Callionymidae

Leierfische sind bodenlebende Fische, die sich hauptsächlich von den Kleinkrebsen ernähren, die sie finden. Früher wurden sie im Aquarium als schwer haltbar bezeichnet, doch in den modernen Korallenriffaquarien mit geringem Fischbesatz und reichen Beständen an Kleinlebewesen sind sie meist leicht zu halten. Voraussetzung dafür ist aber, dass das Aquarium nicht neueingerichtet ist (älter als ein Jahr) und nicht andere Fische gehalten werden, die sich auf die gleiche Weise ernähren, denn viele Leierfische nehmen kaum oder gar keine Ersatznahrung.

Besonders empfehlenswert ist die folgende Art:

Foto: E. Thaler

Pterosynchiropus splendidus **(Mandarinfisch)**
Größe: 10 cm
Beschreibung: grün mit roter, gelber und blauer Fleckenzeichnung, z.T. schwarz umrandet.
Fütterung: lebende Kleinkrebse, die sich im alteingerichteten Korallenriffaquarium vermehren
Vergesellschaftung mit Fischen: problemlos, aber Männchen der gleichen Art sind sehr aggressiv gegeneinander.
Vergesellschaftung mit Wirbellosen: problemlos
Aquarienhaltung: leicht zu pflegen, braucht aber ein ruhiges und alteingerichtetes Aquarium

Pfeilgrundeln Microdesmidae

Pfeilgrundeln leben in Bodennähe, schwimmen aber im freien Wasser. Sie bilden im Meer Schwärme und jagen dort fortwährend nach tierischem Plankton. Einige Arten sind besonders attraktiv gefärbt und für das Korallenriffaquarium sehr geeignet.

Besonders pflegeleicht ist die folgende Art:

Foto: E. Thaler

Nemateleotris decora **(Decora-Grundel)**
Größe: 8 cm
Beschreibung: Körper grauweiß, Schwanz rot und violett, Kopf kräftig violett
Fütterung: Trockenfutter, Frostfutter
Vergesellschaftung mit Fischen: problemlos, soll als Paar gepflegt werden
Vergesellschaftung mit Wirbellosen: problemlos
Aquarienhaltung: leicht zu pflegen, braucht ein ruhiges Aquarium

Doktorfische Acanthuridae

Doktorfische haben einen hohen, flachen Körper und besitzen an der Schwanzwurzel einen Knochenstachel, der besonders spitz und scharf ist. Dieses Messer, das zur Verteidigung eingesetzt wird, hat man oft mit dem Skalpell eines Chirurgen (oder eines Baders) verglichen, daher der Name "Doktorfisch" oder "Seebader". Doktorfische sind in der Regel gute Algenfresser. Die meisten Arten fressen am liebsten Blattalgen wie die Algen der

Gattung *Caulerpa*, doch wenn diese nicht vorhanden sind, weiden sie auch fädige Grünalgen ab. Da ihr Darm auf die Verdauung pflanzlicher Kost spezialisiert ist, benötigen sie stets ballaststoffreiche Pflanzenkost.

Besonders pflegeleicht sind die folgenden Arten:

Acanthurus olivaceus (Olivenfleck-Doktor)

Größe: 30 cm
Beschreibung: als Jungtier ganzer Körper gelb, später grau bis olivgrün, oranger Fleck mit blauem Rand an der Flanke
Fütterung: Trockenfutter, Frostfutter, Algen
Vergesellschaftung mit Fischen: problemlos
Vergesellschaftung mit Wirbellosen: problemlos
Aquarienhaltung: leicht zu pflegen, schwimmfreudiger Algenfresser

Foto: E. Thaler

Zebrasoma flavescens (Gelber Doktor, Hawaiidoktorfisch)

Größe: 20 cm
Beschreibung: gesamter Körper gelb
Fütterung: Trockenfutter, Frostfutter, Algen
Vergesellschaftung mit Fischen: problemlos, in kleinen Aquarien aggressiv gegen Artgenossen
Vergesellschaftung mit Wirbellosen: problemlos
Aquarienhaltung: leicht zu pflegen, schwimmfreudiger Algenfresser

Foto: E. Thaler

Zebrasoma scopas (Graubrauner-Seebader)

Größe: 40 cm.
Beschreibung: graubraun
Fütterung: Trockenfutter, Frostfutter, Algen
Vergesellschaftung mit Fischen: problemlos, in kleinen Aquarien aggressiv gegen Artgenossen
Vergesellschaftung mit Wirbellosen: problemlos
Aquarienhaltung: leicht zu pflegen, schwimmfreudiger Algenfresser.

Foto: E. Thaler

Seepferdchen

Zwar eignen sich Seepferdchen aus verschiedenen Gründen nicht für ein herkömmliches Riffaquarium, das mit vielen unterschiedlichen Korallen besetzt ist, aber in einem seperaten Aquarium mit Blattalgen lassen sich *H. kuda* und *H. fuscus* sowie manche Arten gut halten, wenn sie ausreichend mit Futter versorgt werden. Man sollte aber berücksichtigen, dass Seepferdchen sehr viel Futter brauchen und mehrmals täglich mit Frostfutter versorgt werden müssen. Wer das nicht konsequent und dauerhaft tun kann und will, der sollte sich keine Seepferdchen kaufen.

Natürlicher Lebensraum

Seepferdchen kommen in allen tropischen und subtropischen Meeren vor. Ihr Lebensraum sind die ruhigen Algenfelder und Tangwiesen. Sie gleiten fast unbeweglich, von der propellerartigen Rückenflosse getrieben, zwischen den Algen umher und haben dabei mehr Ähnlichkeit mit einem dahintreibenden Stückchen Tang, als mit einem Fisch. Im Riff zwischen den Korallen findet man sie fast nie, höchstens, wenn sie sich einmal verirrt haben oder als ausgesprochen schlechte Schwimmer mit der Strömung fortgetragen wurden.

Beschreibung

Seepferdchen verdanken ihren Namen der Ähnlichkeit ihres Kopfes mit dem eines Pferdes. Von der Wendigkeit eines Pferdes sind sie allerdings weit entfernt, denn Seepferdchen sind ausgesprochen tolpatschige Schwimmer, die vor allem bei kräftigerer Strömung im Aquarium leicht abtreiben, wenn sie sich nicht mit ihrem kräftigen Greifschwanz an einem Gegenstand festhalten.

Obgleich alle Seepferdchenarten der gleichen Gattung *Hippocampus* angehören, herrscht in ihrer Artbestimmung auch in der Wissenschaft viel Verwirrung. Im Handel werden zahlreiche Arten angeboten, doch fast ausnahmslos als *Hippocampus kuda* bezeichnet, was aber nur in wenigen Fällen zutrifft. Diese Art existiert tatsächlich und ist unter allen Seepferdchen diejenige, deren Jungtiere sich am besten aufziehen lassen. Sehr oft aber gehören die im Handel unter diesem Namen angebotenen Seepferdchen zu anderen Arten.

Seepferdchen haben eine ungewöhnliche Freßweise. Anstelle eines herkömmlichen Maules besitzen sie ein zahnloses Mundrohr, durch das sie kleine Futtertiere hindurchsaugen. Im Aquarium sind sie fortwährend auf der Suche nach winzigen Krebstieren, die ihre Nahrungsgrundlage bilden. In einem Riffaquarium, in dem zahlreiche andere Fische ebenfalls jeden Winkel nach solchen Kleinkrebsen absuchen, sind sie allerdings sehr starkem Konkurrenzdruck ausgesetzt und leiden sehr schnell an Mangelerscheinungen. Selbst von der normalen Fütterung der Fische bekommen sie meist gar nichts ab, weil sie sich an jeden einzelnen Futterbrocken ebenso anschleichen, als wäre es ein lebendes Krebstierchen. Bis sie sich schließlich dazu entschließen können, ihn zu fressen, hat ein Fisch ihn meist schon lange verschlungen.

Darum eignen sich Seepferdchen nicht für ein Riffbecken, sondern sollten in einem separaten Aquarium gehalten werden. Dieses Becken muß gar nicht sehr groß sein. 100 oder 150 Liter reichen bereits aus. Auch die technische Ausstattung muß nicht sehr aufwendig sein. Ideal ist es, wenn dieses Seepferdchenbecken mit einem größeren Riffaquarium in Verbindung steht, damit durch die häufige Fütterung das Wasser nicht übermäßig belastet wird. Sehr wichtig ist auch ein Besatz mit Blattalgen, beispielsweise *Caulerpa taxifolia* oder *C. prolifer*. Wenn in diesem Aquarium keine Nahrungskonkurrenten gehalten werden, dann haben die Seepferdchen eine gute Nahrungsgrundlage. Auch die Zahl der gehaltenen Seepferdchen sollte nicht zu groß sein, weil diese sonst gegenseitig konkurrieren würden.

Seepferdchen *H. kuda* und *H. fuscus*

Hippocampus kuda und *H. fuscus* sind zwei Seepferdchenarten, die in der Aquaristik als Nachzucht angeboten werden. Wenn Sie solche Nachzuchttiere im Handel erwerben, haben Sie die Gewähr, dass sie zu einer gut haltbaren Art gehören uns sich auch nachziehen lassen. Darum sollten Sie nicht irgendeine Seepferdchenart kaufen und vor allem naturentnommene Tiere meiden. Sie können Krankheitserreger tragen, durch Hälterung und Transport geschwächt sein und gewöhnen sich meist schwer an Frostfutter. Nachzucht-Seepferdchen hingegen sind gesund und futterfest.

H. fuscus gehört zu den gut haltbaren Arten, die als Nachzuchtier erhältlich sind.

Aquarienhaltung von Seepferdchen

Beleuchtung: Seepferdchen fühlen sich in sehr hellem Licht nicht allzu wohl. Sie mögen das dämmrige Licht von Leuchtstoffröhren lieber als die sonnenähnliche Strahlung von HQI-Lampen.

Wasserbewegung: Da Seepferdchen sehr schlechte Schwimmer sind und nur geringe Manövrierfähigkeiten haben, sollte die Strömung in einem Seepferdchenaquarium sehr seicht sein.

Wasserqualität: Seepferdchen sind nicht allzu empfindlich gegenüber organischer Belastung.

Fütterung: Am besten mehrmals täglich mit tiefgefrorenen Schwimmgarnelen (Mysis) oder ausgewachsenen, tiefgefrorenen Artemien füttern. Dabei nehmen die Seepferdchen nach einer gewissen Gewöhnungszeit die Nahrung auch aus der Hand des Pflegers. Wichtig ist, dass nur in einer flachen Schale gefüttert wird, in der das restliche Futter abgesaugt werden kann, bevor es verdirbt. Tut man dies nicht absolut zuverlässig, dann fressen die Pferdchen schon eine halbe Stunde nach der Fütterung verdorbene Futtertiere, die über Darmstörungen schnell zum Tode führen können. Damit Mangelerscheinungen verhindert werden, sollte man das Futter regelmäßig mit einer Vitaminlösung oder besser noch mit einem speziellen Präparat wie Selco® anreichern.

Die häufige Fütterung mehrmals am Tag und das konsequente Absaugen von Futterresten vor dem Verderben innerhalb von rund 30 Minuten entscheiden bei der Seepferdchenhaltung über Erfolg und Misserfolg.

Vergesellschaftung mit Fischen: Die Vergesellschaftung von Seepferdchen mit Fischen jeglicher Art ist ausgesprochen problematisch und geht immer auf Kosten der Seepferdchen. Darum sollten diese possierlichen Tierchen immer ohne Fische gehalten werden.

Vergesellschaftung mit Wirbellosen: Auch Korallen jeglicher Art stören im Seepferdchenaquarium, denn die Seepferdchen halten sich mit ihrem Greifschwanz an nahezu jedem Gegenstand fest, der ihnen dazu geeignet scheint. Hierbei kommt es vor, dass sie einen Röhrenwurm ungewollt "erwürgen" oder dass sie sich an den Nesselgiften der Korallen schädigen. Scheibenanemonen allerdings stören in einem Seepferdchenaquarium nicht und lieben ebenfalls die seichte Wasserbewgung und die relativ schwache Beleuchtung. Darum könne sie dazu beitragen, ein solches Artenbecken etwas abwechslungsreicher zu gestalten.

Haltungsprobleme: Grundsätzlich ist die Haltung der Seepferdchen leicht, wenn sie einmal eingewöhnt sind. Problematisch ist manchmal die Gewöhnung an tiefgefrorenes Futter wie Mysis oder Artemien, weil der Bewegungsreiz des Futtertieres fehlt. Hier hilft der weiter unten beschriebene „Teller-Trick“. Im Prinzip ist die Haltung aquariengeeigneter Seepferdchen leicht, wenn mehrmals täglich über eine Futterschale gefüttert wird und die Futterreste konsequent abgesaugt werden. Wenn Sie dies aber vernachlässigen. werden Sie keinen längeren Erfolg mit den Tieren haben; sie werden abmagern und sterben. Achten Sie immer darauf, dass die einzelnen Knochenplatten der Seepferdchen nach außen gewölbt sind und nicht nach innen, wie man es meist sieht. Frisch importierte Wildfänge weisen meist solche nach innen gewölbte Knochenplatten auf, was zeigt, dass sie lange Zeit gehungert haben. Solche Tiere sind geschwächt und kaum am Leben zu erhalten. Umfassende Informationen über die erfolgreiche Seepferdchenhaltung finden Sie bei MAI (2002 a).

Vermehrung: Die Fortpflanzung der Seepferdchen ist außerordentlich interessant, vom Liebesspiel der Elterntiere über die Geburt der Jungen bis zum Aufziehen der winzigen, aber vollständig ausgebildeten Seepferdchen-babys. Während eines zärtlichen und tanzähnlichen Liebesspiels reicht das weibliche Seepferdchen dem Männchen die Eier mit einer speziellen Lege-röhre und deponiert diese in dem Brutbeutel an der Bauchseite. Im Laufe von Tagen bis Wochen nimmt der Umfang dieses Beutels zu, bis schließlich eines Abends, meist etwa eine halbe Stunde nach dem Erlöschen der Beleuchtung, die Jungen ausgestoßen werden. Die gesamte Geburt zieht sich bisweilen über mehrere Stunden hin und es werden in gewissen Zeitabständen stoßweise mehrere Junge freigesetzt. Die Zahl der Jungtiere ist sehr unterschiedlich und variiert von 10 oder 20 bei kleineren Arten bis hin zu 250 oder 300 Jungen bei anderen Arten. Die Art *Hippocampus kuda* trägt meist zwischen 20 und 50 Junge, die besonders weit entwickelt sind.

Grundsätzlich läßt sich sagen, dass die jungen Seepferdchen um so schwieriger aufzuziehen sind, je größer ihre Zahl bei einem Wurf ist. Arten, die nur 20 oder 50 Junge austragen, bringen in der Regel relativ große Jungtiere zur Welt, die gut ausgebildet sind und erheblich größere Überlebenschancen haben. Hierzu zählt *Hippocampus kuda*. Andere Arten, die erheblich mehr Junge austragen, bringen sehr viel schlechter ausgebildete Jungtiere zur Welt, die weitaus kleiner sind und im Aquarium kaum Überlebenschancen haben.

Zur Fütterung der Jungen eignen sich frisch geschlüpfte Nauplien der Artemia-Salzkrebschen, die als getrocknete Artemia-Eier im Fachhandel erhältlich sind und in einer speziellen Nährlösung (z.B. Selco®) angereichert werden müssen. Bei intensiver Fütterung mehrmals täglich wachsen die Jungen meist gut. Nur die ersten fünf Tage sind etwas problematisch, weil die jungen Seepferdchen in dieser Zeit noch keine kräftigen Verdauungssekrete produzieren können und die Panzer der gefressenen Artemien nicht auflösen können. Hier hilft es, die Artemien direkt nach dem Schlupf zu verfüttern, denn ihr Panzer erhärtet erst nach drei oder vier Stunden. Frißt das junge Seepferdchen die Artemia-Nauplie innerhalb der ersten drei oder vier Stunden nach deren Schlupf, so kann es das Futtertier verdauen. Nach rund fünf Tagen ist dann der Verdauungsapparat des jungen Seepferdchens so gut entwickelt, dass alle Artemien problemlos verdaut werden können. Detaillierte Informationen über die Nachzucht von Seepferdchen finden Sie bei Mai 2002 b. Es ist zweifellos eine etwas mühesame Angelegenheit, Seepferdchen aufzuziehen. Auch gelingt dies selten beim ersten Versuch. Doch die Mühe lohnt sich, und wer seinen erwachsenen Seepferdchen gute Bedingungen schafft, der erhält alle paar Wochen Nachwuchs, um es zu versuchen.

Der „Teller-Trick“

Mit dem „Teller-Trick“ gelingt es besonders gut, Seepferdchen an Frostfutter zu gewöhnen.

Für Seepferdchen, die noch nicht daran gewöhnt sind, tote Nahrung aufzunehmen, sind oft kleine Tricks nötig. Um die aufgetauten Schwebegarnelen in einer Futterschale lebendig erscheinen zu lassen, arbeite ich mit der Wasserströmung des Aquariums, denn mit ihrer Hilfe lassen sich die Futtertiere bewegen, wodurch die Pferdchen überlistet werden. Für diesen Trick benötigen Sie eine hochrandige Schale, die leicht aus Acrylglas herzustellen ist. Gute Erfahrungen habe ich mit einer Randhöhe von 30 Millimetern gemacht. Allerdings sollte dieser Rand absolut senkrecht sein. Der Durchmesser meiner Schalen Betrug 20 bis 30 Zentimeter; in diesem Falle handelte es sich um Glasschalen (Laborzubehör). Weiterhin benötigen Sie eine Strömungspumpe mit variabler Einstellung. Damit die Wasserströmung genau richtig ist, müssen Sie etwas experimentieren. Am besten stellen Sie die Pumpe zunächst ganz ab und warten, bis die Wasserturbulenz im Aquarium sich vollständig gelegt hat. Dann platzieren Sie mit Hilfe einer Kunststoffspritze die Schwebegarnelen in der Schale, und anschließend starten Sie die Störungspumpe ein wenig, bis das Frostfutter in der Glasschale leicht zu „tanzen“ beginnt. Kommt es nicht zum Abheben des Futters vom Boden, dann werden Schwebegarnelen die Schale auch nicht verlassen, sondern sich nur darin hin- und her bewegen. Wenn die Schale nicht funktioniert, weil die Schwebegarnelen trotz schwacher Strömung vom Boden abheben, dann müssen Sie die Strömungsrichtung der Pumpe ändern. Sehr hilfreich ist es, in die Mitte der Schale das Skelett einer abgestorbenen *Acropora*-Steinkoralle zu stellen, damit sich die Pferdchen daran festhalten und die „tanzenden“ Schwebegarnelen in aller Ruhe betrachten können.

Algen im Riffaquarium

Während im Süßwasser Pflanzen dominieren und nur wenige Algen vorhanden sind, besteht das pflanzliche Leben im Meer zu über 90 % aus Algen, darunter auch viele höhere Blattalgen. Diese Algen sind notwendiger Bestandteil des Riffes. Ohne Algen kann ein Riff nicht existieren.

Auch im Aquarium sind bestimmte Algenarten hilfreich und erwünscht. Höhere Algen wachsen meist kontrollierbar und helfen, das Wasser von Pflanzennährstoffen zu befreien. Allerdings können sie bei übermäßig starkem Wachstum auch die Entwicklung der Symbiosealgen in den Korallen hemmen. Darum müssen sie regelmaßig ausgelichtet werden.

Algen sind wichtig

Das Korallenriff wird auf den ersten Blick von Korallen beherrscht. Dies ist aber nur möglich, weil diese Korallen in ihrem Gewebe Symbiosealgen besitzen. Aber auch zwischen den Korallen, meist am Fuß der Kolonien auf dem Substrat, finden wir oft Algen, die fädig und rasenartig wachsen und fortlaufend von Fischen abgeweidet werden. Würde man dieses Abweiden der Algen durch Fische und andere Algenfresser verhindern, so würden aus nahezu unsichtbaren, winzigen Restbeständen bestimmter Algenarten große Bestände heranwachsen. Das zeigt, dass auch in einem algenfrei erscheinenden Korallenriff fast überall Algen vorhanden sind.

Algen sind wichtig, weil sie den Beginn der Nahrungskette darstellen. Viele Organismen ernähren sich von Algen und dienen später Fischen und anderen Tieren in Riff oder im Aquarium als Nahrung. Algen werden sich im Aquarium immer in dem Maße vermehren, in dem sie Nährstoffe finden. Vermehren sich Algen übermäßig, so ist dies - wie in einem Gartenteich oder einem See - ein Hinweis darauf, dass zu viele Nährstoffe im Wasser vorhanden sind.

Alle Algen konkurrieren miteinander und versuchen, andere zurückzudrängen. Dies erreichen sie durch eine Nährstoffkonkurrenz und durch "Kampfstoffe", die sie ausscheiden, um andere Algenarten in der Entwicklung zu hemmen. Das kann sich der Aquarianer zunutze machen, indem er höhere, langsam wachsende Algen wie die Kriechsproßalgen der Gattung *Caulerpa* (vor allem *Caulerpa prolifera*) einsetzt, um den unkontrollierbar wachsenden niederen Algen die Nahrungsgrundlage zu entziehen. Im Idealfall gelingt es dem Aquarianer, Kalkrotalgen zu vermehren, die ebenfalls zahlreiche unerwünschte, niedere Algen in der Entwicklung hemmen können. Ein Aquarium wird aber selten ganz algenfrei bleiben. Siedelt man nicht selbst höhere Algen wie *Caulerpa* an, dann kommt es meist zur Ausbreitung niederer Algenarten, denen dann die Nährstoffkonkurrenz fehlt.

Algen als Nahrungskonkurrenz

Die Konkurrenz zwischen den Algenarten hat für den Aquarianer aber auch einen wesentlichen Nachteil, denn sie schließt auch die Symbiosealgen der Korallen ein. Gewinnen Algen im Aquarium die Oberhand und

Blattalgen wie diese *Caulerpa taxifolia* sind oft prächtig grün.

breiten sich sehr stark aus, dann können die Smbiosealgen der Korallen von ihnen gehemmt werden. Darum ist es für den Aquarianer wichtig, ein Gleichgewicht zu finden, das einerseits die Ausbreitung niederer Algen verhindert und andererseits die Entwicklung der Symbiosealgen in dem Gewebe der Korallen nicht hemmt. Dies gelingt nach meinen Erfahrungen vor allem im jungen Riffaquarium am besten, indem man *Caulerpa*-Kriechsproßalgen einsetzt und sie – beispielsweise im oberen, hinteren Bereich des Aquariums dicht unter der Wasseroberfläche – ungehemmt wachsen läßt, sie aber auf diesen Bereich beschränkt. Beginnen sie, zwischen die Korallen zu wachsen, so sollten diese Triebe entfernt werden. Auch muß dieser Bestand an Algen regeläßig ausgelichtet und um etwa ein Drittel reduziert werden, denn nur dadurch werden die aufgenommenen Nährstoffe, die sich in dem Gewebe der Algen befinden, aus dem Aquarium entfernt. Aquarien mit einer solchen Algenzone haben sich nach meinen Erfahrungen als besonders stabil und wenig störanfällig erwiesen. Reift das Aquarium später biologisch heran, dann werden bei günstigem Milieu Kalkrotalgen wachsen. Je mehr diese Kalkrotalgen sich dann im Aquarium ausbreiten, um so weiter können die Bestände an *Caulerpa*-Algen dann reduziert werden.

Kalkrotalgen

Die am meisten erwünschten Algen im Riffaquarium sind die Kalkrotalgen. Hierzu zählen viele Gattungen.

Kalkrotalgen gelangen meist als kleine Restbestände mit Lebendgestein in das Aquarium, oft auch mit dem Substratstein einer Koralle. Bei günstigen Bedingungen können sie das gesamte Dekorationsgestein des Aquariums innerhalb von ein oder zwei Jahren überziehen. Sie stellen normalerweise keine Konkurrenz zu den Korallen dar und ihre Ausbreitung ist ein Zeichen für ein gesundes Klima im Aquarium.

Kalkrotalgen lieben mittelstarke Beleuchtung und nährstoffarmes, aber kalkreiches Wasser. Ihr Wachstum wird gefördert durch einen Kalkreaktor und die regelmäßige Gabe von Magnesium. Ein steigender Nitrat- oder Phosphatgehalt des Wassers bremst ihr Wachstum ebenso, wie ein Mangel an Kalk oder Karbonaten.

Kalkrotalgen
Eine der schnellwüchsigsten und in den Aquarien am weitesten verbreiteten Kalkalgengattungen ist *Mesophyllum*, die dicke, rosafarbene Kalkkrusten auf dem Gestein bildet, die immer eine weiße Wachstumszone besitzen. Oft wachsen sie dachziegelartig in das freie Wasser.

Halimeda - Kalkalgen

Auch unter den Grünalgen gibt es einige Kalkalgen. Sie gehören zur Gattung *Halimeda* und sind im Aquarium außerordentlich dekorativ. Im Meer leben diese Algen meist in etwas tieferen Riffzonen, oft auf dem Grund. Nur wenige Arten findet man häufig im Flachwasserbereich, zwischen den Steinkorallen, den Weichkorallen oder gar in Strandnähe. *Halimeda*-Kalkalgen bestehen aus münzähnlichen Einzelgliedern, an deren Oberseite jeweils mehrere neue Einzelglieder wachsen, was an die Form eines Feigenkaktus erinnert.

Halimeda-Kalkalgen lieben mittelstarke Beleuchtung und nährstoffarmes, aber kalkreiches Wasser. Ihr Wachstum wird gefördert durch einen Kalkreaktor oder die regelmäßige Gabe von Kalkwasser. Ein steigender Nitrat- oder Phosphatgehalt des Wassers bremst ihr Wachstum ebenso, wie ein Mangel an Kalk oder Karbonaten. Bei plötzlichen Veränderungen in der Wasserqualität sterben *Halimeda*-Algen bisweilen innerhalb weniger Tage ab, werden weiß und zerfallen dann.

Kriechsproßalge *Caulerpa*

Kriechsproßalgen der Gattung *Caulerpa* gehören ebenfalls zu den Grünalgen. Unter ihnen finden sich die beliebtesten und im Riffaquarium am weitesten verbreiteten Algen. Die häufigste, schnellwüchsigste und anpassungsfähigste Art ist sicher *Caulerpa taxifolia*, die gefiederte, blattähnliche Segmente besitzt. Zahlreiche andere *Caulerpa*-Arten besitzen ebenfalls blattähnliche Auswüchse, die ähnlich gefiedert sind (*C. sertularioides*), trompetenähnliche Kelche tragen (*C. nummularia*), traubenähnliche Kugeln (*C. racemosa*) oder eine andere Gestalt.

All diese *Caulerpa*-Arten benötigen aber bessere und vor allem stabilere Wasserbedingungen, als die anpassungsfähige Art *Caulerpa taxifolia*. All diese Kriechsproßarten helfen dabei, anorganische Substanzen wie Nitrate und Phosphate aus dem Wasser zu entfernen, weil sie diese für ihr Wachstum benötigen. Die Ausbreitung im Aquarium ist jedoch oft so rasch, dass man Schwierigkeiten bekommt, sie zu kontrollieren, zumal *Caulerpa*-Algen gern auch zwischen die Korallen wachsen. Doktorfische helfen aber im allgemeinen sehr effektiv dabei, diese Algen zu kontrollieren.

Kriechsproßalgen der Gattung *Caulerpa*

Caulerpa taxifolia gedeiht in nährstoffreichem Wasser ebenso gut wie in nährstoffarmem Wasser. Sie vermehrt sich unter starker Beleuchtung sehr rasch, wächst aber auch noch unter einer einzelnen Leuchtstoffröhre. Die übrigen *Caulerpa*-Arten mögen mittelstarke bis kräftige Beleuchtung und vor allem stabile Aquarienbedingungen.

Fadenalgen

Fadenalgen gehören ebenfalls zu den Grünalgen, sind aber in der Aquaristik sehr unbeliebt. Der Grund dafür dürfte darin liegen, dass sie sich unkontrollierbar ausbreiten, von den meisten Algenfressern gemieden werden und zudem Stoffe an das Wasser abgeben, mit denen sie die Symbiosealgen der Korallen hemmen. Recht schnell kann sich im Aquarium ein dicker Teppich aus grünen Fadenalgen bilden, der die Korallen erstickt. Die im Aquarium häufigste Art gehört zur Gattung *Derbesia*.

Eine Fadenalgenplage im Riffaquarium läßt sich oft nur schwer beherrschen. Zu den geeigneten Maßnahmen gehören umfangreiche und regelmäßige Wasserwechsel, um den Nitrat- und Phosphatgehalt abzusenken. Die Gabe von Eisendüngern und CO_2 sollte vermieden werden, weil dies eine wachstumsfördernde Wirkung hätte. Die einzelnen Teppiche sollten regelmäßig abgerissen und entfernt werden. Die kurzen Algenreste schrubbt man mit einer Zahnbürste vom Gestein ab. Algenfressende Schnecken und Fische helfen meist, die nachwachsenden Fadenalgen kurzzuhalten.

Fadenalgen
Fadenalgen breiten sich vor allem bei einem hohen Nitrat- und Phosphatgehalt aus. Der Anstieg dieser Substanzen sollte darum vermieden werden. Hierbei helfen die Kriechsproßalgen der Gattung *Caulerpa* ebenso wie Wasserwechsel oder die regelmäßige Filterreinigung.

Kugelalgen

Auch Kugelalgen gehören zu den Grünalgen. Im Aquarium treten vor allem die zwei Gattungen *Valonia* und *Ventricaria* auf. Sie bestehen aus dichten Kolonien wassergefüllter Blasen, die Kugel- oder Keulenform besitzen. Zerdrückt man diese Kugeln, dann gelangt der Inhalt in das freie Wasser, was die Ausbreitung rapide fördern kann.

Kugelalgen
Kugelalgen der Gattungen *Valonia* und *Ventricaria* stellen zwar nicht immer eine Plage dar, beginnen aber bisweilen sehr plötzlich mit einem geradezu explosionsartigen Wachstum und sind dann nur schwer zu beherrschen. Sie können auch in Korallenkolonien hineinwachsen und die Wirbellosen stark schädigen. Ihre Ausbreitung läßt sich oft mit einer Wachstumskonkurrenz (*Caulerpa prolifera*) eindämmen. Zur Bekämpfung eignen sich vor allem Doktorfische.

Kieselalgen

Kieselalgen (Diatomeen) gehören ebenfalls zu den wenig erwünschten Algen im Riffaquarium. Sie treten in der Regel im frisch eingerichteten Aquarium als erste Besiedler auf und überziehen das Gestein mit einem braunen Belag. Diese einzelligen Algen lagern in ihre Zellwand Kieselsäure ein, daher die Bezeichnung Kieselalge. Ihre Ausbreitung ist von der Menge vorhandener Kieselsäure abhängig. Nach einigen Wochen ist die Kieselsäure im Aquarium meist so weit verbraucht, dass die braunen Beläge zurückgehen.

Kieselsäure entsteht durch das Lösen von Silicium im Wasser. Das Leitungswasser enthält mehr oder weniger große Mengen Kieselsäure und beeinflußt darum das Wachstum der Kieselalgen im Aquarium. Je stärker die Wasserverdunstung im Aquarium ist, um so mehr Wasser muß nachgefüllt werden, was bei einem hohen Gehalt an Kieselsäure das Wachstum dieser Algen fördern kann. Hier hilft es, die Verdunstung des Aquariums durch eine Abdeckscheibe zu verringern. Auch eine Wachstumskonkurrenz durch Kriechsproßalgen (*Caulerpa prolifera*) kann helfen, die Ausbreitung zu bremsen.

Rote Schmieralgen

Schmieralgen (Blaualgen, Cyanophyceen) gehören neben den Fadenalgen zur größten Plage im Riffaquarium. Sie sind nahe mit Bakterien verwandt und werden darum von vielen Wissenschaftlern als "Cyanobakterien" bezeichnet. Im Gegensatz zu anderen Algen besitzen sie die Fähigkeit, freien Stickstoff aus dem Wasser als Nährstoff aufzunehmen. In der Natur spielen sie darum eine wichtige Rolle, weil sie Stickstoff fixieren können, der dann anderen Organismen zur Verfügung steht.

Man unterscheidet eine Reinwasserform von der Schmutzwasserform. Die Reinwasserform tritt im neu eingerichteten Aquarium fast regelmäßig nach dem Verschwinden der Kieselalgen auf und geht kurze Zeit später zurück. Die Schmutzwasserform dagegen breitet sich in eingefahrenen Aquarien aus, meist ohne erkennbare Ursache. Zur Bekämpfung hilft es, die Beläge abzusaugen. Auch eine Wachstumskonkurrenz durch Kriechsproßalgen (*Caulerpa prolifera*) kann helfen, die Ausbreitung zu bremsen.

Rote Schmieralgen

Im Aquarium breitet sich Schmieralgen bisweilen sehr schnell und stark aus. Die Gründe dafür sind noch unklar. Der Stickstoffgehalt des Wassers scheint dabei eine Rolle zu spielen, doch auch eine zu starke Konzentration rötlicher und gelblicher Strahlungsanteile im Licht kann das Wachstum von Schmieralgen fördern. Die meist rötlichbraunen Teppiche können einige Korallenarten überziehen und schwer schädigen. Auch können sie Stoffe an das Wasser abgeben, die das Wachstum anderer Algenarten hemmen, diese bisweilen sogar abtöten.

Regelmäßige Pflegemaßnahmen

Einmal am Tag:

Tiere kontrollieren - Sehen Sie täglich einmal nach Ihren Tieren, um zu prüfen, ob alles gesund und munter ist. Dabei sollten Sie auch mit einem Blick kontrollieren, ob die technischen Geräte alle funktionieren.

Füttern - Geben Sie den Fischen wenigstens einmal täglich, besser aber mehrmals am Tage, etwas Futter.

Einmal in der Woche:

Wasser nachfüllen - Das verdunstete Wasser muß wenigstens einmal pro Woche durch Süßwasser ersetzt werden. Hierzu können Sie auch destilliertes Wasser verwenden.

Scheiben reinigen - Die zarten Algenbeläge auf den Sichtscheiben sollten einmal pro Woche mit einem handelsüblichen Scheibenreiniger (Magnetreiniger oder Klingenreiniger) entfernt werden.

Filter und Abschäumer reinigen - Der Filter (Schaumstoffpatrone oder Filterwatte) und der Schaumtopf des Abschäumers werden wenigstens einmal pro Woche gereinigt

Spurenelementlösung - Um verlorengegangene Spurenelemente zu ersetzen, wird dem Aquarienwasser wöchentlich einmal eine gute, handelsübliche Spurenelementlösung zugefügt.

Dichtes Wachstum von Stein- und Weichkorallen im Aquarium von Wolfgang Schnitte aus Konstanz

Bild links: Die Spitze eines *Acropora*-Astes mit weit geöffneten Polypen in einer Makroaufnahme.

Einmal im Monat:

Teilwasserwechsel - Tauschen Sie einmal im Monat 10 bis 20 Prozent des Aquarienwassers gegen frisch angemischtes Meerwasser aus. Lassen Sie das frisch angemischte Wasser zuvor möglichst in einem Eimer über Nacht im gleichen Zimmer stehen. In dieser Zeit finden im Wasser aggressive, chemische Vorgänge statt und die Temperatur gleicht sich der Raumtemperatur an. Bevor Sie den Wasserwechsel durchführen, messen Sie Salzgehalt und Temperatur des frischen Wassers. Diese Werte sollten mit jenen des Aquariums übereinstimmen.

Kohlefilterung - Wenn Sie ständig über Aktivkohle filtern, sollten Sie einmal im Monat einen Teil dieser Kohle wechseln. Setzen Sie nicht zuviel Kohle ein. Verwenden Sie besser eine geringere Menge eines hochwertigeren Produktes.

Wasserwerte messen - Um sicher zu sein, daß sich das Aquarienmilieu gut entwickelt, sollten Sie einmal im Monat einige Wasserwerte kontrollieren. Diese Messungen werden mit einfachen, handelsüblichen Testlösungen oder einfachen Geräten durchgeführt und erfordern nur wenige Handgriffe. Vorkenntnisse sind dazu nicht nötig. Die folgenden Kapitel informieren über diese Messungen im Detail. Zu diesen Wasserwerten gehören:

- **Säurewert (pH-Wert)**
- **Karbonathärte (kH-Wert)**
- **Temperatur**
- **Salzgehalt**

Weitere Wasserwerte wie der Nitrit- oder der Nitratgehalt können mit handelsüblichen Testlösungen leicht gemessen werden, doch ihre Kontrolle muß im normal funktionierenden Riffaquarium nicht monatlich erfolgen, sondern nur in größeren Abständen oder bei Bedarf. Dies ist zum Beispiel der Fall, wenn Fische krank sind, wenn Korallen sich nicht vollständig öffnen oder wenn das Wasser trüb ist. Die folgenden Kapitel werden sich hiermit näher beschäftigen.

Das Riffaquarium von D. Burghardt und L. Fritthum aus Österreich, dessen Ausschnitte in diesem Buch auf vielen Seiten zu sehen sind Foto und Bildmontage: D. Burghardt

Ein wenig Physik und Chemie

Dieses Kapitel informiert den Einsteiger in leichtverständlicher Weise über chemische und physikalische Zusammenhänge, die bei Einrichtung und Pflege eines Riffaquariums von Bedeutung sind. Die Produktabbildungen stehen nur beispielhaft für die jeweilige Produktgruppe und sollen keine Kaufempfehlung darstellen. Ihr Aquarienhändler wird Sie gern über diejenigen Gerätetypen oder Pflegemittel informieren, mit denen er selbst Erfahrung hat.

Der Salzgehalt

Im natürlichen Meerwasser sind alle chemischen Elemente gelöst, die der Wissenschaft bekannt sind. Einige davon kommen nur in winzigen Spuren vor und werden darum als Spurenelemente bezeichnet. Andere Elemente sind im Meerwasser in größeren Mengen enthalten. Man bezeichnet diese Substanzen als Mengenelemente. Das wichtigste Mengenelement in den Weltmeeren und im Meeresaquarium ist das Natrium, das Kochsalz. Es macht mit 35 Promille den allergrößten Teil der Stoffe aus, die im Meerwasser gelöst sind. Die Konzentration entspricht etwa der Kochsalzmenge im menschlichen Blut, was wahrscheinlich darauf zurückzuführen ist, dass sich unsere Vorfahren vor vielen Millionen Jahren im Meer entwickelt haben.

Die Mengenangabe 35 Promille bedeutet, dass in jedem Liter Wasser 35 Gramm Kochsalz gelöst sind. Geben wir 300 Litern Wasser 10 kg Kochsalz zu, so haben wir pro Liter 33,3 Gramm Salz zugefügt. Das entspricht einem Salzgehalt von etwa 33 Promille, ungefähr derjenigen Salzkonzentration, die wir in den Weltmeeren vorfinden.

Die Angabe des Salzgehaltes in Promille ist zwar sehr präzise, doch wenn dieses Salz in unserem Aquarium gelöst ist, dann können wir diesen Promillewert nicht ohne weiteres messen. Darum greift man hier in der Meeresaquaristik zu einem physikalischen Trick. Man verwendet eine einfache Meßmethode, die auch in der Medizin eingesetzt wird, zum Beispiel für Urinuntersuchungen. Hierbei macht man sich die Tatsache zunutze, dass unser Wasser durch das Hinzufügen von Salz schwerer wird. Vor der Salzzugabe wog unser Liter Wasser genau 1.000 Gramm. Nachdem wir nun 33,3 Gramm Salz hinzugefügt haben, ist jeder einzelne Millimiter etwas schwerer geworden.

Dies läßt sich mit einem einfachen Experiment nachweisen. Legen wir ein rohes Ei in einen Eimer mit Süßwasser, so wird es zu Boden sinken, weil es schwerer ist, als die gleiche Volumenmenge Wassers. Legen wir dieses Ei aber in unser Salzwasser, dann wird es schwimmen, denn es hat weniger Gewicht, als die gleiche Volumenmenge des Salzwassers. Um nun die genaue Salzmenge zu bestimmen, könnte man theoretisch die Schwimmhöhe des Eies messen.

Genau diesem Prinzip folgt die Meßmethode mit einem Aräometer. Ein hohler Glaskörper, dessen Gewicht festgelegt ist, wird in destilliertes Wasser gebracht, um dort seine Schwimmhöhe zu messen. Wird dieser Glaskörper nun mit einer Meßskala versehen, dann kann mit Hilfe der Skala das

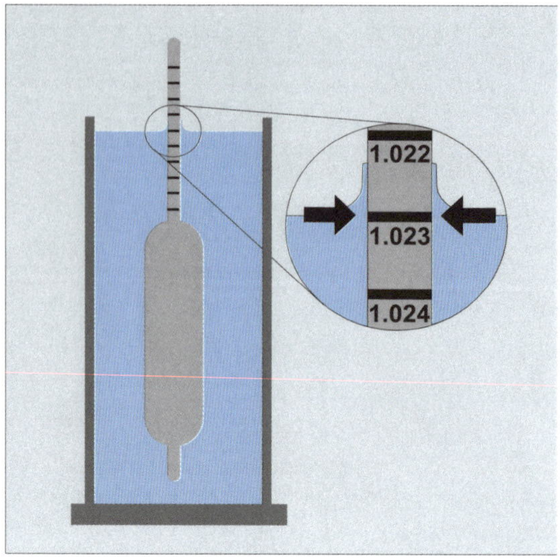

Das Aräometer mißt den Salzgehalt des Aquariums mit einem physikalischen Trick; die Wasseroberfläche markiert den richtigen Salzdichtewert auf der Skala.

Gewicht jeder Flüssigkeit gemessen werden. Je größer die Salzkonzentration im Wasser ist, desto höher ist das spezifische Gewicht des Wassers und desto höher wird das Aräometer auf dem Wasser schwimmen.

Allerdings muß bei dieser Meßmethode eine Kleinigkeit berücksichtigt werden: die Wassertemperatur. Aus dem Physikunterricht wissen wir, dass sich Wasser bei Erwärmung ausdehnt und bei Abkühlung zusammenzieht. Ein randvoller Behälter mit einem Liter Wasser enthält also bei 90° C erheblich weniger Wassermoleküle, als ein gleichgroßer und ebenfalls randvoller Behälter bei 10° C. Aus der Zahl der Wassermoleküle ergibt sich aber das spezifische Gewicht, das wir messen wollen. Ein Liter heißes Wasser wiegt also etwas weniger, als ein Liter kaltes Wasser. Darum muß die Messung mit dem Aräometer immer bei der gleichen Temperatur erfolgen. Üblicherweise hält man sich dabei an die sogenannte Eichtemperatur, also diejenige Temperatur, bei der vom Hersteller die Eichung des Aräometers durchgeführt wurde. Normalerweise beträgt diese Eichtemperatur 25° C.

Unser Wasser wog vor der Aufsalzung genau 1.000 Gramm je Liter. Nachdem wir pro Liter nun 33,3 Gramm Salz hineingestreut haben und gleichzeitig durch das Salzvolumen etwas Wasser verdrängt haben, wiegt unser Wasser nun genau 1.022 Gramm pro Liter. Er hat also ein spezifisches Gewicht von 1,022. Dieser Wert kann auf der Skala des Aräometers abgelesen werden, und zwar genau an der Wasseroberfläche.

Die Grenzwerte für die Pflege der Korallen und der anderen wirbellosen Rifftiere liegen bei 1,020 und 1,025. Bleiben wir zwischen diesen beiden Werten, dann liegen wir etwa im Rahmen der natürlichen Werte in tropischen Meeren. Diesen Salzgehalt sollten wir im Aquarium möglichst konstant halten, um den Tieren ein stabiles Lebensmilieu zu bieten. Darum müssen wir den Salzgehalt regelmäßig prüfen, selbst wenn kein Wasserwechsel durchgeführt wurde und das verdunstete Wasser regelmäßig mit Süßwasser ersetzt wird, so dass große Veränderungen im Salzgehalt nicht zu erwarten sind. Normalerweise ändert sich der Salzgehalt im Aquarium nicht ohne weiteres, doch zahlreiche "Kleinigkeiten" beeinflussen den Salzgehalt und können ihn im Laufe der Zeit senken. Die Flüssigkeit im Schaumtopf unseres Abschäumers enthält zum Beispiel Salz, das dem Aquarium entzogen wurde. Nicht viel, doch im Verlauf einiger Wochen kann sich das summieren. Das Gleiche gilt für jeden Griff in das Aquarium, denn immer bleibt am Arm Salzwasser zurück. Dieses Wasser fehlt und wird von uns als "verdunstetes Wasser" mit Süßwasser ersetzt. Das ist zwar nicht bedrohlich für das Aquarienmilieu, doch um den Salzgehalt dadurch nicht zu stark absinken zu lassen, müssen wir ihn regelmäßig messen.

Der Kalkgehalt

Das Kalzium ist ein weiteres Mengenelement, das für viele Meerestiere von großer Bedeutung ist. Viele wirbellose Tiere, die wir im Aquarium pflegen, besitzen ein Gehäuse oder ein Skelett aus Kalzium. Selbst Weichkorallen entwickeln in ihrem weichen Körpergewebe winzige kalkhaltige Skelettelemente. Während nun Seeigel, Krabben oder Schnecken den benötigten Kalk hauptsächlich über die Nahrung aufnehmen, müssen die Korallen und die Riesenmuscheln diese Kalksubstanzen mit Hilfe eines recht komplizierten Prozesses dem Wasser entziehen.

In unser Aquarium gelangt das Kalzium auf unterschiedlichem Wege hinein. In der Meersalzmischung ist es enthalten, im Leitungswasser meist auch. Wer also kalkreiches Leitungswasser hat und dieses Wasser ungereinigt verwenden kann, um das verdunstete Aquarienwasser zu ersetzen, der wird im günstigen Fall immer genug Kalzium im Aquarium haben. Besonders, wenn man nur Tiere mit geringem Kalkbedarf wie Weichkorallen, Seeanemonen oder Seepferdchen pflegt, ist das oft der Fall. Hier ist es nicht einmal nötig, den Kalziumgehalt zu überwachen oder regelmäßig zu messen.

Pflegt man aber viele Kalkalgen und kalkbildende Tiere wie Steinkorallen oder Riesenmuscheln, dann sollte man regelmäßig den Kalziumgehalt des Aquarienwassers messen, etwa einmal im Monat. Hierzu eignen sich Testlösungen, die der Fachhandel bereithält. Auch reicht hier das Kalzium aus dem Leitungswasser meist nicht aus, so dass man es gesondert zuführen muß. Zum Anheben des Kalziumgehaltes eignen sich mehrere Methoden:

1. Kalziumchlorid

Bei der Kalkzufuhrmethode nach Hans-Werner Balling werden zwei Lösungen getrennt voneinander angesetzt. Sie ist nicht ganz einfach, soll hier aber der Vollständigkeit halber auch vorgestellt werden. Eine der beiden Lösungen enthält in zwei Litern destilliertem Wasser 147 Gramm Calciumchlorid-Dihydrat, die andere 168 Gramm Natriumhydrogencarbonat, ebenfalls in zwei Litern Wasser (der Calciumchlorid-Lösung kann zusätzlich auch Magnesiumchlorid hinzugefügt werden). Dadurch werden dem Wasser Calciumchlorid und Natriumhydrogencarbonat zugeführt. Das Calcium und das Carbonat werden von den Steinkorallen aufgenommen, und übrig bleiben die Natrium- und die Chlorid-Ionen. Daraus bildet sich Natriumchlorid, und das ist nichts anderes als Kochsalz. Damit nun nicht durch die kontinuierliche Zufuhr dieser Substanzen der Salzgehalt des Aquarienwassers stetig ansteigt, nimmt H.-W. Balling eine gewisse Menge des Wassers aus dem Aquarium heraus und ersetzt es durch Süßwasser, in dem eine entsprechende Menge einer kochsalzfreien Meersalzmischung gelöst worden ist. Am besten verbindet man dies mit dem regelmäßigen Teilwasserwechsel und gibt anstatt der herkömmlichen Meersalzmischung die entsprchende Menge einer natriumchloridfreien Meersalzmischung.

- **Vorteil:** Keine technische Ausstattung nötig, Calcium- und Hydrogencarbonat-Ionen werden in einem ausbalancierten Verhältnis zugeführt.

- **Nachteil:** Tägliches Nachdosieren, Methode erfordert Gewissenhaftigkeit und Sorgfalt.

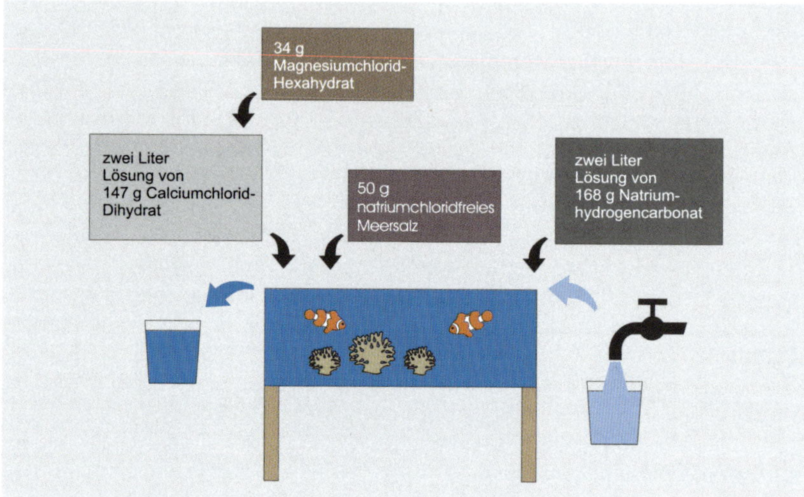

Die Calcium- und Carbonatzufuhr nach Balling in grafischer Darstellung

2. Kalkwasser

Seit vielen Jahren setzt man im Riffaquarium das sogenannte Kalkwasser ein, das mit der Substanz Kalziumhydroxid leicht selbst hergestellt werden kann. Hierzu wird ein dicht verschließbarer Kunststoffkanister (ideal sind Camping-Trinkwasserkanister) mit einem Fassungsvermögen von 10 bis 20 Litern mit Wasser gefüllt. In dieses Wasser geben wir 100 bis 200 Gramm Kalziumhydroxid. Der Kanister wird dicht verschlossen und geschüttelt. Dann lassen wir die milchige Flüssigkeit über Nacht stehen, damit sich das Pulver am Boden des Kanisters absetzen kann. Die darüberstehende, klare Lösung ist unser Kalkwasser. Mit diesem Kalkwasser ersetzen viele Aquarianer das verdunstete Aquarienwasser.

- **Vorteil:** effektive Kalziumgabe

- **Nachteil:** Kalkwasser ist sehr alkalisch und kann bei zu schneller Gabe den pH-Wert des Aquarienwassers gefährlich anheben. Auch ist man auf die Menge des verdunsteten Wassers beschränkt, was bei sehr hohem Kalkbedarf bisweilen nicht ausreicht.

Das klare Kalkwasser entnehmen wir dem Kanister vorsichtig mit einem Luftschlauch, um den Bodensatz nicht aufzuwirbeln. Dieser Bodensatz darf nicht in das Aquarium gelangen. Das fertige Kalkwasser wird tropfenweise in das Aquarium gegeben, möglichst in der Nähe einer Strömungspumpe. Damit der pH-Wert des Aquarienwassers nicht zu stark angehoben wird, muß diese Zugabe langsam durchgeführt werden, keinesfalls in direkter Nähe einer Koralle. Auch sollten wir bei der ersten Kalkwassergabe den pH-Wert zwischendurch mehrmals messen, damit dieser nicht zu hoch steigt.

Das Kalziumhydroxid-Pulver im Kanister kann mehrmals verwendet werden. An der weißlichen Trübung, die das klare Kalkwasser beim Kontakt mit dem Aquarienwasser entwickelt, erkennen wir, dass seine Sättigung mit Kalzium ausreichend hoch war. Fehlt diese weißliche Trübung, etwa beim fünften oder sechsten Aufguß, dann ist der weißliche Schlamm ausgezehrt und wird durch neues Kalziumhydroxid-Pulver ersetzt.

3. Kalkreaktor

Der Kalkreaktor ist ein Gerät, das dazu in der Lage ist, Kalkgranulat aufzulösen und dadurch das Wasser mit Kalzium und mit Hydrogenkarbonaten anzureichern. Dadurch steigt nicht nur der Kalkgehalt, sondern auch die Karbonathärte. Dies geschieht, indem mit Hilfe von Kohlendioxid das Aquarienwasser im Inneren des Reaktorbehälters so stark angesäuert wird, dass sich das darin befindliche Kalkgranulat löst.

- **Vorteil:** Der Kalkreaktor ist wartungsarm; die Versorgung des Aquariums mit Kalzium und Karbonaten wird monatelang "automatisch" durchgeführt. Enthält das Granulat auch weitere chemische Elemente, dann kann das Aquarienwasser durch den Kalkreaktor auch mit Spurenelementen versorgt werden.

- **Nachteil:** Wenn im Aquarium Fadenalgen vorhanden sind, kann deren Wachstum durch restliches Kohlendioxid im Auslaufwasser des Kalkreaktors gesteigert werden, vor allem, wenn das Aquarienwasser viel Phosphat enthält.

Karbonathärte

Neben dem Kalziumgehalt des Wassers müssen wir das Säurebindungsvermögen überwachen. Die Stoffe, die für die Säurebindung nötig sind und sich dabei verbrauchen, müssen regelmäßig ersetzt werden. Es handelt sich dabei um Karbonate und Hydrogenkarbonate. Ihre Menge wird in Form der Karbonathärte gemessen, angegeben in Grad dH (Grad deutscher Härte). Diese Messung ist sehr einfach und wird mit einer handelsüblichen Tropflösung durchgeführt.

Magnesiumzufuhr

Magnesium ist eines der wichtigsten Mengenelemente im Meerwasser. Magnesium gelangt mit unbehandeltem Leitungswasser in das Aquarium, mit dem Meersalz (Teilwasserwechsel), kann aber auch seperat mit einem entsprechenden Konzentrat zugeführt werden. Dabei sollte allerdings regelmäßig der Magnesiumgehalt des Aquarienwassers gemessen werden.

H.-W. Balling kombiniert die Magnesiumgabe mit der Calcium- und Karbonatzufuhr (siehe dort), indem er der Lösung von 147 Gramm Calciumchlorid-Dihydrat 34 Gramm Magnesiumchlorid-Hexahydrat hinzugemischt.

Dieses Verhältnis kann im Laufe der Zeit variiert werden, bis im Aquarienwasser folgende Werte zu messen sind: Calciumgehalt 420 mg/l, Magnesiumgehalt 1.300 mg/l, Karbonathärte 7° dKH.

Spurenelemente

Eine der wichtigsten Vorraussetzungen für das Gedeihen von Korallen im Aquarium ist die Versorgung mit Spurenelementen. Sie gelangen mit der Meersalzmischung in das Wasser und gehen auf unterschiedlichsten Wegen verloren. Dazu gehören Abschäumung und Aktivkohle, die viele dieser mineralischen Substanzen aus dem Wasserkreislauf entfernen, aber auch der natürliche Verbrauch durch das Wachstum von Korallen und Algen. Verwendet man zum Ersetzen des verdunsteten Wassers Leitungswasser, das nicht durch Umkehrosmose oder Vollentsalzung gereinigt wurde, dann gelangen viele Elemente wieder in das Aquarium, z.B. Karbonate oder Mengenelemente wie Calcium und Magnesium sowie einige Spurenelemente. Auch durch den regelmäßigen Teilwasserwechsel wird ein gewisser Anteil der verbrauchten Spurenelemente ersetzt. Ob dies ausreicht, die Verluste auszugleichen, das hängt ganz wesentlich vom Verbrauch ab, also dem Wachstum der Korallen und der technischen Wasseraufbereitung. Bei starkem Wachstum von Steinkorallen wird es ohne gezielte Zufuhr von Spurenelementen mit Hilfe entsprechender Konzentrate aber in den meisten Fällen Defizite geben, die zu Wachstumsstörungen der Korallen führen.

Eine sehr bewährte Methode zur mineralischen Versorgung ist die proportionale Spurenelementzufuhr nach Balling, die jedoch recht aufwändig ist und dem Einsteiger hier nicht empfohlen werden soll (Details bei KNOP 2002). Die einfachste Möglichkeit der Spurenelementzufuhr ist der Einsatz einer Kombinationslösung, die im aquaristischen Fachhandel von zahlreichen Herstellern angeboten wird. Hier ist es allerdings ratsam, die Produkte meherer renommierter Hersteller nacheinander anzuwenden und ihre Wirkung auf das Wachstum der Koralle miteinander zu vergleichen.

Karbonathärte

Die Karbonathärte des natürlichen Meerwassers liegt etwa bei 7° dH. Liegt der Wert unseres Aquariums deutlich darunter, dann besitzt es weniger basider Meersalzmischung sind sie reichlich enthalten, im Leitungswasser meist auch. Wer also kalkreiches Leitungswasser hat und dieses Wasser ungereinigt verwenden kann, um das verdunstete Aquarienwasser zu ersetzen, der wird günstigenfalls immer eine ausreichende Karbonathärte im Aquarium haben. Zum Anheben der Karbonathärte eignen sich mehrere Methoden:

1. Karbonathärtepuffer

Viele Hersteller bieten puffernde Produkte an, die einfach im Aquarienwasser gelöst werden und die Karbonathärte erhöhen.

- **Vorteil:** schnelle und einfache Erhöhung der Karbonathärte

- **Nachteil:** Man benötigt relativ große Mengen, um eine hohe Karbonathärte im Aquarium aufrecht zu erhalten.

2. Kalkwasser

Das zuvor beschriebene Kalkwasser führt dem Aquarium neben den Kal-zium auch Hydroxyd-Ionen zu, die auch Säuren neutralisieren können. Diese sind zwar nicht identisch mit den Substanzen, die normalerweise die Karbonathärte bilden, doch sie sind ihnen recht ähnlich und werden auch von der Karbonathärte-Testlösung als Karbonate miterfaßt.

- **Vorteil:** effektive Zufuhr basischer Puffersubstanzen, die Säuren binden können

Mit handelsüblichen Tropflösungen lässt sich die Karbonathärte leicht überwachen.

- **Nachteil:** siehe vorangegangene Beschreibung des Kalkwassers

3. Kalkreaktor

Der Kalkreaktor versorgt das Aquarium auf sehr bequeme Weise mit der nötigen Karbonathärte

- **Vorteile und Nachteile:** Siehe vorangegangene Beschreibung des Kalkreaktors.

Der pH-Wert

Der pH-Wert ist eine Meßeinheit, die uns über die Stärke der sauren und der basischen Reaktionen in einer Flüssigkeit informiert. Der Chemiker Sörensen hat diese Meßeinheit Anfang dieses Jahrhunderts unter der lateinischen Bezeichnung *potentia hydrogenii* eingeführt. Von diesen zwei Worten ist die Bezeichnung „pH"-Wert abgeleitet. Die pH-Skala reicht von pH 0 (sauer) bis pH 14 (basisch). Der neutrale Punkt dieser Skala liegt bei 7,0, was destilliertem Wasser entspricht. In der Aquaristik wird der pH-Wert auf einfachste Weise mit einer chemischen Tropflösung gemessen.

Saure Substanzen senken den pH-Wert, während basische Substanzen ihn anheben. Die pH-Veränderungen, die wir im Verlaufe eines Tages im Aquarium messen können, kommen hauptsächlich durch den unterschiedlich hohen Kohlendioxidgehalt des Wassers zustande. Diese Substanz entsteht bei der Atmung von Tieren und wird durch die Photosynthese der Pflanzen verbraucht. Während des Tages nimmt der Kohlendioxidgehalt des Wassers darum ab, so dass der pH-Wert des Wassers abends besonders hoch ist (z.B. pH 8,3 bis 8,5). Im Verlaufe der Nacht sinkt der pH-Wert dann wieder, weil die Pflanzen (Algen) in der Dunkelheit keine Photosynthese durchführen und deshalb der Kohlendioxidgehalt des Wassers ansteigt (z.B. pH 7,9 bis 8,1). Ideal sind pH-Werte von 8,0 bis 8,3. Der untere Grenzwert liegt bei pH 7,8 und der obere Grenzwert bei pH 8,5.

Je höher die Karbonathärte unseres Aquarienwassers ist, um so stabiler wird der pH-Wert sein, weil Säuren rasch von den Karbonaten neutralisiert werden können. Wer starke Schwankungen im pH-Wert seines Aquarienwassers bemerkt, sollte die Karbonathärte erhöhen (siehe vorangegangenes Kapitel). Läßt sich dadurch der pH-Wert nicht stabilisieren, dann hilft ein

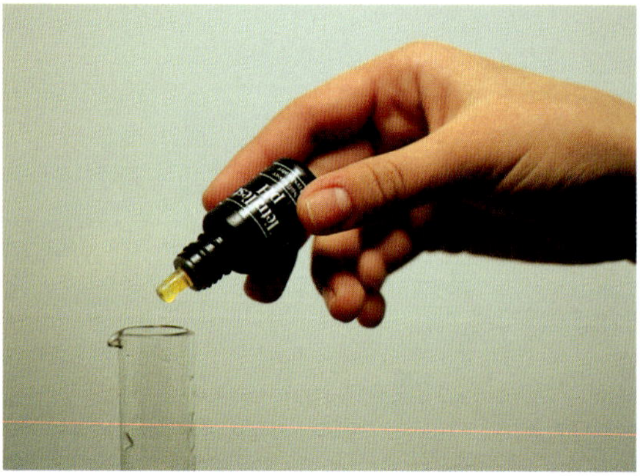

Die Genauigkeit einer Tropflösung reicht für die pH-Messung im Einsteiger-Riffaquarium aus.

kleiner Trick: Ein separates Algenbecken wird an das Aquarium angeschlos-sen und nicht tagsüber, sondern stattdessen nachts beleuchtet. Dadurch verbrauchen die Algen nachts mit ihrer Photosynthese Kohlendioxid und der nächtlichr pH-Abfall wird verhindert. Sinkt der pH-Wert dauerhaft ab, so ist die Karbonathärte meist zu gering und es haben sich saure Stoffwechselprodukte im Wasser angereichert. Meist ist dies auf fehlende Teilwasserwechsel und auf zu starke Belastung des Wassers (starke Fütterung, schlechte Abschäumung) zurückzuführen. Hier hilft nur ein regelmäßiger und kräftiger Teilwasserwechsel, etwa monatlich 20%.

Der Nitratgehalt

Nitrate sind ein Zwischenprodukt des Stickstoffkreislaufes. In der Natur werden sie von Bakterien produziert und von anderen Bakterien ebenso schnell in andere Substanzen weiterverwandelt. Im Aquarium entwickeln sich die bakteriellen Vorgänge, die zum Nitrataufbau führen, meist innerhalb der ersten vier bis zwölf Wochen, doch die bakterielle Weiterverarbeitung des Nitrates entwickelt sich in den meisten Aquarien erheblich schlechter, so dass sich das Nitrat im Aquarienwasser anreichert. Während der Nitratgehalt in natürlichem Meerwasser nur knapp über Null liegt, messen wir im Riffaquarium oft 10 bis 20 mg/l (Milligramm pro Liter), bisweilen auch noch weit mehr. Für die Nitratmessung hält der aquaristische Fachhandel Nitrattests bereit.

Die meisten Nitrate im Aquarium stammen aus dem Zerfall organischer Substanzen, etwa Fischfutter. Aber auch mit dem Leitungswasser können Nitrate in das Aquarium gelangen. Wird nitratreiches Leitungswasser verwendet, um das verdunstete Aquarienwasser zu ersetzen, dann steigt der Nitratgehalt des Aquarienwassers recht schnell an. Nitratwerte oberhalb von 10 bis 20 mg pro Liter im Leitungswasser sind für empfindliche Korallen bedenklich.

Steinkorallen sind gegenüber pH-Schwankungen sehr empfindlich.

Nitrat ist nicht giftig, in geringer Menge sogar lebenswichtig für alle Pflanzen und die Symbiosealgen der Korallen. Doch extrem hohe Nitratkonzentrationen, etwa 1000 mg pro Liter oder mehr, hemmen die Gewebsbildung vieler Organismen, so dass Korallen degenerieren. Steinkorallen stellen aber schon bei erheblich niedrigeren Nitratwerten das Wachstum ein. In einem reinen Fischaquarium ist ein hoher Nitratgehalt relativ ungefährlich. Werden unempfindliche Wirbellose wie Lederkorallen gepflegt, dann ist auch ein Nitratgehalt zwischen 100 und 200 mg/l nicht problematisch, sofern es nicht zu Algenplagen kommt.

Pflegt man jedoch empfindlichere Organismen wie Steinkorallen, dann sollte versucht werden, den Nitratgehalt möglichst niedrig zu halten. Werte oberhalb von 10 bis 20 mg/l sind hier bereits nachteilig.

Der Nitratgehalt kann auf unterschiedliche Weise reduziert werden:

1. Wasserwechsel

Durch einen monatlichen Teilwasserwechsel von 10% reduzieren wir den Nitratgehalt um ein Zehntel, vorausgesetzt, das frisch angemischte Meerwasser ist nitratfrei.

• **Vorteil:** Gleichzeitig werden auch andere Schadstoffe aus dem Aquarium entfernt und zudem wichtige Spurenelemente zugeführt.

2. Bakterieller Nitratabbau

Stellen wir den Bakterien einen sauerstofffreien Lebensraum zur Verfügung, dann kommt es zu einem bakteriellen Abbau von Nitrat. Dies findet

Blick in das Riffaquarium von Wolfgang Czech

vor allem im Inneren des porösen Lebendgesteines statt, oft aber auch im Bodengrund und in einer dicken Mulmschicht in einer Ecke des Aquariums. Wer also plant, im Aquarium empfindlichere Steinkorallen zu halten, kann mit lebendem Meeresgestein den Nitratgehalt günstig beeinflussen.

• **Vorteil:** Nitrataufbau und Nitratabbau können ohne Eingriffe des Aquarianers in ein ausgewogenes Verhältnis gebracht werden.

• **Nachteil:** Lebendes Riffgestein ist wegen der hohen Transportkosten sehr teuer.

Der Phosphatgehalt

Phosphate sind ein Zwischenprodukt des Phosphorkreislaufes. Die im Aquarium vorhandenen Phosphate stammen größtenteils aus dem Abbau organischer Substanzen wie Pflanzen (Algen), Mikroorganismen und natürlich Fischfutter. Phosphat kann jedoch auch in das Aquarium gelangen, wenn phosphatreiches Leitungswasser zum Ersatz des verdunsteten Aquarienwassers verwendet wird. Selbst durch Aktivkohle kann Phosphat in das Aquarium gelangen. Die meisten im Handel erhältlichen Aktivkohlen geben Phosphate an das Wasser ab, weil sie bei der Herstellung mit Phosphat behandelt wurden. Mit einem Phosphattest kann der Aquarianer dies leicht selbst feststellen. Für die Phosphatmessung hält der aquaristische Fachhandel Phosphattests bereit.

Ausschnitt aus dem Riffaquarium von Wolfgang Czech

Phosphat ist zwar nicht giftig, doch hohe Konzentrationen können zu Algenplagen führen, die nur schwer zu beherrschen sind. Hinzu kommt, dass Steinkorallen schon bei leicht erhöhten Phosphatwerten das Wachstum einstellen. In einem reinen Fischaquarium ist ein hoher Phosphatgehalt relativ ungefährlich. Werden unempfindliche Wirbellose wie Lederkorallen gepflegt, dann ist auch ein hoher Phosphatgehalt nicht problematisch, sofern es nicht zu Algenplagen kommt. Pflegt man jedoch empfindlichere Organismen wie Steinkorallen, dann sollte versucht werden, den Phosphatgehalt möglichst niedrig zu halten.

Der Phosphatgehalt kann auf unterschiedliche Weise reduziert werden:

1. Wasserwechsel

Durch einen monatlichen Teilwasserwechsel von 10% reduzieren wir den Phosphatgehalt um ein Zehntel, vorausgesetzt, das frisch angemischte Meerwasser ist phosphatfrei.

• **Vorteil:** Gleichzeitig werden auch andere Schadstoffe aus dem Aquarium entfernt und zudem wichtige Spurenelemente zugeführt.

2. Kalkwasser

Das zuvor beschriebene Kalkwasser hilft, die im Aquarienwasser gelösten Phosphate auszufällen, also in einen ungelösten Zustand zu bringen. Sie sind dann zwar noch im Aquarium vorhanden, aber nicht mehr gelöst, so dass sie von den meisten Organismen nicht mehr aufgenommen werden können.

• **Vorteil:** Gleichzeitige Zufuhr von Kalzium und basischen Puffersubstanzen, die Säuren binden können.

• **Nachteil:** Siehe vorangegangene Beschreibung des Kalkwassers. Zudem vermutet man, dass bestimmte Fadenalgen die Fähigkeit besitzen, mit Hilfe spezieller Substanzen in ihren Wurzelrhizoiden diese ausgefällten Phosphate wieder in Lösung zu bringen. Trifft dies zu, so können auf diese Weise Bodensedimente, die reich an ausgefällten Phosphaten sind, zu einem guten Nährboden für unerwünschte Algen werden, wenn plötzlich das nötige Kohlendioxid zur Verfügung steht. Das könnte zum Beispiel geschehen, wenn ein phosphatreiches Riffaquarium jahrelang mit Kalkwasser versorgt wird, so dass im Bodensediment viel ausgefälltes Phosphat vorhanden ist, und dann ein Kalkreaktor-Modell installiert wird, das viel Kohlendioxid in das Aquarium einträgt.

3. Phosphatbindemittel

Der Fachhandel bietet inzwischen verschiedene Mittel an, die Phosphat binden und bisweilen auch aus dem Wasser entfernen.

• **Vorteil:** Durch regelmäßige oder kontinuierliche Anwendung kann der Phosphatgehalt niedrig gehalten werden.

• **Nachteil:** Nicht alle Mittel halten, was sie versprechen. Darum sollte man ein solches Mittel prüfen, bevor man es über einen längeren Zeitraum anwendet.

4. Abschäumung

Auch die Abschäumung kann Phosphate entfernen. Dabei werden aber offenbar nicht die Phosphate selbst erfaßt, sondern andere, organische Substanzen, die Phosphate an sich binden.

• **Vorteil:** Die Phosphate werden nicht nur ausgefällt, sondern aus dem Wasserkreislauf entfernt.

• **Nachteil:** Die Phosphatentfernung durch einen Abschäumer allein reicht in der Regel nicht aus, um den Phosphatanstieg im Riffaquarium zu verhindern. Zusätzliche Maßnahmen sind nötig.

Schadet die Riffaquaristik der Natur?

Das Aquarium, das wir heute kennen, hat sich aus dem Glasbehälter entwickelt, den man Mitte des 19. Jahrhunderts einsetzte, um die Tierbeobachtung von der Natur ins Haus zu verlagern. Seither hat sich diese Tierhaltung ganz erstaunlich entwickelt. Rund fünfzig Jahre vergingen, in denen sich die Aquarienfreunde hauptsächlich mit der heimischen Tier- und Pflanzenwelt beschäftigten, bis plötzlich die ersten lebendgebärenden Zahnkarpfen auftauchten, von Schiffskapitänen aus fernen Ländern mitgebracht. Diese ersten exotischen Zierfische, die im Aquarium für jeden sichtbar winzige, lebendige Jungfische gebaren, waren schnell Mittelpunkt jedes Aquariums, oder besser gesagt, sie wären es gewesen, hätte man sie bezahlen können. Das aber war schlichtweg unmöglich, zumindest in der ersten Zeit, denn diese Fischlein waren eine Rarität. Das lag vor allem daran, dass sie mit ungeheuren Verlusten nach Deutschland transportiert wurden. Die Verlustrate lag nur ganz knapp unter hundert Prozent, so dass nur selten einmal einige dieser Tiere auftauchten. Das führte natürlich schnell zu erbitterter Kritik von Naturschützern, die hierin eine sinnlose Tierquälerei sahen, eine Ausbeutung natürlicher Ressourcen, und das radikale Verbot all solcher Fischimporte forderten.

Schnell bemühten sich erste Fischzüchter darum, die wenigen heil und gesund erhaltenen Fischchen zur Nachzucht zu bringen, und da diese lebendgebärenden Zahnkarpfen emsig kopulierten und alle paar Wochen einen kräftigen Schwung Nachkommen erzeugten, gelang das ganz erstaunlich schnell. Das enorme Vermehrungspotential dieser Fische übertraf alle Erwartungen und bald war aus dem kostbaren, teuren und exotischen Fisch ein preiswerter und allseits beliebter Zimmergenosse geworden, der in nahezu jedem Heimaquarium zuhause war. Schnell waren diese Zahnkarpfen Mittelpunkt der aquaristischen Bemühungen und fieberhaft versuchten engagierte Hobbyaquarianer, Techniken zu entwickeln, um diese Tiere artgerecht halten zu können. Das war leichter gesagt, als getan, denn immerhin stammten die Fische aus tropisch-en Ländern und im Deutschland der Weimarer Republik erforderte es viel Phantasie, wenn man die Wassertemperatur eines Aquariums auch im tiefsten Winter bei etwa 25 Grad Celsius halten wollte. Mit Experimenten und Einfallsreichtum wurde gebastelt und probiert, und so manch eine der raffinierten Konstruktionen, die man sich damals einfallen ließ, bringt den heutigen Aquarianer zum Schmunzeln.

Schnell hatte die aquaristische Entwicklung aber eines bewirkt: Die Menschen, die sich mit diesen exotischen Fischlein beschäftigten und sie mit Begeisterung vermehrten, entwickelten großes Interesse für die Natur. Sie waren sehr sensibel für die Nöte natürlicher Biotope und setzten sich für ihre Erhaltung ein. Die Aquarianer "pilgerten" regelmäßig - mit Eimern und Fangnetzen bewaffnet - zu den heimischen Teichen und Tümpeln, um für ihre Aquarienfische Futtertiere zu fangen, Wasserflöhe, Bachflohkrebse oder Mückenlarven. Sie waren Menschen, die mit der Natur lebten und bisweilen auch für sie.

Diese Sensibilisierung der Menschen für die Natur ist – damals wie heute – eine wesentliche Voraussetzung dafür, dass Menschen bewußt mit der Natur umgehen. Die Aquaristik ist sicher nicht der einzige Weg, die Menschen an die Natur heranzuführen, aber sie ist zumindest einer dieser Wege. Diese kleine Welt hinter Glas kann dem Menschen weit mehr vermitteln, als ein unbeteiligter Betrachter bisweilen glauben mag. Kaum eine andere Form der Tierhaltung kann dem Menschen ein so tiefgreifendes Verständnis natürlicher Ökosysteme vermitteln. Zudem liefern die Erkenntnisse, die in der Aquaristik gewonnen wurden, einen wertvollen Beitrag für die Erhaltung und Nachzucht bedrohter Fischarten.

Einfach konstruierte Aquarienanlage aus dem Jahr 1993 zur Nachzucht von Weichkorallen

Kaum jemand bestreitet heute, dass Aquaristik eine sinnvolle Sache ist. Sicher sind all diese positiven Effekte der Aquaristik, vor allem in der Pionierzeit der Aquarienfischhaltung, auch mit negativen Auswirkungen auf natür-liche Biotope verbunden gewesen. Schließlich stellt jede Naturentnahme von Tieren in nennenswerter Menge auch einen Eingriff in das feine Regelwerk des jeweiligen Biotops dar. Wenn sich aber die Kommerzialisierung nicht völlig ungehemmt ausbreiten kann, dann kann der Nutzen dieser Tierentnahme erheblich größer sein, als ihr Schaden.

Dazu ist es aber nötig, dass die Naturbeobachtung, das Beobachten und Miterleben natürlicher Vorgänge, in der Aquaristik im Vordergrund steht. Das Aquarium darf nicht auf seinen dekorativen Effekt reduziert werden, als Glaskasten, in dem "Zier"-fische umherschwimmen. Auf diese Weise würde es zu einem vitrinenhaften Aufbewahrungsbehälter für Tiere, die in der Natur wahrlich besser aufgehoben wären. Das Aquarium im Wohnzimmer macht nur dann wirklich Sinn, wenn sich darin biologische Vorgänge vollziehen, die Auge und Sinn des Betrachters schulen. Wer zum Beispiel erlebt, wie sich bestimmte Algenarten im Aquarium ausbreiten, gefolgt von der Vermehrung kleiner Krebschen, die in diesen Algen leben, etwa der Copepoden, wiederum gefolgt von der Vermehrung einer Fischart, die sich von den Kleinkrebschen ernährt, der versteht die Bedeutung des Wortes Populationsökologie, selbst wenn er dieses Wort gar nicht kennt.

Die oben geschilderte Entwicklung von den ersten Naturentnahmen lebendgebärender Zahnkarpfen bis hin zur routinemäßigen künstlichen Nachzucht dieser Tiere in den Aquarien ist aber durchaus nichts Einmaliges, denn sie vollzieht sich auch in ganz anderen Bereichen. Die Meeresaquaristik, die sich mit den Tieren aus dem Korallenriff beschäftigt, hat eine ganz ähnliche Entwicklung erlebt. Seit Anfang der 70er Jahre die technischen und biologischen Voraussetzungen geschaffen wurden, hat sich die Korallenriffaquaristik mit einer schwindelerregenden Dynamik entwickelt. War man zunächst noch glücklich darüber, bestimmte Weichkorallen über drei oder vier Jahre lang am Leben erhalten zu können, so verstand man es bald, diese Korallen künstlich zu vermehren und bisweilen gewaltige Populationen zu erzeugen, die schnell die Möglichkeiten des kleinen Zimmeraquariums überstiegen. Mußte man früher von Zeit zu Zeit einige neue Korallen in das Aquarium hineinsetzen, um die Besatzdichte stabil zu halten, so begann man nach einigen Jahren damit, regelmäßig Korallen herauszunehmen, weil der Bestand sonst zu dicht wurde. Ganz ähnlich entwickelte sich dies bei den Steinkorallen. Selbst erfahrene Meeresaquarianer hatten prophezeit, dass die hochempfindlichen kleinpolypigen Steinkorallen im Aquarium niemals über eine längere Zeit am Leben gehalten werden könnten. Rund fünf Jahre später waren die Fortschritte in der Aquarientechnik und im biologischen Wissen der Aquarianer derart gewaltig, dass manch einer von seinen Steinkorallenkolonien regelmäßig einzelne Stücke abbrechen mußte, weil sie sonst – im wahrsten Sinne des Wortes – den Rahmen seines Zimmeraquariums zu sprengen gedroht hatten.

Korallenfarmen – Riffschutz der Zukunft?

Doch all dies ändert natürlich nichts daran, dass die Korallenriffe weltweit bedrohte Biotope sind. Die Zahl der gesunden Riffe sinkt durch die Speisefischerei mit Schleppnetzen und Sprengstoffen stetig. Die Bevölkerung tropischer Länder nimmt stark zu, während die Fischfangerträge abnehmen - eine fatale Kombination, denn die Armut verleitet die Menschen immer mehr zur Überfischung des Meeres, während eben diese Überfischung ihre Armut verstärkt. Je seltener die Fische zu finden sind, um so größer und rücksichtsloser werden die Anstrengungen, mit denen man diesen Fischen nachstellt. Weder Verbote noch künstliche Riffe konnten die dramatische Ausweitung des Dynamitfanges verlangsamen und inzwischen ist ein großer Teil der ehemals vitalen Korallenriffe in diesen Ländern unwiederbringlich zerstört. Die restlichen Riffe können nur geschützt werden, wenn die Küstenbewohner auf anderem Wege Einkommen erwirtschaften können und nicht auf rücksichtslose Fangmethoden angewiesen sind.

Im Jahr 1994 begann ich mit Vorbereitungen zu einem Forschungsprojekt, das versuchen sollte, auf den Philippinen Methoden zur künstlichen Vermehrung von Korallen zu entwickeln. Das philippinische Inselarchipel besitzt die größte marine Artenvielfalt auf diesem Planeten. Fünf verschiedene Ozeansysteme mit einer charakteristischen Fauna umgeben hier die 7.107 Inseln und bilden einen hochproduktiven Küstenstreifen von 17.463 km Länge. Mehr als 90 % der Menschen sind hier direkt oder indirekt vom Fischfang abhängig.

Die Fischer und ihre Familien, die an den Küsten leben, sollten mit den Methoden und Erfahrungen aus der modernen Korallenriffaquaristik im flachen Küstenwasser kleine Korallenfarmen betreiben. Anstatt vollständig auf das angewiesen zu sein, was sie dem leergefischten Küstenstreifen abringen können, sollten sie als zusätzliche Einkommensquelle schnellwüchsige Korallen vermehren und sie in Aufzuchtkäfigen auf eine bestimmte Sollgröße heranziehen.

Wie dieser Fischer in Bolinao (Philippinen) ist die Küstenbevölkerung in armen Ländern meist völlig vom Fischfang abhängig.

Jeder Fischer, so war der Gedanke, der einige Brutstockkorallen besitzt, sie pflegt und regelmäßig beerntet, der lernt, die natürlichen Ressourcen schonend zu nutzen, anstatt sie rücksichtslos auszubeuten. Er produziert Biomasse, anstatt sie zu vernichten. Die künstliche Vermehrung von Korallen könnte für ihn eine alternative Einkommensquelle darstellen, die seine Lebensbedingungen verbessert und gleichzeitig ökologisch sinnvoll ist. Korallen, die auf diese Weise produziert würden, könnten für viele Zwecke verwendet werden, zum Beispiel für die pharmazeutische Industrie, die auf der Suche nach neuen Ausgangssubstanzen für Heilmittel ist und seit einigen Jahren großes Interesse an den Korallenriffen hat, oder für die meeresbiologische Forschung, für den Verkauf an die Aquaristik, wo ein großer Kapitalrückfluß erzeugt werden könnte, der die Farmen finanziert, oder für die Revitalisierung geschädigter Riffbereiche. Auch der Verkauf solcher Nachzuchtkorallen an öffentliche Schauaquarien wäre sicher sinnvoll. Sehr wahrscheinlich werden sich in der Zukunft auch gewerbliche Korallenfarmen vermehrt etablieren, oft sogar direkt in den Abnehmerländern für die Nachzuchtkorallen, doch darüber hinaus sind gemeinnützige Korallenfarmen von Fischerkooperativen vielleicht ein Weg, den marinen Biotopen, den Fischern und der Aquaristik gleichzeitig zu nutzen.

Sind die algenfressenden Fische verschwunden, dann können Algen die Korallen rasch überwachsen.

Natürlich ist dies keine Patentlösung für das Problem Riffzerstörung, doch es könnte vielleicht dazu beitragen, mit Hilfe der Riffaquaristik das Bewußtsein vieler Menschen für den Wert mariner Ökosysteme zu stärken. Gemeinsam mit engagierten Riffaquarianern und Biologen wurde eine Interessengemeinschaft gegründet, die sich zum Ziel gesetzt hat, unter den Mitgliedern Beiträge zu sammeln, mit denen Korallenfarmprojekte gefördert werden sollen und wissenschaftliche Forschungsprojekte, die dabei helfen, die Korallenfarmtechniken weiter zu entwickeln. Die Methoden, die Riffaquarianer für die künstliche Vermehrung durch Fragmentation entwickelt hatten, müssen für die Anwendung in der natürlichen Umgebung verändert und vor allem an die Materialien angepaßt werden, die hier verfügbar sind. Auch muß natürlich versucht werden, Wege zu finden, um die Herkunft farmgezogener Korallen nachzuweisen, damit illegale Naturentnahmen verhindert werden können. Das langfristige Ziel dieser Interessengemeinschaft ist es, Methoden für die Errichtung von Korallenfarmen als alternative Einkommensquelle für Fischer in vielen tropischen Küstenländen zu entwickeln.

Selbstverständlich ist es nicht möglich, die Zerstörung von Korallenriffen durch die Einrichtung einiger Korallenfarmen aufzuhalten. Die Gründe für die weltweite Zerstörung der Riffe sind vielfältig und tief im sozio-ökonomischen Problemgefüge der tropischen Küstenländer verwurzelt. Vereinfacht ausgedrückt, die Probleme unter Wasser haben ihre Ursache an Land. Verbesserungen sind daher nur möglich, wenn die spezifischen wirtschaftlichen Probleme der Küstenbevölkerung gelöst werden. Menschen, die heute ausschließlich vom Fischfang abhängig sind, müssen sich andere Einkommensquellen erschließen können, damit sie ihre Familien nicht mehr durch aggressive Fischfangmethoden ernähren müssen. Hierzu gehören neben dem Korallenfarm-Konzept die Farmzucht von Seeigeln, Riesenmuscheln, Garnelen und Fischen, sowie der Landanbau von Mangos, Cashewnüssen und vielem anderen.

Weil die Korallenfarmtechnik aber relativ leicht zu erlernen ist, keiner großen Investitionen bedarf und natürliche Ressourcen wie Sonnenlicht und Wasserströmung nutzt, sollte sie Bestandteil vieler Küstenentwicklungsprogramme sein. Noch kann niemand mit Bestimmtheit sagen, welchen Nutzen sie tatsächlich bringen kann. Die Zeit wird zeigen, wie weit gemeinnützige Korallenfarmen dazu beitragen können, den Druck der menschlichen Gesellschaft auf die marinen Ökosysteme zu verringern. Wenn sie das aber können, dann wäre dies eine erfreuliche Perspektive für die Korallenriffaquaristik der kommenden Jahrzehnte.

Nutzen sie tatsächlich bringen kann. Die Zeit wird zeigen, wie weit gemeinnützige Korallenfarmen dazu beitragen können, den Druck der menschlichen Gesellschaft auf die marinen Ökosysteme zu verringern. Wenn sie das aber können, dann wäre dies eine erfreuliche Perspektive für die Korallenriffaquaristik der kommenden Jahrzehnte.

Diese indonesischen Fischerfrauen arbeiten in einer Korallenfarm und verdienen mit der Vermehrung mariner Organismen mehr Geld als zuvor mit ihrer Zerstörung.

Korallenfarmprojekt Guimaras (Philippinen)

Das erste Projekt, das die Interessengemeinschaft Förderkreis Korallenriff e.V. ins Leben rief und finanziell unterstützte, begann im August 1996 im Marine Lab der staatlichen Universität UP Visayas in Taklong, Philippinen. Die Versuchsleitung hatte die philippinische Meeresbiologin Frances Nievales und das Ziel dieses auf ein Jahr angesetzten Versuchs war es, die aquaristischen Methoden zur vegetativen Vermehrung der Korallen unter natürlichen Umgebungsbedingungen zu testen und jene Techniken herauszufiltern, die sich hierfür am besten eigneten. Während des Versuchs wurden vielfältige Schwierigkeiten erwartet, etwa Taifunschäden, Verluste durch Freßfeinde oder Algenwuchs. Im Zuge des Projektes sollte versucht werden, Lösungen für solche Probleme zu finden. Hierbei wurden unterschiedliche Strategien entwickeln, etwa die Konstruktion spezieller Substrate oder Schutzkäfige, die starken Strömungen widerstehen können.

Für diesen Versuch wurde ein sehr flacher Küstenstreifen (1 bis 3 Meter Tiefe) mit besonders starker Strömung und Wassertrübung ausgewählt. Zwar fielen die Korallen hier auch bei Tiefstebbe nicht trocken, doch es wurden starke Einflüsse durch Gezeiten, Witterung und vor allem Taifune erwartet. Trotz dieser unwirtlichen Bedingungen befand sich hier eine erstaunlich dichte Korallenpopulation (Korallendeckung 20 bis 50 %, zumeist massive und verästelte Wuchsformen). Als Substrate wurden Korallengeröll, Zementplatten, Zementstäbe und Bambusstäbe verwendet. Die Befestigung der Weichkorallenfragmente auf den Substraten erfolgte mit der vom Autor entwickelten "Zahnstocher-Methode" und die Steinkorallenfragmente wurden mit Unterwasser-Epoxydharz und mit Schmelzkleber am Substrat befestigt. Während des gesamten Experimentes wurden die Wachstumsraten dokumentiert. Die Wachstumsraten der Korallen waren unerwartet groß und bei einigen Arten (*Pocillopora* sp., *Seriatopora* sp.) wäre nach 5 bis 6 Monaten bereits erneut das Abbrechen von Kolonieteilen nötig gewesen, um das Ineinanderwachsen der Kolonien zu verhindern. Zementsubstrate unterschiedlichen Typs hatten den Nachteil, Sedimentablagerungen zu ermöglichen, was die Korallen jedoch kaum störte. Bambussubstrate unterschiedlichen Typs hatten den Vorteil, keinerlei Sedimentablagerungen zu entwickeln, doch sie neigten zu erheblich stärkeren Taifunschäden und während eines besonders starken Taifunes wurden viele von ihnen mitsamt der prächtig wachsenden Korallen fortgeschwemmt. Trotz dieser Rückschläge hat sich aber gezeigt, daß mit den aquaristischen Methoden zur vegetativen Vermehrung auch unter natürlichen Bedingungen Korallen vermehrt werden können, wenn die Methoden an die spezifischen Umgebungsbedingungen angepaßt werden.

Korallenfarmprojekt Cebu (Philippinen)

Mit den Erfahrungen aus dem ersten Projekt initiierte der Förderkreis Korallenriff e.V. ein weiteres Projekt. Es wurde Ende 1997 in der San Carlos Universität in Cebu, Philippinen, begonnen, geleitet von dem deutschen Meeresbiologen Dr. Thomas Heeger (CIM). In der ersten Phase des Projektes erzeugten die Wissenschaftler künstliche Substrate und wählten diejenigen Korallenarten aus, die sich für die Farmzucht eigneten. Von den beinahe 680 Korallenarten, die auf den Philippinen vorkommen, kamen dafür wenigstens 120 Arten in Frage. Die Mitglieder von Fischer-Vereinigungen in den Küstenprovinzen produzier-ten Schutzkäfige für die Korallenfragmente. In der zweiten Versuchsphase sollten die Fischer die Korallenfragmente betreuen, bis sie auf eine vermarktungsfähige Größe herangewachsen waren. Alle daran beteiligten Fischer sollten für ihre Arbeit entlohnt werden. In der dritten Phase sollte die Vermarktung der Nachzuchtkorallen forciert werden. Darüber hinaus sollten die erfahreneren Fischer lernen, Brutstockkorallen heranzuziehen und regelmäßig zu beernten.

Bild oben: Das schwimmende Wächterhaus der philippinischen Korallenfarm.

Bild unten: Geroimo P. Reyes (International Marinelife Alliance, IMA) zeigt die Nachzuchtkorallen der Farm.

Korallenfarmprojekt Sambangan (Indonesien)

Im Sommer 2002 wurde von einer indonesischen und einer deutschen Firma auf der indonesischen Insel Sambangan gemeinsam ein neues Projekt begonnen, das eine kommerzielle Korallenfam entstehen lassen sollte. Gemeinsam mit Uwe Weidlich konnte ich meine bisherigen Erfahrungen in dieses Projekt einbringen, und im Gegensatz zu früheren Unternehmungen konnten hier erstmals landgestützte Becken mit den Aufzucht-einheiten im Flachwasser kombiniert werden.
Um die Nachzuchtmethoden an eine Massenproduktion zu adaptieren, entwickelten wir Verfahren mit Träger-platten, die sowohl in landgestützten Becken als auch im flachen Küstenwasser eingesetzt werden konnten und zudem auch den Transport per Schiff zum Ort des Luft-versands ermöglichten.

Bild oben: Pflege der Korallen in den landgestützten Aufzuchtbecken auf Sambangan.

Bild unten: Nachzuchtkorallen der Farm auf Sambangan, Indonesien.

Farmzucht von Korallen nach D. Knop und U. Weidlich

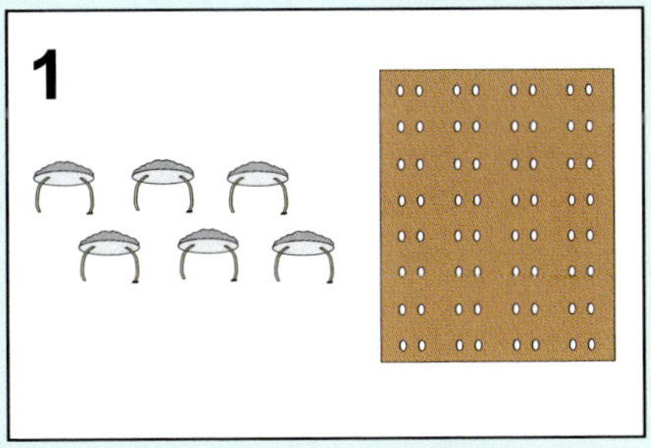

Herstellung von Zementsubstraten mit Nylon-Kabelbindern und gelochten Trägerplatten

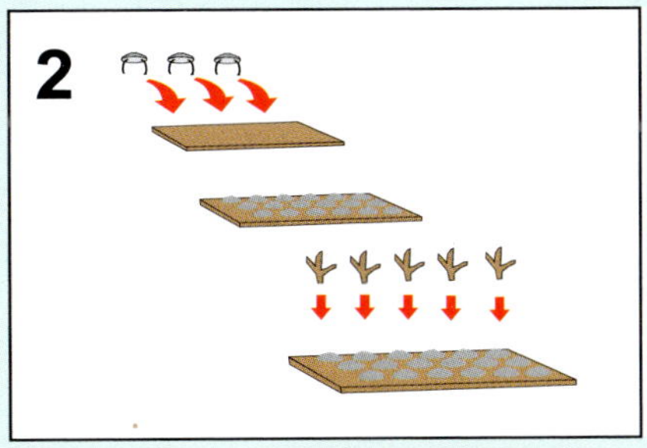

Substrate werden auf Trägerplatten montiert, und später werden Korallenfragmente auf Substrate geklebt

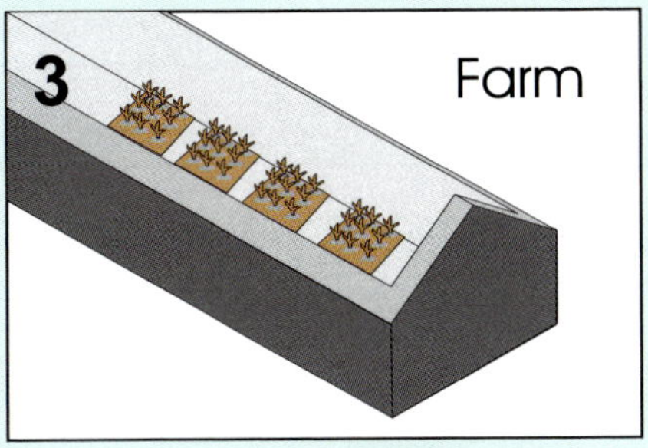

Anzucht in landgestützten Farmbecken

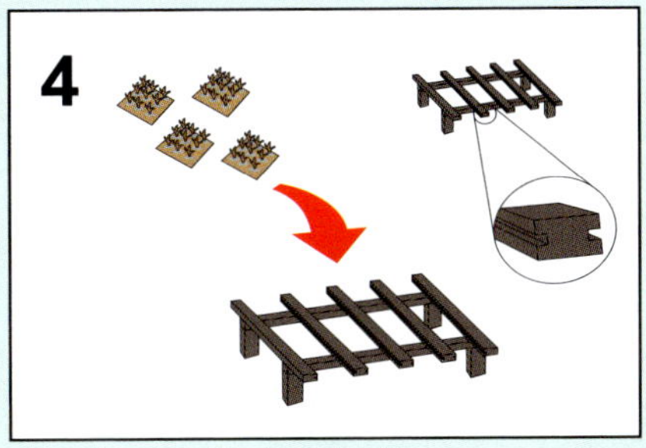

Trägerplatten werden in flaches Küstenwasser verbracht

Wachstumsphase

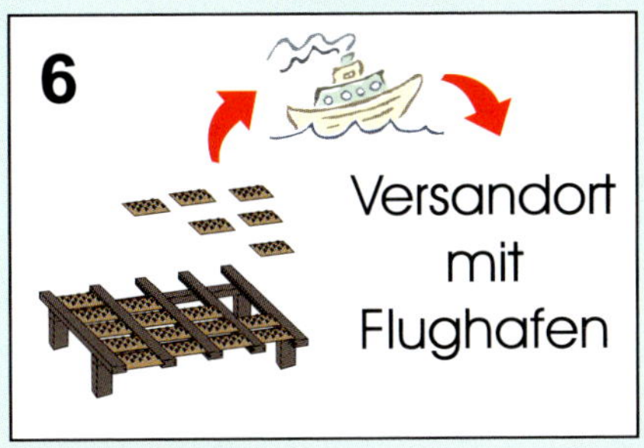

Transport zum Versandort

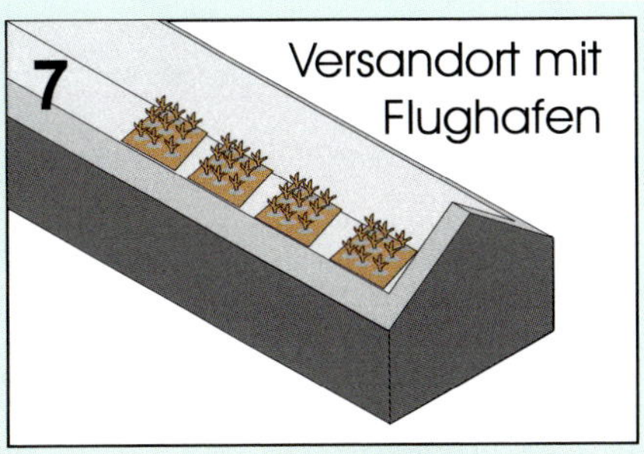

Hälterung bis zum Versandtermin

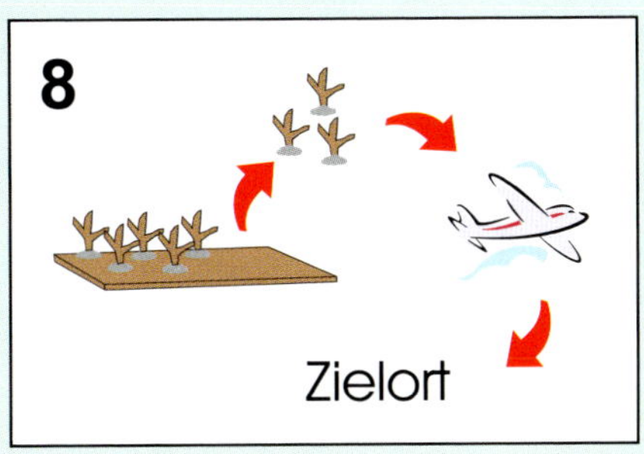

Versand per Luftfracht

Weiterführende Literatur:

Delbeek J.C. & J. Sprung
Das Riffaquarium. Handbuch zur Bestimmung und Aquarienhaltung tropischer wirbelloser Meerestiere
Band 1. Dähne Verlag, Ettlingen, 1997
Band 2. Dähne Verlag, Ettlingen, 1998

Fosså S.A. & A.J. Nilsen
Korallenriff-Aquarium. Buchreihe zur Meeresaquaristik. 6 Bände. Schmettkamp Verlag, Bornheim, 1995-1998

Knop, D.
Riesenmuscheln. Aquarienhaltung, Artbestimmung, Krankheiten und künstliche Nachzucht der Riesenmuscheln. Dähne Verlag, Ettlingen, 1994

Knop, D. (2002)
Steinkorallen im Aquarium. Band 1. und 2. Natur und Tier-Verlag, Münster

Knop, D. (2002)
Vermehrung von *Entacmaea quadricolor*. Koralle 15, 3 (3), Natur und Tier-Verlag, Münster

Mai, W. (2002)
Aquarienhaltung von Seepferdchen. Koralle 18, 3 (6), Natur und Tier-Verlag, Münster

Storch, V. & U. Welsch
Systematische Zoologie. Zoologisches Standardwerk, das einen Überblick über das gesamte Tierreich bietet. Gustav Fischer-Verlag, Stuttgart, 1995

Thaler, E.
Fische beobachten. Verhaltensstudien an Meeresfischen und Wirbellosen im Aquarium und im Freiwasser. Ulmer Verlag, Stuttgart, 1995

Veron, J. E. N.
Corals of Australia and the Indo-Pacific. Umfassendes, reich illustriertes Buch zur Bestimmung von Steinkorallen in englischer Sprache. University of Hawaii Press, Honolulu, 1986

Veron, J.E.N.
Corals of the world. Dreibändiges, reich illustriertes Werk zur Bestimmung von Steinkorallen. Australien Institute of Marine Science (AIMS), Queensland, Australien

Weitere Bücher von Daniel Knop:

Daniel Knop
Riffaquarien
Aquarienportraits aus aller Welt

142 Seiten, 210 Farbfotos
ISBN 3-935175-05-1

Daniel Knop
Aquarienfotos
Tipps und Tricks für Einsteiger und Fortgeschrittene

133 Seiten, 100 Farbfotos
ISBN 3-921684-57-9

Daniel Knop
Aquarienbeleuchtung
Süßwasser- und Meerwasserbiotope im richtigen Licht

160 Seiten, 200 Farbfotos
ISBN 3-921684-63-3

Daniel Knop
Riesenmuscheln

255 Seiten, 370 Farbfotos
ISBN 3-921684-22-6

Dähne Verlag GmbH, Postfach 250, D-76256 Ettlingen
Tel. 07243/575-143, Fax 07243/575-100
info@daehne.de, www.AQUARISTIKaktuell.de

Julian Sprung/Charles Delbeek
Das Riffaquarium

Ein umfangreiches Handbuch zur Bestimmung und Aquarienhaltung tropischer Meerestiere

Band 1.
544 Seiten, 400 Farbfotos
ISBN 3-921684-44-7

Band 2.
546 Seiten, 400 Farbfotos
ISBN 3-921684-45-5

Julian Sprung
Korallen
Ein Bestimmungsbuch

240 Seiten, 626 Farbfotos
ISBN 3-921684-87-0

Julian Sprung
Wirbellose
Ein Bestimmungsbuch

240 Seiten, 642 Farbfotos
ISBN 3-935175-04-3

Dähne Verlag GmbH, Postfach 250, D-76256 Ettlingen
Tel. 07243/575-143, Fax 07243/575-100
info@daehne.de, www.AQUARISTIKaktuell.de